古典文獻研究輯刊

三九編

潘美月・杜潔祥 主編

第 18 冊

杜牧詩集評注（下）

〔唐〕杜牧 著

李連祥 注評

國家圖書館出版品預行編目資料

杜牧詩集評注（下）／李連祥　注評 -- 初版 -- 新北市：花
木蘭文化事業有限公司，2024〔民 113〕
目 10+264 面；19×26 公分
（古典文獻研究輯刊 三九編；第 18 冊）
ISBN 978-626-344-938-1（精裝）
1.CST：（唐）杜牧 2.CST：唐詩 3.CST：詩評 4.CST：注釋
011.08　　　　　　　　　　　　　　　　113009714

ISBN-978-626-344-938-1

9 786263 449381

古典文獻研究輯刊
三九編　第十八冊　　　　　　　　ISBN：978-626-344-938-1

杜牧詩集評注（下）

作　　　者	李連祥（注評）
主　　　編	潘美月、杜潔祥
總 編 輯	杜潔祥
副總編輯	楊嘉樂
編輯主任	許郁翎
編　　　輯	潘玟靜、蔡正宣　美術編輯　陳逸婷
出　　　版	花木蘭文化事業有限公司
發 行 人	高小娟
聯絡地址	235 新北市中和區中安街七二號十三樓
	電話：02-2923-1455／傳真：02-2923-1452
網　　　址	http://www.huamulan.tw 信箱 service@huamulans.com
印　　　刷	普羅文化出版廣告事業
初　　　版	2024 年 9 月
定　　　價	三九編 65 冊（精裝）新台幣 175,000 元　　版權所有・請勿翻印

杜牧詩集評注（下）

李連祥　注評

目次

卷　五

斑竹筒簟〔1〕

　　血染斑斑〔2〕成錦紋，昔年遺恨至今存。分明知是湘妃泣〔3〕，何忍將身臥淚痕。

【注釋】

〔1〕斑竹：有紫色或褐色斑紋的竹子。神話傳說，舜南巡不返，葬於蒼梧，他的二妃娥皇女英思帝不已，淚下沾竹，形成斑痕，故又稱湘妃竹。見舊題南朝梁任昉《述異記》及晉張華《博物志》卷八。詩歌作品中多以之寄託思念的情懷。簟：用細竹編的席。

〔2〕斑斑：斑點眾多貌。唐李嘉祐《江上曲》：「君看峰上斑斑竹，盡是湘妃泣淚痕。」

〔3〕分明：明確，清楚。湘妃泣：由於有湘妃悲舜、淚染斑竹的傳說，後世常以湘妃淚、湘娥淚、湘女淚等詠竹，或詠失夫之痛，表達悲懷愁緒。唐賈島《贈梁浦秀才斑竹拄杖》：「莫嫌滴瀝紅斑少，恰似湘妃淚盡時。」

【簡評】

　　此詩描述用湘妃竹編織的竹席。斑竹席上的斑斑血痕，都像是錦繡花紋；當年悼念舜帝的悲痛至今還存在；明明知道這是二妃的血淚，怎麼忍心睡在這淚痕上呢。

　　面對這斑竹筒簟，詩人似乎憶起了他與「情人」當年共臥一席、情意綿綿的情形，如在目前；而今人去席空，遺恨無窮。憂傷、遺憾的情絲，溢於言表。

和嚴惲秀才落花〔1〕

共惜流年〔2〕留不得，且環流水醉流杯〔3〕。無情紅豔年年盛，不恨凋零〔4〕卻恨開。

【注釋】

〔1〕此詩大中五年（851）作，時杜牧任湖州刺史。嚴惲：字子重，吳興（今浙江湖州）人。屢舉進士不第，歸居故里。杜牧任湖州刺史時，與之交往，頗稱賞其《落花》詩。咸通十一年卒。事蹟見《唐詩紀事》卷六六、《唐才子傳》卷六等。嚴惲原作及其事蹟，唐皮日休《傷進士嚴子重詩序》云：「余為童在鄉校時，簡上抄杜舍人牧之集，見有與進士嚴惲詩。後至吳，一日，有客曰嚴某。余志其名久矣，遽懷文見造，於是樂得禮而觀之。其所為工於七字，往往有輕便柔媚，時可軼駿於常軌。其佳者曰：『春光冉冉歸何處，更向花前把一杯。盡日問花花不語，為誰零落為誰開。』余美之，諷而未嘗忘。生舉進士，亦十餘計偕，余方冤之，謂乎竟有得於時也。未幾，歸吳興。後兩月（咸通十一年也），雪人至云：生以疾亡於所居矣。噫！生徒以詞聞於士大夫，竟不名而逝，豈止此而湮沒耶！江湖間多美材，士君子苟樂退而有文者死，無不為時惜，可勝言耶！」（《全唐詩》卷六一四）

〔2〕流年：形容時間過得很快，年光有如流水之易逝。

〔3〕流杯：即流觴。古代風俗，每逢三月上旬巳日，於水濱宴飲，以祓除不祥。宴集時，於水上放置酒杯，杯流行停其前，即取飲，稱為「流觴曲水」。南朝梁宗懍《荊楚歲時記》：「三月三日，士民並出江渚池沼間，為流杯曲水之飲。」

〔4〕紅豔：紅花。凋零：草木凋謝、零落。

【簡評】

才子嚴惲，以《落花》詩求教於杜牧，杜牧讀之不覺心動，內心的傷春意緒與之產生共鳴，頓時有淒然悵惘之感隱然心間。盛讚嚴惲年少有為，詩思新穎，故和詩一首，藉以表彰揄揚。

這是一首詠物唱和詩。嚴惲原作用擬人化手法，以惜春為意脈，以落花興感，表現出對於時光流逝的感傷。杜牧的和詩境界更高一層，同樣寫惜春，但作者表示既然時光無情，則當寄興流杯，及時行樂，性情開朗曠達，筆致疏放流麗。以落花的無情，反襯出有情人對於時光的珍惜。但無情紅豔，年年如此，而人生短暫，只有及時行樂，「且環流水醉流杯」而已。詩人晚年的

心境，已於此淋漓盡致地表現出來。嚴惲詩之結句「為誰零落為誰開」，如啼血斑痕，哀婉淒美，而本詩「不恨凋零卻恨開」，反切入理，出人意表，情味更玩挹不盡。

倡樓戲贈

細柳橋邊探半春〔1〕，縴衣簾裏動香塵〔2〕。無端有寄閒消息〔3〕，背插金釵〔4〕笑向人。

【注釋】

〔1〕探半春：《開元天寶遺事》卷下《探春》：「都人士女，每至正月半後，各乘車跨馬，供帳於園圃，或郊野中，為探春之宴。」

〔2〕縴衣簾：結綵之簾。香塵：指女子步履而起之塵；義同芳塵。

〔3〕無端：無意，無心。與通常「平白無故」義有別。唐韓愈《感春》：「今者無端讀書史，智慧只是勞精神。」消息：音訊，信息。

〔4〕金釵：婦女首飾的一種，由兩股合成。詩中亦以之代指女子。三國魏曹植《美女篇》：「頭上金爵釵，腰佩翠琅玕。」唐元稹《遣悲懷三首》：「顧我無衣搜畫篋，泥他沽酒拔金釵。」

【簡評】

杜牧平生結識了許多歌伎舞女，與她們喝酒聽曲、說笑戲樂。她們也喜歡他的儒雅而又豪爽的氣質，欣賞他的風流倜儻，敬佩他的學識才華。杜牧雖然也常會與她們戲謔玩笑，但卻決無惡意。有時，喜鵲給這些女子們送來了好消息，她們將要和思念中的人相會，喜上眉梢、悄悄打扮，被杜牧敏銳地覺察到了。這樣的時候，杜牧也喜歡寫點小詩開開玩笑，隨手贈給她們。此詩即為一例。「無端」二句言不捨與調侃，詩人並不因為歌伎身份而對她們有所輕視，而是由衷地讚美和用真誠以情相待。

初上船留寄

煙水本好尚，親交何慘淒〔1〕。況為珠履客〔2〕，即泊錦帆堤〔3〕。沙雁同船去，田鴉繞岸啼。此時還有味〔4〕，必臥日從西。

【注釋】

〔1〕煙水：霧靄蒼茫的水面。詩詞中「煙水」與「煙波」義近。好尚：愛好，崇尚。

　　　慘凄：悲慘凄涼。《楚辭‧九辯》：「心閔憐之慘凄兮，願一見而有明。」

〔2〕珠履客：珠履，裝飾著珠子之鞋子。據《史記‧春申君列傳》記載，春申君家
　　　賓客三千，其上客皆著珠履。詳見《春申君》詩注〔4〕。

〔3〕錦帆堤：河堤；岸邊。錦帆：煬帝所乘的龍舟，其帆都以高級錦緞製成。《開河
　　　記》：「煬帝御龍舟，幸江都，舳艫相繼，錦帆過處，香聞十里。」唐李商隱《隋
　　　宮》：「玉璽不緣歸日角，錦帆應是到天涯。」

〔4〕有味：有閒雅趣味。

【簡評】

　　一首閒情小詩，有水有船有美景的詩句。明面曠達，內含辛酸。

　　親友分別境況凄涼，但莫悲傷，那裏本是令人嚮往的地方；況且為生計奔
波，寄人籬下，乘舟遠去亦實屬無奈。有沙雁同船，表明詩人一路並非孤單，
生機活潑；田鴉繞岸啼叫，道出心中悲苦。到達目的地，晚霞夕照，極有閒雅
趣味。豁達勸慰，黯然神傷。

秋　岸

　　河岸微退落〔1〕，柳影微凋疏〔2〕。船上聽呼稺，堤南趁漉魚〔3〕。數帆旗
去疾，一艇箭回初。曾入相思夢，因憑附遠書〔4〕。

【注釋】

〔1〕退落：指水位下落。

〔2〕凋疏：同凋疏；零落、稀疏。唐胡傳美《武康碧落觀》：「欲脫儒衣陪羽客，傷
　　　心齒髮已凋疏。」

〔3〕稺（zhì）：同「稚」。趁：趁勢。漉魚：使水乾涸而捉魚。

〔4〕遠書：送往遠方或遠方送來的書信。

【簡評】

　　有時思念一個人永久不能忘懷，深情而濃鬱。這世間唯有思念可以跨越時
間，穿越空間。思念，是優美動人的風景畫，每一幅都令人魂牽夢繞。

　　河岸邊，一個癡情的人呆呆佇立，望著河水慢慢退落，深秋的楊柳零落、
稀疏。聽著船頭漁翁的呼叫，圩堤捉魚瀟灑自在。再向遠方眺望，幾艘船隻
快速離去，其中一船似箭一般，令人回憶起當初離別的情景。離別時的憂傷
時常入夢，憑此傳遞著往來的書信。在淡淡的傾訴中埋著刻骨的柔情，別離

太久，思念太深，常常失落於無邊的期盼。

過大梁，聞河亭方宴，贈孫子端〔1〕

梁園縱玩歸應少，賦雪搜才去必頻〔2〕。板路豈緣無罰酒〔3〕，不教客右更添人。

【注釋】

〔1〕大梁：戰國魏都，即今河南開封。

〔2〕梁園賦雪：梁園，即梁苑、兔園，漢梁孝王劉武築，故址在今河南開封市東南。是一座豪華、巨大的花園和賓館，以供遊賞和接待賓客。當時名士司馬相如、枚乘、鄒陽皆為座上客。詳見《史記·梁孝王世家》。又南朝宋謝惠連《雪賦》：「歲將暮，時既昏；寒風積，愁雲繁。梁王不悅，遊於兔園，乃置旨酒，命賓友，召鄒生，延枚叟。相如末至，居客之右。俄而微霰零，密雪下。王乃歌北風於《衛詩》，詠南山於《周雅》，授簡於司馬大夫，曰：『抽子秘思，聘子妍辭，侔色揣稱，為寡人賦之。』」詩歌中以梁園賦雪寫文人宴集賞雪，吟詠歌賦。搜才：尋求賢才。《南史·謝莊傳》：「於時搜才路狹，莊表陳求賢之義。」唐李商隱《為舉人獻韓郎中表》：「郎中搜才路廣，登客門寬。」

〔3〕「板路」句：晉石崇與友人於金谷園遊宴，「遂各賦詩以敘中懷。或不能者，罰酒三斗。」事見《世說新語·品藻》劉孝標注引石崇《金谷詩敘》。

【簡評】

通篇用典，讚揚孫子端才情橫溢，雖賓客繁多，群賢畢至，然賦詩抒懷，無出其右。敘述自然，不露痕跡。

題吳興消暑樓十二韻〔1〕

晴日登攀好，危樓〔2〕物象饒。一溪通四境〔3〕，萬岫繞層霄〔4〕。鳥翼〔5〕舒華屋，魚鱗棹短橈。浪花機乍〔6〕織，雲葉近新雕〔7〕。臺榭羅嘉卉，城池敞麗譙〔8〕。蟾蜍來作鑒〔9〕，蝃蝀〔10〕引成橋。燕任隨秋葉，人空集早潮。楚鴻行盡直，沙鷺〔11〕立偏翹。暮角淒遊旅，清歌慘沴寥〔12〕。景牽遊目〔13〕困，愁託酒腸〔14〕銷。遠吹流松韻，殘陽渡〔15〕柳橋。時陪庾公〔16〕賞，還悟脫煩囂。

【注釋】

〔1〕吳興：郡名，即湖州，今屬浙江。消暑樓，在湖州州治譙門東，見《輿地紀勝》

卷四。郭文鎬《〈樊川外集〉詩辨偽》(《唐都學刊》一九八二年第二期) 以為此詩非杜牧所作,疑為許渾詩。

〔2〕危樓:高樓。《禮記·緇衣》:「則民言不危行而行不危言矣。」鄭注:「危,猶高也。」

〔3〕四境:四周的邊境;國境。

〔4〕岫:峰巒,山或山脈的峰頂。三國魏嵇康《幽憤詩》:「采薇山阿,散髮岩岫。」層霄:指高空雲氣。宋蘇軾《西江月·頃在黃州》:「照野彌彌淺浪,橫空隱隱層霄。」

〔5〕鳥翼:指屋角翹起之飛簷。

〔6〕乍:恰好;正好。宋歐陽修《玉樓春》:「腰柔乍怯人相近,眉小未知春有恨。」

〔7〕雲葉:層雲片片如葉狀。唐李世民《秋日即目》:「散岫飄雲葉,迷路飛煙鴻。」雕:飾以彩繪、花紋。

〔8〕嘉卉:謂芳草。敞:顯露;露出。麗譙:建有望樓之城門;亦指漂亮的城樓。

〔9〕蟾蜍:指月,相傳月中有蟾蜍,故稱。鑒:鏡子。此指湖面。

〔10〕蝃蝀 (dìdōng):虹之別稱。此指湖上有拱橋。

〔11〕沙鷺:棲息在沙灘或沙洲上的鷺鷥。唐祖詠《泗上馮使君南樓作》:「望灘沙鷺起,尋岸浴童歌。」

〔12〕清歌:音色純淨悅耳的歌唱。沴 (xuè) 寥:空曠的樣子。此指天宇。

〔13〕遊目:放眼遠眺,放眼縱觀;流覽。

〔14〕酒腸:代指酒量。唐孟郊韓愈《同宿聯句》:「為君開酒腸,顛倒舞相飲。」

〔15〕渡:引導。引申為普照,照耀。

〔16〕庾公:指晉庾亮,嘗任荊州刺史,鎮武昌。其幕僚殷浩等乘秋夜同登南樓,後庾亮至,興致不淺,與幕僚談詠竟夕。後詩人常用為故事。事見《晉書·庾亮傳》。賞:指登樓賞月。

【簡評】

登樓賞美景,心曠神怡。全詩寫登樓所見,彷彿一幀巨型寫意風景圖映入眼簾:水波浩渺無垠,四通八達;峰巒高聳,雲氣繚繞。高樓屋角翹起飛簷如同鳥翼,水面魚兒圍繞在船槳邊跳躍。浪花恰如機織一般,葉狀般的層雲片片似剛剛出現的彩虹。樓臺亭榭周邊芳草連連,城池中顯現出華麗的高樓。湖面如月一樣明亮如鏡,拱橋如彩虹落地。秋葉落而燕南飛,人空巷而趕早潮。大雁直飛成行,沙洲上的鷺鷥翹腿而立。悅耳的歌聲在空曠的天空

迴蕩，而淒涼的暮角聲使游子為之斷腸。放眼遠望周邊之景，美不勝收，致使眼睛有些疲乏；坐下來賞景飲酒以解心中之愁緒。遠風飄來優美韻律的曲調，殘陽照耀著楊柳掩映的小橋。回想庾公南樓賞月之佳話，瞬間解脫，所有煩惱也隨之雲散煙消。

全詩文辭典雅，飄逸灑脫，對仗工整，意境優美。其獨特風景的描寫、心境變遷的詠歎、俊爽風格的轉換，著實令人喜歡。其一唱三歎，思緒萬千，心境瀟灑，情懷高潔。似一杯濃酒，越品越香。讀者如親臨其境，真實生動。

奉送中丞姊夫儔自大理卿出鎮江西，敘事書懷，因成十二韻〔1〕

惟帝憂南紀〔2〕，搜賢與大藩〔3〕，梅仙調步驟〔4〕，庾亮拂囊鞬〔5〕。一室何勞掃〔6〕，三章〔7〕自不冤。精明如定國〔8〕，孤峻似陳蕃〔9〕。灞岸秋猶嫩〔10〕，藍橋〔11〕水始喧，紅旆罣〔12〕石壁，黑矟斷雲根〔13〕。滕閣丹霄〔14〕倚，章江〔15〕碧玉奔。一聲仙妓〔16〕唱，千里暮江痕〔17〕。私好〔18〕初童稚，官榮〔19〕見子孫。流年〔20〕休掛念，萬事至無言。玉輦〔21〕君頻過，馮唐〔22〕將未論。傭書酬萬債〔23〕，竹塢問樊村〔24〕。

【注釋】

〔1〕此詩大中三年（849）作。儔：指和州刺史裴儔，字次之，是杜牧的姐夫。生平見《舊唐書‧裴休傳》。中丞：御史中丞。裴儔出鎮江西所帶憲銜。

〔2〕南紀：南方，這裡指江西。《詩‧小雅‧四月》：「滔滔江漢，南國之紀。」

〔3〕搜賢：選納賢才。大藩：比較重要的州郡級的行政區。《梁書‧明山賓傳》：「明祭酒雖出撫女藩，擁旄推轂，珥金拖紫，而恒事屢空。」

〔4〕梅仙：漢代的梅福，字子真，年少時在長安求學，後來任南昌縣尉。當時大司馬王鳳專權，王莽任新都侯，梅福深感危機，雖然官位低微，仍然多次上書指陳時弊，因此被迫棄官。梅福預料王莽勢必篡權，就到南昌飛鴻山去學道避世，後來傳說成仙得道，飛鴻山即改稱梅嶺。傳見《漢書》卷六七。調步驟：調節腳步快慢，表示尊敬，不敢怠慢。

〔5〕庾亮：字元規，是晉明帝司馬紹的皇后庾文君的兄長，在政治和軍事方面都非常有作為。晉明帝司馬紹即位，他輔助平定王敦叛亂。晉成帝司馬衍即位後，庾太后臨朝攝政，政事基本都由庾亮來決策。庾亮用嚴厲的法度來治理朝政，起到一定效果，但因此導致了蘇峻之亂，幾經周折終於復歸平靜。成帝時期，庾亮想收復中原故土，命輔國將軍毛寶為豫州刺史，與西陽太守樊峻領精兵共

守邾城，可惜不久邾城失陷，庾亮因此憂心成疾而死。櫜鞬（gāo jiān）：藏弓箭的器具。

〔6〕「一室」句：東漢陳蕃年少的時候，自己所住的屋子很亂，屋外長滿雜草。有一次父親的朋友薛勤來看望他，問他為何不打掃屋子招待客人，陳蕃說大丈夫應該掃除天下，一個小屋子打掃它幹什麼？薛勤聽了，覺得他很有志氣。事見《後漢書・陳蕃傳》。

〔7〕三章：漢高祖劉邦佔領秦都咸陽後，召集關中諸縣父老，約法三章。盡廢秦法，秦民擁戴。《史記・高祖本紀》：「與父老約，法三章耳：殺人者死，傷人及盜抵罪。」後用以泛指事先與人約定必須信守某些規定。這裡指簡明便民的法律。

〔8〕定國：于定國，字曼倩，西漢時人。于定國的父親善於斷獄，他長大以後，也做了獄吏，後來做廷尉，掌管吏事，精明果敢，朝廷上有美譽，說于定國做廷尉，老百姓沒有覺得冤屈的。事見《漢書》本傳。

〔9〕孤峻：清高；孤高峻潔，不隨流俗。陳蕃：字仲舉，東漢名臣，少年有大志，舉孝廉出身，為人剛直嚴峻，不畏權貴，不接納賓客，清望甚高。靈帝時為太傅、錄尚書事，和大將軍竇武一起謀劃除掉專權的宦官，事情不幸洩露，被宦官殺害。見《後漢書・陳蕃傳》。

〔10〕灞：水名，流經長安東。秋猶嫩：剛剛進入秋天；初秋。

〔11〕藍橋：在陝西藍田縣東南藍溪上。灞岸、藍橋，均裴儔南行所經。

〔12〕紅旓（shāo）：旌旗上的紅色飄帶。罣（guà）：懸掛。

〔13〕矟（shuò）：槊，長矛。雲根：指山石。《文選》張協《雜詩》：「雲根臨八極。」《注》：「雲根，石也。雲觸石而生，故曰雲根。」

〔14〕滕閣：滕王閣，在今江西南昌。參見《張好好詩》注〔11〕。丹霄：九霄；指高空。唐李隆基《丹霄驛詩刻》：「今日偶然尋得到，直從平地上丹霄。」

〔15〕章江：即章水，源出崇義縣聶都山，東北流經大庾、南康，入贛縣，與貢水合流為贛江。古稱豫章水，亦名南江。

〔16〕仙妓：漂亮的樂妓，美稱。唐王維《奉和聖製十五夜燃燈應制》：「仙妓來金殿，都人繞玉堂。」

〔17〕江痕：江水在江岸上沖刷留下的痕跡。唐元稹《送友封》：「斗柄未回猶帶閏，江痕潛上已生春。」

〔18〕私好：個人愛好。唐劉知幾《史通・正史》：「宣帝即位，聞衛公子私好《穀梁》，

乃召名儒蔡千秋、蕭望之等，大議殿中，因置博士。」

〔19〕官榮：官爵和榮譽。南朝陳徐陵《答諸求官人書》：「假以官榮，代於錢絹，義在撫綏，無計多少。」

〔20〕流年：年光如流水過得很快。

〔21〕玉輦：皇帝的車駕。

〔22〕馮唐：漢安陵人，歷文、景、武三帝，敢直諫，「不知忌諱」。文帝時為中郎署長，年已老。景帝時，為楚相，旋免。武帝時，舉賢良，時年九十餘，不能復為官，乃以其子馮遂為郎。《史記》《漢書》皆有傳。漢文帝時，馮唐為郎中署長，有一次文帝乘車外出遇見了他，他借機跟文帝說有良將而不得任用。後來匈奴入侵，文帝想起這件事，就問馮唐良將是誰。馮唐說雲中守魏尚戰功卓著，卻因為小事遭到了貶謫。文帝立即下令赦免魏尚，讓他繼續做雲中守。唐劉兼《晚樓寓懷》：「劉毅暫貧雖壯志，馮唐將老自低顏。」

〔23〕傭書：替人抄書賺錢，泛指為人做筆頭上的工作。《後漢書·班超傳》：「家貧，常為官傭書以供養。」酬萬債：償還巨債。

〔24〕竹塢：被竹林包圍的山間平地。樊村：即樊川。杜牧有別墅在樊川，秦朝時這裡是杜縣的樊鄉，又因漢代樊噲食邑於此而得名。參見《池州送孟遲先輩》詩注〔33〕。

【簡評】

　　此詩是杜牧為其姐夫裴儔出任江西觀察使而作。詩歌用典故恰當地讚頌了裴儔在朝廷需要人才時獲得重用，讚頌他志向遠大，敬業典重，又受到君王器重，感慨自己落寞無成，淪落到靠文字償還債務的境地，表達了深摯的思念之情。詩的基調比較消沉，詩人的心態如此灰暗、悲涼、失望，大約是因向宰相連連上呈求湖州三「啟」，而久不見朝廷依允的消息。

　　「流年」二句，傳達出歷經世事後百感交集，雖有千言萬語卻沒有表達的衝動。詩歌語言色彩明麗，用字新穎，如寫離開京師，用了藍紅黑三種色彩，寫灞岸秋色著一「嫩」字。

中丞業深韜略，志在功名，再奉長句一篇，兼有諮勸〔1〕

　　檣似鄧林江拍天〔2〕，越香巴錦〔3〕萬千千。滕王閣上柘枝鼓〔4〕，徐孺亭西鐵軸船〔5〕。八部元侯〔6〕非不貴，萬人師長豈無權。要君嚴重疏歡樂〔7〕，猶有河湟可下鞭〔8〕。

【注釋】

〔1〕此詩大中三年（849）送裴儔赴江西之作，參見《奉送中丞姊夫儔自大理卿出鎮江西，敘事書懷，因成十二韻》詩注〔1〕。中丞：指裴儔，其鎮江西時帶御史中丞憲銜，故稱。韜略：用兵的謀略。諮勸：詢問，勉勵。詩末原注：「時收河湟，且止三州六關。」

〔2〕鄧林：神話中之樹林。古代神話中的夸父追趕太陽，在路途中渴死，他的手杖化作了方圓數千里的樹林，稱鄧林。詳見《池州送孟遲先輩》詩注〔26〕。拍：形容詞；猶言滿、充滿。江拍天謂滿江流水連天際。今關中口語謂滿池塘水，稱拍岸水，即水和岸一樣高。唐許渾《贈所知》：「茅簷夜醉平階月，蘭棹春歸拍岸波。」

〔3〕越香：嶺南產的名貴香料。「越」通「粵」。巴錦：蜀地盛產的錦緞。

〔4〕滕王閣：詳見《張好好詩》注〔11〕。柘（zhè）枝：樂曲名，亦舞名。舞因曲得名。詳見《懷鍾陵舊遊四首》注〔10〕。

〔5〕徐孺亭：東漢高士徐稚，字孺子，南昌人，淡泊而樂於助人，官府多次徵召，他都不肯出來做官。豫章太守陳蕃極其欣賞他的人品，陳蕃一般不接待客人，而家中特意為徐稚設一榻，徐稚走了就把榻懸起來。傳見《後漢書》卷五三。徐稚死後葬在洪州，官府在墓側立思賢亭。徐孺亭在南昌東湖西城上，見《輿地紀勝》卷二六。鐵軸船：鐵甲船，戰船。

〔6〕八部：八部即指八郡，指江南西道所轄洪州、江州、饒州、虔州、吉州、信州、撫州、袁州八州。元侯：對位至三公高官的尊稱。周稱諸侯之長為元侯；後泛指重臣大吏。唐權德輿《奉和劉侍郎司徒奉詔伐判書情呈宰相》：「玉帳元侯重，黃樞上宰雄。」不貴：不顯貴。

〔7〕嚴重：嚴肅莊重。疏歡樂：遠離娛樂。

〔8〕「猶有」句：謂還是有可以作為的地方。下鞭：揚鞭驅馬。此處指努力從事。

【簡評】

裴儔出任江西觀察使，杜牧作此詩奉送。詩歌描繪了江西物產富饒、風光旖旎，凸顯江西地理位置以及觀察使位高權重，勸誡裴儔遠離娛樂場所，勤勉為官，不可忘了河湟之亂。要為河湟的全部收復而揚鞭驅馬，建樹功勳。

杜牧雖說沉溺於風物清麗妍好的湖州山水風光之中，但心中國之憂、民之憂、政之憂、兵之憂並未消泯，胡番侵境、金甌殘破，仍是其難以解除的心病，不時牽動著他的魂魄，令他痛苦不堪。

「檣似鄧林江拍天」，運用神話傳說和誇張手法，描寫江西商業繁華，往來船隻眾多，長江浩蕩，「江拍天」，顯其聲勢浩大，後來宋蘇軾描寫長江說「亂石穿空，驚濤拍岸」（《念奴嬌·赤壁懷古》），為同一手法。

和裴傑秀才新櫻桃〔1〕

　　新果真瓊液，未應宴紫蘭〔2〕。圓疑竊龍頷〔3〕，色已奪雞冠。遠火微微辨，繁星曆曆〔4〕看。茂先〔5〕知味好，曼倩恨偷難〔6〕。忍用烹駝酪〔7〕，從將玩玉盤。流年〔8〕如可駐，何必九華丹〔9〕。

【注釋】

〔1〕此詩作者存疑。又見《全唐詩》卷三二九，權德輿《酬裴傑秀才新櫻桃》。裴傑：《新唐書·藝文志四》云：「裴傑《史漢異義》三卷。河南人，開元十七年上，授臨濮尉。」

〔2〕未應：不是的意思。紫蘭：神話中的宮殿。舊題漢班固《漢武帝內傳》：「帝閒居承華殿，東方朔、董仲舒在側。忽見一女子著青衣，美麗非常。……帝問東方朔：此何人？朔曰：是西王母紫蘭宮玉女，常傳使命。」（據《五朝小說大觀·魏晉小說》引）

〔3〕龍頷：寶珠；指驪龍頷下之珠。《莊子·列禦寇》：「夫千金之珠，必在九重之淵而驪龍頷下。」此為比擬之辭。唐溫庭筠《蓮浦謠》：「荷心有露似驪珠，不是真圓亦搖盪。」比喻荷葉上的露珠。

〔4〕曆曆：清晰的樣子。《古詩十九首·明月皎夜光》：「玉衡指孟冬，眾星何曆曆。」

〔5〕茂先：晉代張華，字茂先。張華博學多識，著有《博物志》。傳見《晉書》卷三六。

〔6〕曼倩：漢代東方朔，字曼倩。傳見《史記》卷一二六、《漢書》卷六五。《漢武故事》載，武帝好長生，七夕，西王母降其宮。有頃，索桃七枚。時東方朔從殿東廂朱鳥牖中窺王母，王母謂武帝曰：「此窺牖兒嘗三來偷吾桃。」後常用為詩詞中的典實。唐韓偓《自負》：「人許風流自負才，偷桃三度到瑤臺。」

〔7〕駝酪：奶酪。清厲荃《事物異名錄·飲食·酪》：「駝酪，湩也。」湩，乳汁。

〔8〕流年：年光如流水過得很快。

〔9〕何必：不必。九華丹：亦即九丹。道家所謂服之可以長生升仙之九種丹藥：丹華、神符、神丹、還丹、餌丹、煉丹、柔丹、伏丹、塞丹。

【簡評】

宋趙令時《侯鯖錄》卷二云：「杜牧之《和裴傑新櫻桃》詩云：『忍用烹酥酪，從將玩玉盤。流年如可駐，何必九華丹。』遂知唐人已用櫻桃薦酪也。」

從唐僖宗時起，新科進士發榜的時候也正是櫻桃成熟的季節，進士們便形成了一種以櫻桃宴客的風俗，是為櫻桃宴。新進士中富有錢財者，屆時購得初上市的櫻桃，請人嘗新，以博得名聲。直到明清，風俗猶存，而且是有皇帝賞賜下來的。

櫻桃宴，為科舉時代慶賀新進士及第的宴席。五代王定保《唐摭言‧慈恩寺題名遊賞賦詠雜紀》：「新進士尤重櫻桃宴。乾符四年，永寧劉公第二子覃及第……獨置是宴，大會公卿。時京國櫻桃初出，雖貴達未適口，而覃山積鋪席，復和以糖酪者，人享蠻榼一小盎，亦不啻數升。」唐元稹《同醉》詩云：「柏樹臺中推事人，杏花壇上煉形真。心源一種閒如水，同醉櫻桃林下春。」

唐代有賜百官櫻桃嘗新之制。王建《宮詞百首》四：「白玉床前起草臣，櫻桃初赤賜嘗新。」李綽《歲時記》：「四月一日，內園薦櫻桃寢廟。薦訖，班賜各有差。」杜甫《野人送朱櫻》云：「憶昨賜沾門下省，退朝擎出大明宮。金盤玉筯無消息，此日嘗新任轉蓬。」詩人從眼前的櫻桃，聯想、追憶舊時宮中賜櫻桃嘗新的盛況。王維有《敕賜百官櫻桃》詩，張籍有《宣政衙賜百官櫻桃》詩，韓愈有《和張水部敕賜櫻桃》詩皆可證。

此外，歷代詩人關於櫻桃宴多有吟詠，如金元好問《鷓鴣天‧宿趙州》：「綠衿紅燭櫻桃宴，畫角黃雲細柳營。」元貢師泰《和馬伯庸學士擬古宮詞》：「近臣侍罷櫻桃宴，更遣黃門送兩籠。」清龔自珍《點絳唇‧補記四月之遊》：「典卻珠釵，高樓特啟櫻桃宴。江風吹棟，恰喜鰣魚薦。」

春　思

豈君心的的〔1〕，嗟我淚涓涓。綿羽〔2〕啼來久，錦鱗書〔3〕未傳。獸爐凝冷豔〔4〕，羅幕蔽晴煙。自是〔5〕求佳夢，何須訝晝眠。

【注釋】

〔1〕的的：顯明、分明的樣子。此言君心豈分明。此為「的」的重疊式。「的」有確義，重疊後語義加重，猶言「的的確確」「實實在在」。

〔2〕綿羽：黃鳥之別稱。《詩‧小雅‧綿蠻》：「綿蠻黃鳥，止于丘阿。」此以綿蠻形容黃鳥，後因以綿羽為黃鳥之別稱。《文選‧王融‧三月三日曲水詩序》：「雜夭

采於柔荑，亂嚶聲於綿羽。」

〔3〕錦鱗書：即鯉魚書，指遠方的書信。紙張出現以前，書信多寫在白色絲絹上，為使傳遞過程中不致損毀，古人常把書信袈在兩片竹木簡中，簡多刻成魚形，故稱。雙鯉典故最早出自漢樂府詩《飲馬長城窟行》：「客從遠方來，遺我雙鯉魚。呼兒烹鯉魚，中有尺素書。」按，明楊慎謂漢代書札相遺，或以素絹疊成雙魚之形。唐韓愈《寄盧仝》：「先生有意許降臨，更遣長須致雙鯉。」

〔4〕「獸爐」句：形容香爐中飄散的味道猶如素雅的花香。獸爐：獸形薰香爐。長安巧工丁緩作博山香爐，為奇禽怪獸，煙自獸口出。見《西京雜記》。凝：徐緩。冷豔：形容淡雅的花。唐李中《宿鍾山知覺院》：「籠燈吐冷豔，岩樹起寒聲。」唐丘為《左掖梨花》：「冷豔全欺雪，餘香乍入衣。」

〔5〕自是：本來是，原來是。唐李商隱《咸陽》：「自是當時天帝醉，不關秦地有山河。」

【簡評】

此為閨怨詩。借女子以寫離愁別恨相思。由對君思念而淚漣漣，而揮墨書信卻不知寄向何處，再到因思而難以入眠，將閨情思君之意道盡。在明媚的春日裏對丈夫夢繞魂牽的思念，以及對丈夫早日而歸的急切盼望，躍然紙上。其中「羅幕蔽晴煙」句十分幽雅，晴煙如何呢？「晴煙漠漠柳毿毿，不那離情酒半酣」（唐韋莊《古離別》）。這類詩作總的來說，具有較為深刻的社會意義，內容也較為充實。

我們選擇兩首唐代詩人「春思」同題材作品進行賞讀，各有異曲同工之妙。

李白《春思》：「燕草如碧絲，秦桑低綠枝。當君懷歸日，是妾斷腸時。春風不相識，何事入羅幃？」詩中的女主人公的可貴之處在於闊別而情愈深，跡疏而心不移。「春風」兩句詩人捕捉了思婦在春風吹入閨房，掀動羅帳的一霎那的心理活動，表現了她忠於所愛、堅貞不二的高尚情操。春風撩人，春思纏綿，申斥春風，正所以明志自警。多情的思婦對著無情的春風發話，彷彿是無理的，但用來表現獨守春閨的特定環境中的思婦的情態，又令人感到真實可信。全詩看似信手拈來，卻包含了深切的悲傷。最後兩句，使人讀到的是無盡的空寂中的感傷。

皇甫冉《春思》：「鶯啼燕語報新年，馬邑龍堆路幾千。家住層城臨漢苑，心隨明月到胡天。機中錦字論長恨，樓上花枝笑獨眠。為問元戎竇車騎，何時返旆勒燕然。」詩中充滿思遠之情和孤獨淒清的感慨。新年伊始，春意盎然，

最能引起妻子對征夫的懷念。本詩興味雋永，情意綿綿：「樓上花枝笑獨眠」，頗有詞一般的幽婉。在最美的春天，寫最濃的相思。

代人作

　　樓高春日早，屏束麝煙〔1〕堆。盼眄凝魂〔2〕別，依稀夢雨〔3〕來。綠鬟羞妥麼〔4〕，紅頰思夭〔5〕偎。鬥草〔6〕憐香蕙，簪花間雪梅。戍遼雖咽切〔7〕，遊蜀亦遲回。錦字〔8〕梭懸壁，琴心〔9〕月滿臺。笑筵凝貝〔10〕啟，眠箔〔11〕曉珠開。臘破〔12〕征車動，袍襟對淚裁。

【注釋】

〔1〕屏：屏風。麝煙：火燒麝香所散之香煙。

〔2〕盼眄：斜視貌。凝魂：即凝神，聚精會神；感情專注貌。參見《為人題贈二首》詩注〔6〕。

〔3〕依稀：好像，彷彿。謂所見聞或回憶不甚清晰的樣子。夢雨：用巫山雲雨事。詳見《為人題贈二首》詩注〔6〕。

〔4〕綠鬟：烏亮之環形髮髻。妥麼：疑即墮馬髻。

〔5〕夭：舒柔貌。

〔6〕鬥草：唐代民俗，五月初五有踏百草之戲，稱鬥百草。詳見《為人題贈二首》詩注〔16〕。此句亦暗喻思婦看到香草被踐踏而聯想到自己的青春虛擲。

〔7〕咽切（yè qiè）：悲切。

〔8〕錦字：織在彩色絲織品上的文字，常常借指寄給丈夫的書信，有時也泛指女性的書信。前秦時秦州刺史竇滔之妻蘇若蘭，曾於錦上織迴文詩寄給被流放的丈夫，傾訴思念之情。後稱妻子寄給丈夫的書信為錦字。又稱錦字書。此典多見於閨情思婦之詩。《晉書·列女傳·竇滔妻蘇氏傳》：「竇滔妻蘇氏，始平人也，名蕙，字若蘭。喜屬文。滔，苻堅時為秦州刺史，被徙流沙，蘇氏思之，織錦為迴文旋圖詩以贈滔。宛轉循環以讀之，其詞淒惋，凡八百四十字。」唐駱賓王《艷情代郭氏答盧照鄰》：「錦字迴文欲贈君，劍壁層峰自糾紛。」

〔9〕琴心：寄託情思於琴聲。泛指以琴傳情，並多用於吟詠愛情之詩。司馬相如曾以琴聲向卓文君表達愛情。《史記·司馬相如傳》：「是時卓王孫有女文君新寡，好音，故相如繆與令相重，而以琴心挑之。」南朝宋裴駰《史記集解》引郭璞曰：「以琴中音挑動之。」唐李端《送夏侯審遊蜀》：「琴心正幽怨，莫奏鳳凰詩。」

〔10〕貝：指潔白之牙齒。戰國宋玉《登徒子好色賦》：「腰如束素，齒如含貝。」

〔11〕眠箈：指睡臥之竹席。

〔12〕臘破：臘盡，年終。

【簡評】

詩人與歌伎舞女多有交遊，對她們時有同情憐愛之心，有人求他代作詩時，他也願為捉刀代筆。此詩即是為之所寫的相思之什。

全詩圍繞女子對戍邊丈夫的思念展開，以春日為背景，寫出了一個嬌羞的思婦形象。思婦因思念遠方的丈夫，百無聊賴，只能以鬥草來打發時光，暫時忘記相思之苦。丈夫戍邊久久未還，也無法寄情致意。來往的書信懸掛在牆上，充滿思緒的琴弦伴著一輪明月映照高臺；在筵席間笑靨如花，潔白的牙齒如凝玉一般；思婦陷入了對相處時美好時光的遐想。在苦苦等待之中，含淚為丈夫製做冬衣，隨著年終赴邊的軍車送達。

作者通過描述，展示了一個隱忍、堅強以及堅持的思婦形象。雖無直言，但更讓我們感受到戰爭帶來的分離痛苦。思婦對征夫的眷戀和不捨，控訴了統治者的窮兵黷武以及對戰爭的厭惡，表達了對底層人民的同情。這類作品也是戰爭帶給百姓災難的一種典型代表。

偶題二首〔1〕

勞勞〔2〕千里身，襟袂滿行塵。深夜懸雙淚，短亭〔3〕思遠人。蒼江程〔4〕未息，黑水〔5〕夢何頻。明月輕橈去，唯應釣赤鱗〔6〕。

有恨秋來極，無端〔7〕別後知。夜闌終耿耿〔8〕，明發竟遲遲。信已憑鴻去，歸唯與燕期〔9〕。只應〔10〕明月見，千里兩相思。

【注釋】

〔1〕此詩郭文鎬《〈樊川外集〉詩辨偽》(《唐都學刊》一九八七年第二期)考證「非杜牧作。」偶題：偶然寫成。多用作詩題。

〔2〕勞勞：勞碌，辛勞。唐元稹《送東川馬逢侍御使回十韻》：「流年等頭過，人世各勞勞。」

〔3〕短亭：舊時於城外五里處設短亭，十里處設長亭，以為行人休止之所。唐皇甫冉《送盧郎中使君赴京》：「曲蓋遵長道，油幢憩短亭。」

〔4〕蒼江程：謂旅程。蒼江，泛指江。程，征程。

〔5〕黑水：古代傳說中的水道，無可確指，此處泛指河水。

〔6〕「明月」二句：謂詩人將南歸耕釣。唯應：唯有，只有。赤鱗：指魚。

〔7〕無端：指無端之愁。沒有理由，無緣無故。唐張祜《楊花》：「無端惹著潘郎鬢，驚殺綠窗紅粉人。」

〔8〕耿耿：煩躁不安的樣子。此指不寐。《詩・邶風・柏舟》：「耿耿不寐，如有隱憂。」唐韋應物《雨夜感懷》：「耿耿心未平，沉沉夜方半。」

〔9〕「信已」二句：謂詩人秋日憑鴻傳書，將與燕同期而歸。則作者南歸也。

〔10〕只應：只有。唐貫休《晚泊湘江作》：「只應諛佞者，到此不傷神。」

【簡評】

心有所思，訴諸筆端。相思為永恆的主題。

游子在外，襟袖滿行塵。暮宿短亭，夜深人靜，輾轉反側，夢頻難以入睡；前方路途遙遠，只盼駕輕舟，南歸耕釣。

無端愁緒襲來，令人煩躁不安；歸期已隨鴻雁傳遞，待到相見，方解千里兩相思之苦。

冬至日遇京使發寄舍弟

遠信初逢雙鯉〔1〕去，他鄉正遇一陽生〔2〕。樽前豈解愁家國，輦下〔3〕唯能憶弟兄。旅館夜憂姜被〔4〕冷，暮江寒覺晏裘〔5〕輕。竹門風過還惆悵〔6〕，疑是〔7〕松窗雪打聲。

【注釋】

〔1〕雙鯉：指書信；古代有鯉魚傳書之說。詳見《春思》詩注〔3〕。

〔2〕一陽生：代指冬至。詳見《冬至日寄小侄阿宜詩》注〔8〕。

〔3〕輦下：即輦轂下，皇帝的車輦之下；代指京城長安。晉袁宏《後漢紀・章帝紀上》：「今輦轂下，民食不造歲，湯火之憂也。」

〔4〕姜被：形容兄弟友愛。東漢姜肱字伯淮，與弟皆孝，常同被而眠，以慰繼母之心。《後漢書・姜肱傳》：「肱與二弟仲海、季江，俱以孝行著聞。其友愛天至，常共臥起。」李賢注引《謝承書》曰：「肱性篤孝，事繼母恪勤。母既年少，又嚴厲。肱感《凱風》之孝，兄弟同被而寢，不入房室，以慰母心。」唐杜甫《寄張十二山人彪三十韻》：「歷下辭姜被，關西得孟鄰。」

〔5〕晏裘：春秋時期齊國的丞相晏嬰以節儉著稱於時，他經常穿著布衣鹿裘去上朝。孔子的弟子有若說晏子一件狐皮衣裳一連穿了三十年。後來用晏子裘作為稱讚節儉的典故，有時也用晏子裘來形容一個人的困頓。見《禮記・檀弓

下》。又《晏子春秋》卷六《內篇·雜下》:「景公飲酒,田桓子侍,望見晏子,
而復於公曰:『請浮晏子。』公曰:『何故也?』無宇對曰:『晏子衣緇布之衣,
麋鹿之裘,棧軫之車,而駕駑馬以朝,是隱君之賜也。』」

〔6〕惆悵:傷感,失意。

〔7〕疑是:比喻動詞;好像、猶如的意思。唐李白《靜夜思》:「床前明月光,疑是
地上霜。」

【簡評】

這是一首懷念弟弟的詩篇。杜牧與弟弟感情深厚,為了給弟弟看病,甚
至辭官不做。冬至時節本應親人歡聚,而自己在外地館舍中,與弟弟天各一
方。詩歌寫出了自己的困頓,表達了對弟弟的思念。「樽前」二句,用襯托手
法,國家大事、思鄉愁緒,相比之下只有弟弟最為重要,這是一種極度誇張
的手法,可見情深義重。用「姜被」「晏裘」典故,含蓄地表達作者對弟弟的
思念和關愛。「竹門」二句,形象傳神,寫出自己惆悵之中,聽到門外竹葉響
聲,腦海中閃現了往昔與弟弟在家團聚,窗外大雪紛紛的場景。

作品感情深摯,聯想豐富,語言深婉,格調高雅,富有生活氣息。尾聯
「疑」字富有表現力:「疑」字把詩人客居江南所聞所感與弟弟京城生活情景
關聯起來,拓展了詩的意境;「疑」字自然流露出對弟弟近況的焦慮和擔憂,
語淺情深,真切感人;「疑」字回扣領聯的「憶」,筆觸從往事轉向難以確知
的當下,章法更顯圓緊,也更有餘韻。

洛下送張曼容赴上黨召〔1〕

歌闋樽殘恨起偏,憑君不用設離筵。未趨雉尾隨元老〔2〕,且蹋羊腸〔3〕
過少年。七葉漢貂〔4〕真密近,一枝詵桂〔5〕亦徒然。羽書〔6〕正急徵兵地,
須遣頭風處處痊〔7〕。

【注釋】

〔1〕張金海《樊川詩真偽補訂》(《武漢大學學報》一九八二年第二期)、郭文鎬《〈樊
川外集〉詩辨偽》均認為此詩非杜牧作。張曼容:張次宗子。事蹟見《舊唐書·
張延賞傳》附。上黨:郡名,即潞州,今山西長治。時為昭義節度使治所。

〔2〕雉尾:即雉尾扇,古代儀仗之一。崔豹《古今注·輿服》:「雉尾扇起於殷世,
高宗時有雊雉之祥,服章多用翟羽。周制以為王后夫人之車服,輿車有翣,即
緝雉羽為扇翣,以障翳風塵也。漢朝乘輿服之,後以賜梁孝王。魏晉以來用為

常，準諸王皆得用之。」元老：德高望重的老臣。唐杜甫《秋興》：「雲移雉尾
開宮扇，日繞龍鱗識聖顏。」

〔3〕驀：超越。羊腸：阪名，在今山西靜樂境。

〔4〕七葉漢貂：指漢武帝時金日磾任侍中，自武帝至平帝七朝，其後人世代皆為
近臣顯貴。見《漢書‧金日磾傳》。七葉：七世。貂：貂尾。漢代侍中等達官
冠飾。晉左思《詠史八首》：「金張籍舊業，七葉珥漢貂。」後因用以指世代顯
貴之家。張曼容高祖張嘉貞、曾祖張延賞、祖父張弘靖三世為相，故云。參見
《杜秋娘詩》注〔62〕。

〔5〕一枝詵桂：指進士及第。詵桂，泛指練達能幹的官吏。唐人因以一枝桂指進士
及第或受人舉薦。參見《句溪夏日送盧霈秀才歸王屋山將欲赴舉》詩注〔6〕。
唐趙嘏《下第後上李中丞》：「鬢毛灑盡一枝桂，淚血滴來千里書。」

〔6〕羽書：即羽檄。古時徵調軍隊的文書，上插鳥羽，表示緊急必須速遞。《漢書‧
高帝紀下》：「吾以羽檄徵天下兵。」顏師古注：「檄者，以木簡為書，長尺二寸，
用徵召也。其有急事，則加以鳥羽插之，示速疾也。」

〔7〕頭風痊：頭痛病痊癒。常用於稱美他人文章美妙，工於書檄。史載曹操頭痛，
看到陳琳所作書、檄，頓覺病癒。《三國志‧魏志‧王粲傳》附《陳琳傳》：「太
祖並以琳、瑀為司空軍謀祭酒，管記室，軍國書檄，多琳、瑀所作也。」南朝
宋裴松之注引《典略》曰：「琳作諸書及檄，草成呈太祖。太祖先苦頭風，是日
疾發，臥讀琳所作，翕然而起曰：『此愈我病。』數加厚賜。」唐白居易《江樓
夜吟元九律詩成三十韻》：「肉味經時忘，頭風當日痊。」

【簡評】

這是一首送別詩。心中不平之氣，替友人打抱不平，實為抒發詩人內心之
憤懣。

送別之時，任有美酒歌舞，亦不能解除心中遺恨；本來進士及第，便應為
侍從之臣，立於朝班，隨元老之後，而今卻赴羊腸而為幕僚；本為世代顯宦，
又加新近折桂，也是徒然。這是離別者的內心感受。然而詩人勸慰道，當今正
值用兵之際，以你工於書檄的犀利文章定能發揮才幹。既有鼓勵，兼有稱讚。

宣州留贈〔1〕

紅鉛濕盡半羅裙〔2〕，洞府人間〔3〕手欲分。滿面風流〔4〕雖似玉，四年夫
婿恰如雲〔5〕。當春離恨杯長滿，倚柱關情〔6〕日漸曛。為報眼波須穩當，五陵

遊宕莫知聞〔7〕。

【注釋】

〔1〕郭文鎬《〈樊川外集〉詩辨偽》以為此詩非杜牧作，疑為許渾詩。

〔2〕紅鉛：胭脂和鉛粉。唐溫庭筠《江南曲》：「扇薄露紅鉛，羅輕壓金縷。」羅裙：
豪華的裙子。羅，一種高級絲織品。詩歌中也以之稱代女子。唐白居易《琵琶
行》：「鈿頭雲篦擊節碎，血色羅裙翻酒污。」唐王昌齡《採蓮曲二首》：「荷葉
羅裙一色裁，芙蓉向臉兩邊開。」

〔3〕洞府：神仙所居。此處指女子居處。人間：塵世，凡世。對天上、仙境而言。

〔4〕風流：形容風韻美好動人。唐花蕊夫人《宮詞》：「年初十五最風流，新賜雲鬟
使上頭。」

〔5〕如雲：言如雲來去不定。

〔6〕關情：動情，牽惹情懷。

〔7〕五陵：詳見《登樂遊原》詩注〔3〕。遊宕：指游蕩子弟。

【簡評】

　　描寫了詩人與歌妓離別時的戀戀不捨；這些表面看起來帶有些輕浮味道
的詩歌，其實注入了詩人真摯的情感，隱藏了詩人與這些女子之間相見時的兩
情相悅和離別時的難捨難分。與心愛的女人分手，愁緒滿懷，全部發洩在了紙
上。前兩聯寫離別，後兩聯寫思念。癡情女子的思念，離恨悠悠，望眼欲穿，
時刻關注著五陵年少的音訊。

　　詩圍繞離愁別緒主題而展開，從內容上產生一種彼此協調一致的和諧
美。它以離愁別緒的思念為主線，雖說這思念如酒，越陳越濃；然而不同的
是，美酒越濃越香，而思念越濃越苦。詩的字裏行間，帶給我們的自然是令
人悲痛欲絕的場景和一段段裏滿血淚的悲歡離合訴說。全詩洋洋灑灑，詞義
委婉，纏綿動人，讀之令人盪氣迴腸，用詞考究，表達意境完美無瑕。

寄題宣州開元寺

　　松寺曾同一鶴棲〔1〕，夜深臺殿月高低〔2〕。何人為倚東樓柱，正是千山雪
漲溪〔3〕。

【注釋】

〔1〕一鶴：一隻鶴。棲：休息。一鶴棲：《唐三體詩》注：一鶴棲，沈傳師為宣州，

辟牧從事，後又為宣州判官。此詩蓋再至時作，故曰曾同一鶴樓。

〔2〕臺殿：寺中的樓臺殿閣。月高低：月亮從中天漸漸向西移動。

〔3〕雪漲溪：積雪融化，溪水上漲。

【簡評】

　　這是一首題贈詩。詩中追憶了往年初春時節，自己在開元寺終夜欣賞美景的情形，表現了清雅的興味和孤高自賞的情懷，從而讚美了開元寺優美的景色。對月亮升沉變化的關注，既表明景色的變化，時光的流逝，也隱含了詩人癡情於景色的執著。「千山雪漲溪」寫出冰雪融化，溪水見長，泉聲幽咽，水流悠揚，詩人竟然入了神，倚著柱子一動也不動。

　　《唐三體詩》卷一釋圓至注云：此詩乃雪後月霽，登樓孤賞，思昔日之歡遊，而歎今夕之無侶。詳味詞意，情思殊甚。首句所謂同樓者，應有所託，唐人多如此。退之庭花巷柳，商隱錦瑟，韓翃章臺柳，皆此類也。

贈張祜〔1〕

　　詩韻〔2〕一逢君，平生稱所聞〔3〕。粉毫〔4〕唯畫月，瓊尺只裁雲〔5〕。黥陣人人〔6〕懾，秋星歷歷〔7〕分。數篇留別我，羞殺李將軍〔8〕。

【注釋】

〔1〕此詩會昌五年（845）作。張祜：字承吉，邢臺清河（一說山東德州）人，唐代
　　著名詩人。參見《登池州九峰樓寄張祜》詩注〔1〕。

〔2〕詩韻：詩歌的韻律節奏。

〔3〕「平生」句：謂作詩的水平和名氣相符。

〔4〕粉毫：繪畫用粉筆。此指詩筆。

〔5〕瓊尺：玉製的尺子，比喻高才。《世說新語·術解》：「後有一田父耕於野，得周
　　時玉尺，便是天下正尺。荀試以校己所治鍾鼓、金石、絲竹，皆覺短一黍，於
　　是伏阮神識。」後因以「玉尺」借指選拔人才和評價詩文的標準。唐李白《上
　　清寶鼎詩》：「仙人持玉尺，廢君多少才。玉尺不可盡，君才無時休。」裁雲：
　　裁剪行雲，此指用詩描畫山水風雲；比喻作詩技藝精巧。

〔6〕黥陣：漢代的英布因犯罪被處以黥刑，他說據相面的人所說他受了黥刑之後當
　　稱王。大家都笑他，稱他為黥布。黥布最初在項羽一方，是五大將之一，後來
　　歸屬劉邦，與韓信、彭越並稱漢初三大將，封淮南王。黥布以行軍佈陣著名，
　　故稱黥陣。見《史記·黥布傳》。參見《池州送孟遲先輩》詩注〔28〕。人人：

每一個人。

〔7〕秋星：秋天的星辰。唐楊炯《庭菊賦》：「秋星下照，金氣上騰。」歷歷：清晰
　　的樣子。《古詩十九首・明月皎夜光》：「玉衡指孟冬，眾星何歷歷。」

〔8〕李將軍：西漢名將李廣的孫子李陵，字少卿。漢武帝時任騎都尉，出征匈奴，
　　陷入重圍，箭盡援絕，兵敗投降，居匈奴二十餘年而亡。有詩《與蘇武三首》，
　　是歷史上送別的名篇。參見《史記・李將軍列傳》《漢書・李廣蘇建傳》《文選》
　　卷二九。唐顧況《劉禪奴彈琵琶歌》：「李陵寄書別蘇武，自有生人無此苦。」

【簡評】

　　杜牧為池州刺史時，張祜來訪，二人重陽登高，分別後互相寄送詩歌。
這是其中一首。詩人運用繪畫藝術和擬人、比喻、典故等手法，讚頌了張祜
才華過人，抒寫了自己閱讀其詩歌後的感受，自歎不如，由衷敬佩。「粉毫唯
畫月，瓊尺只裁雲」，前句讚美其詩歌生動鮮活，後句稱讚其才思過人，生動
形象地寫出了其詩歌藝術水準的高超。

殘春獨來南亭因寄張祜〔1〕

　　暖雲如粉草如茵〔2〕，獨步〔3〕長堤不見人。一嶺桃花紅錦黦〔4〕，半溪山
水碧羅新。高枝百舌〔5〕猶欺鳥，帶葉梨花獨送春〔6〕。仲蔚〔7〕欲知何處在，
苦吟林下拂詩塵。

【注釋】

〔1〕此詩會昌六年（846）春作，時杜牧在池州刺史任。南亭：即池州弄水亭；詳見
　　《題池州弄水亭》詩注、詩評。張祜會昌五年來池州拜訪杜牧，九月二人同登
　　齊山。此詩是與張祜別後，春日寄贈之作。

〔2〕暖雲：春天的雲氣。唐羅隱《寄渭北徐從事》：「暖雲慵墮柳垂枝，驄馬徐郎過
　　渭橋。」粉：化妝用的香粉。茵：用來鋪墊的褥子、毯子之類的東西。

〔3〕獨步：獨自行走。

〔4〕黦（yuè）：黃黑色；色澤變暗，變壞。形容春末桃花凋落，顏色像紅錦發黴出
　　現污點一樣。

〔5〕百舌：鳥名，即反舌鳥。百舌鳥立春後鳴囀不已，夏至後即無聲。

〔6〕「帶葉」句：因為梨花開得較晚，梨花落去，春天也將過，不免會讓人面對梨
　　花而感時傷懷。抒發花期易逝，人生苦短、離思別念的感傷之情。唐戴叔倫
　　《春怨》：「金鴨香消欲斷魂，梨花春雨掩重門。欲知別後相思意，回看羅衣

　　積淚痕。」

〔7〕仲蔚：張仲蔚，漢平陵人，善屬文，好詩賦，閉門養性，隱居不仕，不求名
　　　利。居住的地方長滿了蓬蒿，蓬蒿的高度能沒過人。事見晉皇甫謐《高士傳》
　　　卷中。此以張仲蔚比張祜。

【簡評】

　　這是一首優美的寫景詩，也是情感真摯的抒情詩。前四句寫殘春，後四句
寫寄張祜。殘春是春天將要凋敝的時節，是文人傷春哀歎的時節，詩中景色卻
山明水秀，明麗如畫，鳥語花香，生機勃勃，如此美景中，詩人卻感到一絲愁
緒而苦吟詩篇。這悲愁，不是因春天將逝而哀愁，而是因為朋友的缺席。詩歌
表達了對友人的懷念之情。用百舌鳥欺負其他鳥，象徵張祜遭元稹排擠，詩人
為張祜的遭遇而打抱不平；借張仲蔚這個典故，表達對張祜的被迫隱居，有才
華不能施展境遇的深切同情。形容聲云為「暖云如粉」，「粉」字新奇、祥瑞，
有喜慶氣氛。「獨送春」運用擬人手法，以梨花送春，照應題目中的「殘春」
二字。

　　清人黃叔燦《唐詩箋注》曾將此詩與《西廂記》中《端正好》曲相比：「讀
此詩，忽悟《西廂記》『碧雲天，黃花地』曲，一俯一仰，高唱而入。再從空
際著筆，接以『西風緊，北雁南飛』二句。下文『曉來誰染霜林醉』，又就眼
前景色引入離人歡，其筆墨高妙。此詩起中略同意趣，而獨遊寄張祜之意，亦
繚繞筆端。」

宣州開元寺南樓〔1〕

　　小樓才受一床橫，終日看山酒滿傾〔2〕。可惜和風夜來雨，醉中虛度打窗
聲〔3〕。

【注釋】

〔1〕此詩開成三年（838）作，時杜牧為宣州觀察判官。

〔2〕「小樓」二句：謂南樓之小雖僅容一床，然而，卻能於此飲酒看山，自有情趣。
　　　受：容納。晉陶淵明《歸去來兮辭》：「倚南窗以寄傲，審容膝之易安。」杜牧
　　　化用其意。一床：一張床所佔之地，指棲身處。

〔3〕「可惜」二句：謂可惜醉酒而眠，竟未能領略夜雨敲窗之情趣。可惜：令人惋
　　　惜。和：連同，伴隨。虛度：白白浪費。

【簡評】

　　詩前半寫白天，後半寫夜晚。通過自我描繪臥床小樓、滿杯醉飲、終日觀山的懶散行為，及為夜雨打窗而惋惜的心情描寫，既表達了詩人對南樓景色的欣賞，又表露出心靈的孤寂。人生的失意、痛苦、悲傷與無奈，內心深處壯志難酬的苦悶與憂悒，使詩人心中感到迷茫與悽惶。

　　南樓雖小，卻別有洞天，由此處看山，更覺閒逸，加以「酒滿傾」，情更獨專，大有李白「相看兩不厭，只有敬亭山」之情境。

　　夜晚風吹山雨，敲打著小樓的窗戶，發出音樂般的聲音，頗有詩意，可惜詩人醉了，不能盡情欣賞。這小小的遺憾卻更增加了詩的韻味。但他心中卻又醒著；他在醉而復醒中，在這寺廟的南樓度過一個風雨浸淫的夜。

寄遠人

　　終日求人卜〔1〕，回回〔2〕道好音。那〔3〕時離別後，入夢〔4〕到如今。

【注釋】

〔1〕卜：預測，推斷。占卜，指用龜甲、蓍（shī）草、金錢等取兆，以預測吉凶。

〔2〕回回：每回，每次。唐岑參《田使君美人舞如蓮花北鋋歌》：「翻身入破如有神，前見後見回回新。」

〔3〕那（nà）：指示代詞，與「這」相對。

〔4〕入夢：出現在夢境。唐白居易《長恨歌》：「悠悠生死別經年，魂魄不曾來入夢。」

【簡評】

　　這首詩寫得淺顯有味，情韻深長。詩人對於闊別已久的故人，想得到他的消息卻沒有辦法，只好去請教卜人了。雖然占卜出來的結果每每是佳訊，仍不能滿足詩人的需求。因為「日有所思夜有所夢」，自然會夢到那位遠人。但，也只有夢中才能與「遠人」會面了。在懷舊的幽思中，帶著遺憾與惆悵。詩中的「遠人」，不論是男是女，與詩人一定有很深厚的情誼。詩通過求卜、入夢生活中的兩個細節，生動形象地再現了主人公對遠行人的關愛和思念。詩以質樸的語言，表達深長的情意，讀來委婉動人。

別沈處士

　　舊事參差〔1〕夢，新程邐迤〔2〕秋。故人如見憶，時到寺東樓。

【注釋】

〔1〕參差：不齊貌。此處指往事前後不斷夢到。

〔2〕邐迤：曲折綿延貌。

【簡評】

　　往事參差如夢，不可追尋，前途綿延曲折；想念故人的時候，回憶我們在寺東樓時一起快樂時光。全詩語言明白如話。既有對往事的回憶，又有對前程的瞻望；蘊含著深深的朋友之情。

留　贈

　　舞靴〔1〕應任閒人看，笑臉還須待我開。不用鏡前空有淚，薔薇〔2〕花謝即歸來。

【注釋】

〔1〕舞靴：唐舒元輿《詠妓女從良》云：「湘江舞罷卻成悲，便脫蠻靴出鳳幃。誰是蔡邕琴酒客，曹公懷舊嫁文姬。」可考唐時妓女舞飾。按《說文》：「鞻，四夷舞人所著履也。」《周禮》有鞮鞻氏，亦是四夷之舞。今之樂部舞妝，皆出四夷。唐人舞妓皆著靴，猶有此意。

〔2〕薔薇：植物名。詳見《齊安郡後池絕句》詩注〔3〕。

【簡評】

　　杜牧年輕時非常的豪爽熱情，灑脫外放，加之唐朝的風氣開放，歌舞娛樂成為正常的交際生活。而有才華的詩人也和伶人交往，感受他們的才氣和才華，他並不諱言自己和這些人的交流交往，並感受真實的人生生活。他為歌女張好好、杜秋娘寫詩，同情她們的遭遇，也感恩她們對人的真心，也盡力地幫助他們。據說他多年以後遇到張好好，乾脆就經常去她的住所和酒館，照顧她的生意。至於外面的人怎麼說他不會管。在他離開之前，寫此詩贈與張好好。

　　首言我去後任君歌舞為「閒人看」，但「笑臉還須待我開」，即時常將我掛念心中。分別之時，莫要鏡前抹淚，薔薇花落之時，吾即歸來與爾同歡。此詩既見詩人放蕩生活之一斑，但又非輕薄之語，給贈者以慰藉；既見詩人性格之爽朗一面，但又非純狎妓以取樂。詩中蘊含深情。

　　在宋詞中，也有一些描寫詞人和歌兒舞女之間愛情的，但真正能把筆觸深

入到歌兒舞女的命運、心靈深處去的詞作，卻不很多。周邦彥的《虞美人》詞卻頗得好評，詞云：「燈前欲去仍留戀。腸斷朱扉遠。未須紅雨洗香腮。待得薔薇花謝便歸來。舞腰歌板閒時按。一任旁人看。金爐應見舊殘煤。莫使恩情容易似寒灰。」此詞深切、細膩、生動、明快。能從生活細節中抓住人物的心態，善於運用比喻，含蓄地反映出主人公內心複雜的感情。通過詞中男主人公與自己鍾情的、以歌舞賣笑為生計的風塵女子短暫別離時的諄諄囑語，抒發他對愛情的忠貞不渝。其中「待得薔薇花謝便歸來」一句，化用杜牧詩句，恰倒好處，是為傳世名篇。

奉和僕射相公春澤稍愆，聖君軫慮，嘉雪忽降，品彙昭蘇，即事書成四韻〔1〕

　　飄來雞樹鳳池〔2〕邊，漸壓瓊枝凍碧漣〔3〕。銀闕雙高銀漢〔4〕裏，玉山橫列玉墀〔5〕前。昭陽殿下風回〔6〕急，承露盤〔7〕中月彩圓。上相抽毫歌帝德〔8〕，一篇風雅美〔9〕豐年。

【注釋】

〔1〕此詩作於大中四年（850）春，時杜牧在京任司勳員外郎、史館修撰。詩題原注：「白相國」。僕射相公：白居易的堂弟白敏中，字用晦，唐宣宗大中三年加尚書右僕射。見新、舊《唐書·白居易傳》附。春澤：指春天的雨雪。愆：失常，指春旱。聖君軫慮：皇帝深切憂慮。品彙昭蘇：萬物重獲生機，恢復元氣。品彙，事物的品種和類別。唐韓愈《感春》：「幸逢堯舜明四目，條理品彙皆得宜。」即事：就眼前事物賦詩抒懷。

〔2〕雞樹：指中書省。三國時期，魏國的中書監劉放和中書令孫資要好，兩個人多年在機要位置；夏侯獻和曹肇心裏不平衡。殿中有雞棲樹，二人談論說：這棵雞棲樹長了多年了，還能長到什麼時候？劉放和孫資知道後，就想方設法排擠兩人。後人因謂中書省官署為雞樹。語出《三國志·劉放傳》注。鳳池：鳳凰池，本指皇帝花園中的池沼。魏晉南北朝時為中書省所在地。因中書省掌管機要文件，官員又接近皇帝，故後世遂稱中書省或中書省所屬機要部門為鳳凰池或鳳池。唐代宰相處理政事的殿堂在鳳凰池，因此鳳凰池代指中書省。唐代借指宰相之位，當時宰相名為同中書門下平章事，故稱。晉荀勖原任中書監，後守尚書令，頗悵恨。有人祝之，勖曰：「奪我鳳皇池，諸君賀我邪！」見《晉書》本傳。

〔3〕瓊枝：指覆蓋著雪花之樹枝。瓊，美玉；喻指高潔人品或美好姿容。碧漣：碧
　　波；水面的漣漪。

〔4〕銀闕：唐長安大明宮前有棲鳳、翔鸞兩座城樓，因覆滿了雪，所以稱銀闕。銀
　　漢：銀河。

〔5〕玉山：像山一樣的白色陳列物。玉墀：宮殿的臺階。

〔6〕昭陽殿：漢代宮殿名，這裡指唐代大明宮。詳見《簾》詩注〔11〕。回：迴旋。

〔7〕承露盤：漢武帝曾作承露盤，立銅仙人舒掌承盤以接甘露。詩文中常藉以詠帝
　　京景物。詳見《早春閣下寓直蕭九舍人亦直內署因寄書懷四韻》詩注〔6〕。

〔8〕上相：宰相之尊稱，此指白敏中。抽毫：抽出毛筆，借指寫作。唐吳融《壬戌
　　歲閣鄉卜居》：「六載抽毫侍禁闈，不堪多病決然歸。」歌帝德：頌揚帝王的功
　　德。

〔9〕風雅：《詩經》中《國風》及《大雅》《小雅》。此代指白敏中所作詩歌。美：稱
　　美。

【簡評】

　　詩歌緊扣春旱時分瑞雪降臨一事，用典雅的語言，描繪了巍峨宮殿中美麗
的雪景，用皎潔的月色比喻雪的潔白，用玉山橫列突出降雪量大，讚頌白相國
頌揚帝王的盛德，期盼美好豐收年頭的到來。詩寫雪景，而不用一個「雪」字，
卻寫出雪的悄無聲息、布滿乾坤。

寄李播評事〔1〕

　　子列光殊價〔2〕，明時忍自高〔3〕。寧無好舟楫〔4〕，不泛惡風濤〔5〕。大翼
終難戢〔6〕，奇鋒且自韜〔7〕。春來煙渚〔8〕上，幾淨雪霜毫〔9〕？

【注釋】

〔1〕李播：字子烈，元和時登進士第。曾任大理評事，累遷金部員外郎、郎中分司。
　　開成三年春，調任蘄州刺史。會昌初，入朝為尚書比部郎中，後為杭州刺史。
　　是唐代詩人，但作品流傳較少。事蹟見杜牧《杭州新造南亭子記》及《唐詩紀
　　事》卷四七等。

〔2〕子列：即子烈，李播字。光殊價：才能、價值不一般。

〔3〕自高：自我珍重。

〔4〕舟楫（jí）：此處指才能與仕途晉升的評介。

〔5〕風濤：指仕途風波。

〔6〕「大翼」句：謂有能力遠舉高飛。大翼：巨大的鳥翅膀。《莊子・逍遙遊》：「鵬
　　之背，不知其幾千里也。怒而飛，其翼若垂天之雲。」戢：收斂，收藏。

〔7〕鋒：劍鋒。韜：深藏，收藏。

〔8〕煙渚：煙靄籠罩下的水中小片土地。詩詞中多用來描寫水中景色。

〔9〕雪霜毫：毛筆。

【簡評】

　　這是一首贈送友人的詩篇。詩人讚頌了友人的過人才華，慨歎人才的不獲
重視，致使有才之士在江湖上寫詩詠歎。「寧無」二句，用船行江上比喻仕途，
形象地寫出官場黑暗，人才不被重視，流露出同情和勸慰的感情。政治清明的
「明時」尚且如此，昏暗時期該是何等景象！不過詩人還是勸勉友人，大鵬終
歸會展翅高飛，勸告他暫時再忍耐一下，不妨在美好的江面上，多寫幾首詩。

送牛相公出鎮襄州〔1〕

　　盛時常注意〔2〕，南雍暫分茅〔3〕。紫殿〔4〕辭明主，岩廊〔5〕別舊交。危
幢〔6〕侵碧霧，寒旆獵紅旓〔7〕。德業懸秦鏡〔8〕，威聲隱〔9〕楚郊。拜塵〔10〕
先灑淚，成廈昔容巢〔11〕。遙仰沉碑會〔12〕，鴛鴦〔13〕玉佩敲。

【注釋】

〔1〕此詩開成四年（839）作。牛相公：即牛僧孺，開成四年八月由左僕射出為襄州
　　刺史、山南東道節度使。見新、舊《唐書》本傳。出鎮襄州：出任襄州刺史。

〔2〕「盛時」句：謂昌盛的時代宰相往往受到重視。《史記・酈生陸賈列傳》：「天
　　下安，注意相；天下危，注意將。」注意：倚重，眷顧；多就朝廷對臣下而
　　言。

〔3〕南雍：即襄州；南朝宋時在此地設南雍州。暫：暫且。分茅：古代分封諸侯的
　　時候，用白茅裹著泥土賜給受封的人，象徵授予土地和權力。後泛指出任重要
　　的地方官。此指牛僧孺出鎮襄州。《晉書・八王傳贊》：「有晉郁興，載崇藩翰，
　　分茅錫瑞，道光恒典。」唐楊巨源《送胡大夫赴振武》：「向年擢桂儒生業，今
　　日分茅聖主恩。」

〔4〕紫殿：漢宮殿名，在甘泉宮。《三輔黃圖・漢宮》：「（武）帝又起紫殿，雕文刻
　　鏤，黼黼以玉飾之。成帝永始四年，行甘泉，郊秦時，神光降於紫殿。」唐張
　　籍《同將作韋二少監贈水部李郎中》：「重著青衫承詔命，齊趨紫殿異班行。」

〔5〕岩廊：高峻的廊廡、廟堂，借指朝廷。漢桓寬《鹽鐵論・憂邊》：「今九州同域，

天下一統，陛下優游巖廊，覽群臣極言至論。」

〔6〕危幢：高高的旌旗。幢，以羽毛為飾之一種旗幟。

〔7〕旓（shāo）：旌旗上飄帶之類的裝飾物。

〔8〕秦鏡：傳說秦宮有方鏡，可照見腸胃五臟。人有邪心，照之見膽張心動。事見《西京雜記》卷三。懸秦鏡，稱頌官吏廉明，執法公正。這裡指牛僧孺的政績昭然可見。參見《池州送孟遲先輩》詩注〔28〕。

〔9〕隱：威重的樣子。《後漢書·吳漢傳》：「吳公差強人意，隱若一敵國矣！」《注》：「隱，威重之貌。言其威重若敵國。」

〔10〕拜塵：晉代潘岳與石崇諂事晉惠帝賈皇后的外甥賈謐，每次等到賈謐外出，就對著車子揚起的塵土行拜禮，故拜塵指諂事權貴。事見《晉書·潘岳傳》。這裡借指道別時行禮。

〔11〕「成廈」句：言大和七年至九年，牛僧孺任淮南節度使時，杜牧曾在其幕下任掌書記。容巢：容許棲止。漢劉安《淮南子·說林訓》：「湯沐具而蟣虱相弔，大廈成而燕雀相賀，憂樂別也。」

〔12〕沉碑：晉代的杜預好名，希望自己流芳百世。詳見《往年隨故府吳興公夜泊蕪湖口，今赴官西去再宿蕪湖，感舊傷懷因成十六韻》詩注〔10〕。此亦兼用羊祜襄陽事。晉時羊祜鎮襄陽，樂山水，常登此山，置酒言詠，終日不倦。卒後，百姓於峴山立廟建碑，望碑者莫不流涕，杜預名之曰墮淚碑。事見《晉書》本傳。沉碑會，指節鎮慶功的宴集。

〔13〕鵷鷥：猶鵷鷺。此指列隊而行的侍從。鵷、鷺皆水鳥，止有班，立有序。《詩·周頌·振鷺》：「振鷺于飛，于彼西雝。我客戾止，亦有斯容。」以群鷺比擬來朝諸侯的容儀。後因以「鵷鷺」「鵷鷺」比喻百官上朝的朝班，也喻指同署僚友。唐杜甫《暮春題瀼西新賃草堂》：「不見豺虎鬥，空慚鵷鷺行。」

【簡評】

這是一首贈別詩。詩歌描寫了牛僧孺出京城的場面，讚頌了他受君王重視，政績顯著，受民眾歡迎，表達了曾經的幕僚對宰相的感激和惜別之情。

送薛邦二首〔1〕

可憐走馬騎驢漢，豈有風光〔2〕肯占伊。只有三張〔3〕最惆悵，下山回馬尚遲遲〔4〕。

小捷風流已俊才〔5〕，便將紅粉作金臺〔6〕。明年未去池陽郡〔7〕，更乞〔8〕

春時卻重來。

【注釋】

〔1〕此二詩約作於會昌四年九月至六年九月（844～846），時杜牧任池州刺史。

〔2〕風光：風物時光。

〔3〕只有：唯有，僅有。三張：晉朝張載、張協、張亢兄弟以文名並稱三張。此處用以比擬薛邽兄弟。《晉書·張亢傳》：「時人謂載、協、亢、陸機、雲曰『二陸』『三張』。」

〔4〕回馬：謂回返。遲遲：眷戀貌。

〔5〕風流：瀟灑，放逸。唐杜甫《詠懷古蹟五首》：「搖落深知宋玉悲，風流儒雅亦吾師。」俊才：才智卓越的人。

〔6〕紅粉：美女。金臺：即黃金臺；參見《池州送孟遲先輩》詩注〔3〕。

〔7〕池陽郡：即池州，治所在今安徽貴池。

〔8〕乞：請求，要求，乞求。

【簡評】

上首寫依依惜別，以晉朝張載兄弟比擬薛邽兄弟文采飛揚、筆墨生香。寫法上先抑後揚，但走馬騎驢漢的形象也是蠻可愛的。

下首寫盼望回歸，祝願友人瀟灑放逸、才智卓越，載譽歸來。

見穆三十宅中庭海榴花謝〔1〕

矜紅掩素似多才，不待櫻桃不逐梅。春到未曾逢宴賞，雨餘爭解免低徊〔2〕。巧窮南國千般豔，趁得東風〔3〕二月開。堪恨王孫〔4〕浪遊去，落英狼藉〔5〕始歸來。

【注釋】

〔1〕穆三十：名未詳。海榴：即石榴，農曆四月底五月初開花。因西漢張騫從海外波斯引進，故名。

〔2〕爭解：怎懂得。低徊：低垂。

〔3〕東風：春風。

〔4〕王孫：原指王侯子弟，世家子弟，後世泛指富貴人家的子弟。此指穆三十。《楚辭·招隱士》：「王孫遊兮不歸，春草生兮萋萋。」詩歌中常以王孫春草喻惜別、懷友之語。唐王維《送別》：「春草明年綠，王孫歸不歸。」浪遊：四處漫遊。

〔5〕落英：落花。狼藉：散亂的樣子。

【簡評】

這是一首抒情詩，睹物有感，體現了詩人的深切感情。

絢爛多姿的榴花，不與櫻桃、梅花爭春。春不爭豔，夏不爭寵，默默無聞；五月裏石榴花開時的繁茂爛漫景象，它那矜紅的顏色嫩紅嬌倩，光彩奪目。在那姹紫嫣紅的花海中，悄無聲息地獨立，讓人賞心悅目。浪遊的王孫歸來，見到散亂的落花，不免感觸深沉。這也許是離鄉日久的思念，也許是仕途不暢的幽怨。

唐代詩人關於「石榴」的吟詠很多，其中韓愈詠榴花饒有興味：「五月榴花照眼明，枝間時見子初成。可憐此地無車馬，顛倒青苔落絳英。」（《題張十一旅舍三詠‧榴花》）前兩句寫景，後兩句抒情。通過人的感覺，側面烘托出榴花的絢爛多姿。詩人歎息花開無人來賞，亦即暗喻朋友滿腹才華，卻被貶謫於窮鄉僻壤，無法施展，表達了詩人和作者都懷才不遇的憤懣。全詩寫景簡潔精練，寥寥數語就生動地勾畫出自然景象；抒情委婉含蓄，蘊含了作者孤獨怨憤的心境；詠物與言志融為一體。

我國石榴的種植，始於漢代。是由出使西域的張騫從西域安國帶回來的，所以又稱「安石榴」，別名「海榴」。此外尚有「海石榴」的稱呼，大概行於唐代，是指從古朝鮮（海東）傳入的，當是石榴的另一品種，以其來自海外，故名。石榴作為團圓美滿、多子多福、吉祥如意的象徵，逐步形成了一種相沿成習的民俗文化現象。

留誨曹師等詩〔1〕

萬物有醜好，各一姿狀分。唯人即不爾〔2〕，學與不學論。學非探其花，要自〔3〕撥其根。孝友與誠實，而不忘爾言。根本既深實，柯葉自滋繁。念爾無忽此，期以慶吾門。

【注釋】

〔1〕此詩作於大中六年（852），杜牧本年冬十二月病卒。此為臨終留詩，教誨其子。據《新唐書‧宰相世系表》杜牧三子：長子名承澤；次子晦辭字行之，左補闕；三子德祥字應之，禮部侍郎。則曹師似應為承澤。

〔2〕不爾：不這樣。

〔3〕要自：應，須。

【簡評】

　　此詩屬於古體詩，在創作上比較自由。「唯人」兩句詩意在強調人生的關鍵在於學，學與不學是人與人之間區別的核心，力學能獲得美德，廢學難免有鄙陋淺浮之弊。「學非」兩句承接上文，進一步告誡曹師等學習要緊抓關鍵，緊抓根本，不可在表面上、虛華處、非關痛癢的地方下工夫。「根本」兩句運用比喻修辭手法，「根本」喻修身立德，「柯葉」喻事功名位，抓住了學習根本，才能功名顯赫。表達作者對兒子的期望和勸誡。從結構上講，總結前文，指出立根的重要意義，為後面對兒子的叮囑張本。這些話，平常、平易、平實無華，卻發自肺腑，如金似玉，帶著心胸的熱度，流淌著一腔慈父之情。

　　詩人重病期間的絕筆之作，既是自己平生經驗的總結，也是深摯的臨終贈言。唐宣宗大中六年歲暮，詩人安詳地離開了這個讓他眷戀、歌唱了一生的世界。

洛　陽〔1〕

　　文爭武戰就神功〔2〕，時似開元天寶〔3〕中，已建玄戈收相土〔4〕，應回翠帽過離宮〔5〕。侯門草滿宜寒兔，洛浦沙深下塞鴻〔6〕。疑有女蛾西望〔7〕處，上陽煙樹〔8〕正秋風。

【注釋】

〔1〕此詩開成元年（836）秋作。

〔2〕文徵武戰：謂洛陽文以經邦，武以守國。就：成就。神功：神奇的功績。

〔3〕開元天寶：唐玄宗的兩個年號。開元，公元713～741年；天寶，公元742～755年。為唐盛世。

〔4〕「已建」句：謂憲宗時平定藩鎮，諸侯納土歸順事。玄戈：亦作玄弋，星名。此處指繪有玄戈星的旗幟。《史記·天官書》：「杓端有兩星：一內為矛，招搖；一外為盾，天鋒。」《集解》：「外遠北斗也。在招搖南，一名玄戈。」《文選·張衡·西京賦》：「建玄弋，樹招搖。」《注》：「玄弋，北斗第八星名……今鹵簿中畫之於旗，建樹之以前驅。」相：古地名，在黃河之北，今河南安陽西。

〔5〕「應回」句：謂平定藩鎮後，巡幸洛陽。翠帽：以翠羽為裝飾的車蓋。東漢張衡《西京賦》：「天子乃駕雕軫六駿駮，戴翠帽，倚金較。」薛綜注謂「翠羽為車蓋，黃金以飾較也」。離宮：為帝王臨時遊幸建築的宮殿。

〔6〕「侯門」二句：以侯門之敗落和洛水岸的荒涼喻洛陽之衰。寒兔：寒冬的野兔。南朝梁沈約《宿東園》：「茅棟囑愁鴟，平岡走寒兔。」洛浦：洛水之濱。塞鴻：塞外的鴻雁。雁是候鳥，秋季南來，春季北去。所以古代詩人常用塞雁或塞鴻作比，懷念遠離家鄉的親人。南朝宋鮑照《代陳思王京洛篇》：「春吹回白日，霜歌落塞鴻。」唐李益《塞下曲》：「燕歌未斷塞鴻飛，牧馬群嘶邊草綠。」

〔7〕女娥西望：用曹操遺命事。女娥：指宮女。據《文選》晉陸機《弔魏武帝文序》，東漢末，曹操造銅雀臺，臨終吩咐諸妾，「汝等時時登銅雀臺，望吾西陵墓田」。詳見《杜秋娘詩》注〔29〕。

〔8〕上陽：上陽宮，故址在今河南洛陽。詳見《華清宮三十韻》詩注〔25〕。煙樹：雲霧繚繞的樹林。以上二句以曹魏事喻唐。

【簡評】

此詩寫於一次收復失地之後，描繪了洛陽荒涼凋敝的景象，儘管戰爭勝利似乎給人一些欣喜，卻流露出詩人對時局的失望和淒苦之情。

前四句言洛陽之盛，後四句感洛陽之衰。昔日文徵武戰得就神功，東都盛治之日，文以經邦，武以守國，可稱全盛。當日之盛，莫盛於開元、天寶，而今日之衰亦始於此。安史之亂，東都凋敗，時至今日，侯門草滿而潛兔，洛浦沙深而聚鴻，上陽雖存，秋風蕭索，惟見草樹凝煙。詩人設想唐玄宗時期，唐朝尚處於盛世時期，宮中已經出現蕭瑟景象，詩句顯得沉痛哀絕。正如清朱三錫評云：「『女娥西望』，『煙樹秋風』，言當日已如此，今日倍覺淒涼矣。」（《東嵒草堂評訂唐詩鼓吹》卷六）

寄唐州李玭尚書〔1〕

累代功勳〔2〕照世光，奚胡聞道死心降〔3〕。書功筆禿三千管〔4〕，領節門排十六雙〔5〕。先揖耿弇聲寂寂〔6〕，今看黃霸事摋摋〔7〕。時人欲識胸襟否？彭蠡〔8〕秋連萬里江。

【注釋】

〔1〕唐州：州名，唐武德九年改顯州置，時州治在比陽縣，即今河南泌陽縣。天寶元年改為淮安郡，乾元元年復為唐州。轄境相當今河南泌陽、唐河、方城、社旗、桐柏等縣地。天佑三年改為泌州，徙治泌陽縣，即今河南唐河縣。五代唐復改為唐州。李玭：唐代著名將領李愬之子，曾任刑部尚書，大中年間為唐州

刺史。

〔2〕累代功勳：李玭祖上數代都立有卓越戰功。高祖李思恭、曾祖李欽、祖父李晟、伯父李愿、父親李愬、叔父李聽都是唐代名將。累代：累世。

〔3〕奚胡：奚為東胡族；原居遼水上游，柳城西北；漢時稱烏桓。聞道：聽說。死心：斷絕進犯唐朝的念頭。

〔4〕「書功」句：言用來記載戰功的筆用禿了三千隻，形容功勞之大、之多。

〔5〕「領節」句：唐代節度使都配有雙節雙符，掌軍多少年就領節多少雙。節：符節。十六雙：指門戟。唐官府及高級官吏家門前立棨戟。東晉時期，謝安執掌軍權十六年，此句是把李玭的軍功與謝安相媲美。

〔6〕耿弇（yǎn）：東漢開國將領，雲臺二十八將之一；從漢光武帝征戰，平郡四十六，屠城三百；東漢建立後封建威大將軍、好畤侯。傳見《後漢書》卷一九。聲寂寂：聲名已經消逝了。

〔7〕黃霸：字次公，西漢大臣。歷任廷尉正、潁川太守、御史大夫、丞相等職，以寬和、法平、力行教化著稱。史稱「自漢興，言治民吏，以霸為首。」事見《漢書·循吏傳》。摐（chuāng）摐：紛雜，眾多的樣子。

〔8〕彭蠡：古代澤藪名，即今鄱陽湖，向北流入長江。在今江西九江市廬山以南。

【簡評】

這是一首酬贈詩。詩人熱情洋溢地讚頌了李玭出身官宦世家，祖上功名顯赫，凸顯李玭與眾不同，又富於政治才能，同時情操高尚，身在廟堂，卻有隱士清雅情懷。「彭蠡秋連萬里江」，寫出彭蠡曠達飄逸的形象，用一個雄闊場景以比喻胸襟，新穎別致。

清朱三錫《東嵒草堂評訂唐詩鼓吹》卷六云：「昔李公在唐時，父子昆弟俱以功業名世。一起先頌其家聲，頌其勳勞，自與等閒將帥不同。三寫李之能文，其書法如逸少。四寫李之能武，其領節如謝安。以文臣而兼武將，又與凡為將者高無數矣。五寫李之聲望，六寫李之事業，又引絕頂之文臣武將比之，又與凡為將者高無數矣。夫古來名將代不乏人，而襟期之瀟灑，度量之淵弘，如謝東山、羊叔子之外，不數數見也。末更以胸襟作結。其頌李尚書者至矣。」

南陵道中〔1〕

南陵水面漫悠悠，風緊雲輕欲變秋〔2〕。正是客心孤迥處，誰家紅袖憑江樓〔3〕。

【注釋】

〔1〕南陵：即今安徽南陵縣，唐時屬宣州。杜牧大和四年（830）至七年及開成二年
　　　（837）、三年曾在宣州為幕吏，詩即作於其間。詩題一作《寄遠》。

〔2〕「南陵」二句：謂南陵的江水，滿滿地、慢悠悠地流蕩，西風緊吹，輕雲掠過，
　　　秋天即將來到身旁。漫悠悠：謂江水浩渺，流動悠緩。悠悠，遙遠的樣子。漫，
　　　盈溢貌。

〔3〕「正是」二句：謂正當客居他鄉，心情孤寂淒清的時候，忽見哪家的女子獨倚在
　　　臨江的樓窗？客：作者自指。孤迴：志意高遠；孤寂淒清。紅袖：指婦女的紅
　　　色衣袖。《南齊書・樂志》引王儉《白紵辭》：「聲發金石媚笙簧，羅襪徐轉紅袖
　　　揚。」唐詩中多以之代指美女；多指侍女或歌女。白居易《對酒吟》：「今夜還
　　　先醉，應煩紅袖扶。」王建《夜看揚州市》：「夜市千燈照碧雲，高樓紅袖客紛
　　　紛。」

【簡評】

　　此詩寫客子思家之情。旅途之中觸美景以自惱，更傷情懷。

　　首句詠南陵，江水悠閒湧流，頗能引發客子鄉思；次句寫風緊雲輕秋之將
至，描寫早秋更是入妙。後二句寫游子之心值孤迴之時，驀見紅袖少女，憑樓
眺望，玩賞風物；兩相對照，益覺惱人，由此更引起鄉愁。紅袖之美與客無關，
游子之情亦與紅袖無涉，然「多情卻被無情惱」，可謂「其事無理，其言有情」
（沈祖棻語）。

　　此詩以倩秀之筆，寫出作者客子思鄉的幾分孤清寂寞，幾分多情馳想，筆
墨如畫，韻致悠長。結句似神來之筆，神韻悠然。「紅袖憑江樓」的形象內涵
的不確定，恰恰為聯想的豐富、詩味的雋永創造了有利的條件，這正是此詩的
高妙所在。

　　宋蘇軾《蝶戀花》云：「花褪殘紅青杏小。燕子飛時，綠水人家繞。枝上
柳綿吹又少。天涯何處無芳草？牆裏秋韆牆外道。牆外行人，牆裏佳人笑。笑
漸不聞聲漸悄。多情卻被無情惱。」較近此詩意境。杜牧此詩因畫意盎然，後
人多喜愛。許多丹青高手皆圖畫此詩意。

登九峰樓〔1〕

　　晴江灩灩〔2〕含淺沙，高低繞郭滯秋花〔3〕。牛歌魚笛〔4〕山月上，鷺渚鵁
梁〔5〕溪日斜。為郡異鄉徒泥酒〔6〕，杜陵〔7〕芳草豈無家。白頭搔殺倚柱〔8〕

遍，歸棹何時聞軋鴉〔9〕。

【注釋】

〔1〕此詩會昌五年（845）作，時杜牧在池州刺史任。九峰樓：在池州東南。詳見《登池州九峰樓寄張祜》詩注〔1〕。

〔2〕灔灔：水波蕩漾閃光的樣子。唐張若虛《春江花月夜》：「灔灔隨波千萬里，何處春江無月明。」

〔3〕繞郭：環繞著外城。滯：遺留。秋花：秋天盛開的花朵。

〔4〕牛歌：放牛人唱的歌。魚笛：捕魚人吹笛的聲音。

〔5〕鷺渚：白鷺聚集棲息的水中小洲。鷺，棲息於水邊的鳥，白色。鶖（qiū）：一名禿鶖，水鳥名，狀似鶴而大，青蒼色，長頸赤目。梁：魚梁；攔水捕魚的設施；以土石築壩阻水，中間留一缺口，放置竹笱，魚順流入笱，即可捕獲。《詩·小雅·白華》：「有鶖在梁，有鶴在林。」

〔6〕泥酒：嗜酒不能自拔。唐鄭谷《漢陂》：「潸然四顧難消遣，只有伴狂泥酒杯。」泥：迷戀，流連。唐白居易《感櫻桃花因招飲客》：「誰能聞此來相勸，共泥春風醉一場。」

〔7〕杜陵：在長安城南，杜牧家鄉即在杜陵朱坡樊川。

〔8〕搔殺：不停撓頭，有所深思。殺：形容極盛之詞，表示程度很高。倚柱：戰國時孟嘗君門客馮諼倚柱彈劍作歌，表示對待遇不滿。見《戰國策·齊策四》。後因以「倚柱」慨歎失意不遇。

〔9〕軋（yá）鴉：象聲詞，同「軋軋」，此處形容船槳劃水的聲音。

【簡評】

　　此詩以登樓所見興感，將客居心理、思鄉之情表現得婉曲委備，深摯感人。詩人面對晴江灔灔的秋景，回想起杜陵芳草的家鄉，慨歎久未還家的悽楚，想到人已白頭，功業無成，頗生百無聊賴之感。全詩前半寫景，對麗色山川激賞讚美，輕情秀麗；後半抒情，聲含悽楚令人惆悵，真摯蘊藉。

　　前二韻寫池州風景。清麗的山村景象在灔灔晴江映照下，充滿詩情畫意。牛歌、魚笛、山月、鷺渚、鶖梁、溪日，一系列意象組合得尤其熨帖自然。後二韻觸景生情，抒發家園之思。雖為郡守，客處他鄉，沉湎酒杯也難解作者對杜陵芳草的思念，「歸棹何時」的自問流露出心聲。「白頭搔殺」是用白描手法寫出自己憂愁得不住撓頭；「倚柱遍」是寫到處倚樓遠眺，遠望故鄉。

別　家〔1〕

　　初歲嬌兒未識爺〔2〕，別爺不拜手吒叉〔3〕。捫頭〔4〕一別三千里，何日迎門〔5〕卻到家？

【注釋】

〔1〕根據「捫頭」二句推測，作詩時間應該是大中四年（850）秋八月前後，杜牧在吏部員外郎任上，上書求出任湖州刺史的那段時間。

〔2〕初歲：新年，一年之始。爺：父親。《木蘭辭》：「昨夜見軍帖，可汗大點兵。軍書十二卷，卷卷有爺名。阿爺無大兒，木蘭無長兄。願為市鞍馬，從此替爺征。」

〔3〕手吒叉：叉手為禮；兩手交叉在胸前，俯首到手，類似於後世的作揖。

〔4〕捫頭：撫摸頭。捫，通撫。

〔5〕迎門：在門口等候。唐韓愈《平淮西碑》：「蔡之卒夫，投甲呼舞；蔡之婦女，迎門笑語。」

【簡評】

　　詩人因事情要遠離故鄉，而且此去時間不短，遠隔千里。孩兒尚小，不懂得問候禮節。臨行前，詩人不住地撫摸他的腦袋，表達了出遠門前對兒子依依難捨的親情。語言明白如話，而感情真摯深沉。又，詩中不稱「驕兒」而是「嬌兒」，指的當是杜牧的繼室崔氏所生的「一女曰真」，詩中看出，詩人對女兒很是寵愛，是一個溫暖敦厚的慈父。備一說。

歸　家〔1〕

　　稚子牽衣問，歸來何太遲？共誰爭歲月，贏得〔2〕鬢邊絲。

【注釋】

〔1〕此詩又見《全唐詩》卷五五〇趙嘏詩，題為《到家》。

〔2〕贏得：動詞，指落得。多表遺憾，與俗語「落了個」相近。

【簡評】

　　這是一首很有情趣的小詩。詩謂年幼的孩子牽著詩人的衣角問，為什麼回來得這麼晚？是和誰你爭我趕地操勞忙碌，弄得兩鬢的頭髮都變白了。

　　通過前兩句稚子的天真與可愛，用來襯托後兩句詩人嚴肅的沉思。後兩句其實是詩人的自問，在宦遊沉浮、爭生活、爭名利中，不知不覺人已漸漸

老去，雙鬢漸染。抒發了內心對日薄西山淡淡的感歎。「贏得」二字更是刻畫了詩人一種安詳之中略帶苦笑的神情。

童稚的天真好奇，與詩人內心的傷感，形成強烈的對比。發問奇特，又很尖銳，以致被問者張口結舌，無言以對，竟至尷尬。發問背後，蘊藏著詩人深深的悲苦和辛酸。

雨

　　連雲接塞添迢遞〔1〕，灑幕侵燈送寂寥〔2〕。一夜不眠孤客耳，主人窗外有芭蕉〔3〕。

【注釋】

〔1〕連雲接塞：上與雲相連，遠與塞外相接，形容雨水漫天。迢遞：高遠的樣子；指思慮悠遠、連綿不絕等。南朝梁沈約《九日侍宴樂遊苑》：「虹旌迢遞，翠華葳蕤。」

〔2〕「灑幕」句：謂雨水濺在帳幕和室內的燈火上，使人感到更加寂寞。

〔3〕芭蕉：多年生草本植物。葉長而寬大，花白色，果實跟香蕉相似，但不能食用。原產日本琉球群島和我國臺灣。秦嶺、淮河以南常栽培供觀賞。古典詩歌中，芭蕉意象常常是離情別緒孤獨憂愁的象徵。南方有絲竹樂《雨打芭蕉》，表淒涼之音。「雨打芭蕉」也像「梧桐夜雨」一樣，令人愁腸百結。唐皎然《山雨》：「風回雨定芭蕉濕，一滴時時入畫禪。」唐李商隱《代贈》：「芭蕉不展丁香結，同向春風各自愁。」

【簡評】

　　這是一首詠物詩，詩人巧妙地選取雨打芭蕉使人徹夜不眠這一特定景象，含蓄地表現自己作客他鄉，寂寞無聊與憂愁感傷的心情。前二句寫雨之形，後二句寫雨之聲及人的感受。詩題為《雨》，但無一個「雨」字，卻處處寫雨景，不寫何種愁緒，只是說愁悶程度很深，含蓄有味。

　　第一句，「連雲接塞」是遠景的實寫；「添迢遞」是虛寫，寫的是作者的個人情感，也點出了當時的寫作背景。第二句，「灑幕侵燈」是近景的實寫，突出雨水無所不在；「送寂寥」是虛寫，用擬人手法點出人的愁苦，寫的是個人的情感。這一聯，虛實結合，由遠及近，突出了詩人自己對家鄉的思念，對往昔的追憶。

　　第三、四句借景抒情，寫陷入愁緒的人徹夜未眠。有聲有色，有景有情。

第三句，主人公以游子、孤客的身份出現。詠物詩，往往最終是以人的活動來推進高潮。第四句，詩人運用了傳統文化中和雨密切相關的意象，即芭蕉。芭蕉，在寫雨的古詩中這個意象被反覆地使用著。它是離情別緒、孤獨憂愁的象徵。雨打芭蕉，淅淅瀝瀝，滴滴答答，如怨如慕，如泣如訴。從而由人再轉入景物描寫，使整首詩顯得跌宕多姿。原本就因為游子的身份而痛苦不堪的詩人，在這時情感卻更加地深入，將情感一步步地推向了高潮。

送　人

　　鴛鴦帳裏暖芙蓉〔1〕，低泣關山〔2〕幾萬重。明鑒半邊釵一股〔3〕，此生何處不相逢？

【注釋】

　　〔1〕鴛鴦帳：繡有鴛鴦圖案的帳幃；多指夫妻或情人的寢具。芙蓉：芙蓉花。此指相戀之女子。

　　〔2〕關山：泛指邊塞山川。相對京城而言，詩歌中也借指遙遠的地方。唐柳中庸《涼州曲二首》：「九城絃管聲遙發，一夜關山雪滿飛。」

　　〔3〕「明鑒」句：謂明鏡一分為二，雙方各持一半；釵留一半，送給對方一半，企盼再次相逢。此處乃用陳太子舍人徐德言與妻樂昌公主，於陳政亂亡離別之際分執破鑒，後夫妻因破鏡而重逢再合故事。事見《本事詩·情感》。參見《破鏡》詩注〔3〕。一股：由兩根以上條狀物糾合而成之物，其中一根稱一股。唐白居易《長恨歌》：「惟將舊物表深情，鈿合金釵寄將去。釵留一股合一扇，釵擘黃金合分鈿。」

【簡評】

　　此為送別藝伎之詩。題旨義同《留贈》詩。分別之時，於鴛鴦帳中共寢良宵，佳人感「游子」遠涉萬重關山，不覺而「低泣」，黯然神傷。三四句作慰藉語。人雖異方，但明鏡各半，金釵一股，信物常在，心永相隨，即使分別天涯海角，何處不相逢？這充滿著信心的勸慰，洋溢著超脫和豪邁的氣概。情真詞切。「此生何處不相逢」，為分手時的故作瀟灑之語；後來演化為名句「人生何處不相逢」。

遣　懷

　　道泰〔1〕時還泰，時來命不來。何當〔2〕離城市，高臥博山隈〔3〕。

【注釋】

〔1〕泰：通暢。

〔2〕何當：合當，應當。表示期望之辭。唐姚和《閒居晚夏》：「何當學禪觀，依止古先生。」

〔3〕高臥：安臥，悠閒地躺著；指隱居不仕。博山：今山東、江西均有博山。隈：山水彎曲處。

【簡評】

詩人表達了對時運不濟的感慨和無奈，才命相仿、有時無命導致平生無成，背負著這精神上的壓力，還不如退隱，高臥在博山隈中，無塵事羈絆來得快樂。仕與隱之間的矛盾，在詩人內心掙扎交戰，可知道詩人精神生活是痛苦的。仕途不遂的際遇，世事無常的思想，使詩人的理想抱負被消磨殆盡，退隱思想也油然而生了。

醉贈薛道封

飲酒論文四百刻〔1〕，水分雲隔二三年。男兒事業知公有，賣與明君直幾錢？

【注釋】

〔1〕四百刻：四晝夜。古滴水計時，器上刻度，一晝夜為一百刻。《說文》：「漏以銅受水，刻節，晝夜百刻。」

【簡評】

這是一首醉酒詩。與友人飲酒論詩，昏天黑地連醉數日，情景猶在目前；以酒澆愁愁更愁，朦朧之中想起了水分雲隔闊別數年的友人薛道封；雖然你有抱負、有才幹，但最終結果如何呢？你遇到了真正的明君嗎？

處世的艱難，人生的甜酸苦辣，詩人借醉酒之語，通過夢境般的描述，展現出來。或懷才不遇，理想無法實現；或仕途坎坷，內心產生深沉的痛苦，而又無法擺脫。詩人欲超然世俗之外，忘懷世事、世情，甚至忘懷一切，以酒澆愁，想從中得到片刻之安慰。詩中既發抒了詩人心靈深處強烈的憤懣之情，又是其理想未能實現的折光。

歙州盧中丞見惠名醖〔1〕

誰憐賤子啟窮途〔2〕，太守封來酒一壺。攻破是非渾似夢，削平身世有如

無。醺醺若借嵇康懶〔3〕，兀兀仍添寧武愚〔4〕。猶念悲秋更分賜，夾溪紅蓼映風蒲〔5〕。

【注釋】

〔1〕歙州：唐州名。治所在今安徽歙縣。盧中丞：盧弘正（一作弘止），字子強，開成中為歙州刺史。累官工、戶二部侍郎，徐州、宣武諸鎮節度使。見《舊唐書·盧簡辭傳》附弘正、《新唐書·盧簡辭傳》附弘止。見惠：指別人贈物給自己。名醞：名酒。醞，釀酒，也指酒。此詩郭文鎬《〈樊川外集〉詩辨偽》認為是趙嘏之作，非杜牧詩。

〔2〕賤子：謙稱自己。詳見《雨中作》詩注〔2〕。窮途：參見《寄李起居四韻》詩注〔8〕。

〔3〕嵇康：字叔夜，仕魏為中散大夫。嗜酒，工詩文。魏晉之際名士，「竹林七賢」之一。傳見《三國志》卷二一、《晉書》卷四九。嵇康為人狂放不羈，自稱「疏懶」。後因以之喻之作風懶散。《文選·嵇康·與山巨源絕交書》：「少加孤露，母兄見驕，不涉經學，性復疏懶，筋駑肉緩，頭面常一月十五日不洗，不大悶癢，不能沐也。每常小便而忍不起，命胞中略轉乃起耳。又縱逸來久，情意傲散，簡與禮相背，懶與慢相成。」唐王維《山中示弟》：「莫學嵇康懶，且安原憲貧。」

〔4〕兀兀：癡呆貌，混沌無知貌。唐寒山《詩三百三首》：「汝為埋頭癡兀兀，愛向無明羅剎窟。」寧武愚：指佯愚以保身；亦借指愚憨。寧武：即寧俞，春秋時衛國大夫，謚武。《論語·公冶長》：「子曰：甯武子，邦有道，則知；邦無道，則愚。其知可及也，其愚不可及也。」詩中以「嵇康懶、寧武愚」比擬詩人自己的醉酒之態。

〔5〕悲秋：對秋景而傷感。戰國宋玉《九辨》中說：「悲哉，秋之為氣也。」描寫秋景蕭條，無春天的生機勃勃，以物感人，所以發出這樣的慨歎；抒寫羈人困士對蕭瑟秋景感傷的心境。唐詩中多用於詩人在政治失意、情緒低沉時，抒發憤懣之情。唐李益《上汝州城樓》：「今日山川對垂淚，傷心不獨為悲秋。」分賜：敬稱他人的贈予。

〔6〕蓼：植物名。花淡紅色或白色。風蒲：指蒲柳；落葉灌木，秋天早凋，也叫水楊。

【簡評】

　　本詩描寫了詩人在前途黯淡的情況下收到歙州刺史寄來美酒的心理過

程。喝了這個酒，如在夢中一樣失去了是非觀念，對於自己的身世的不平也好像沒有了。頸聯借用嵇康、寧武的典故，謙虛地說自己失意是因為又懶又愚。對盧中丞惦記自己並送酒來，心中的感激之情溢於言表。其中「醺醺」「兀兀」用語準確，既是對相關古人的描寫，又是自我感受的生動寫照。尾聯以景襯情。描寫自己所處的秋天淒涼的景象，表現自己漂泊異鄉的孤單悲哀，反襯出盧中丞的關心更加可貴。其中「風蒲」是一種入秋則凋的樹木，詩人將其與「悲秋」呼應，增添無限人生況味。

詠　襪

　　鈿尺〔1〕裁量減四分，纖纖玉筍裹輕雲〔2〕。五陵年少〔3〕欺他醉，笑把花前出畫裙。

【注釋】

　〔1〕鈿尺：即金粟尺。嵌金粟於尺，故稱。

　〔2〕纖纖：尖細貌。玉筍：此用以比喻柔美之腳趾。輕雲：指跳舞所穿的輕便鞋襪。

　〔3〕五陵年少：指五陵少年。泛指京都富貴人家子弟。

【簡評】

　　詩人情感纖細豐富，在與女性交遊中，在她們身上寄託著自己的一份柔情，與她們交流思想、情感，甚至喜怒與眼淚；並為此作詩，詩作流傳於歌伎之口。

　　古代在人們的審美意識中推崇女子的嬌弱之美，以步履遲緩、搖曳生姿為高貴動人。《詩·國風·陳風》、三國魏曹植《洛神賦》、六朝樂府《雙行纏》等詩文中多有著述。唐玄宗《楊妃羅襪》云：「仙子凌波去不還，獨留塵襪馬嵬山；可憐一掬無三寸，踏盡中原萬里翻。」唐白居易《上陽白髮人》：「小頭鞵履窄衣裳，青黛點眉眉細長。外人不見見應笑，天寶末年時世妝。」唐夏侯審《詠被中繡鞋》：「雲裏蟾鉤落鳳窩，玉郎沉醉也摩挲。」唐韓偓《屐子》：「六寸膚圓光致致，白羅繡屧紅托裏。南朝天子欠風流，卻重金蓮輕綠齒。」

　　至於《花間集》中「慢移弓底繡羅鞋」，只是形容鞋底為弧形，鞋尖向上弓曲，就像現代的女式鞋中的一種款式。此弓鞋僅僅是舞鞋而已。總之，古代婦女走路以緩慢行走移動為美；反之，不但不美，也不符合封建禮儀。杜

牧「鈿尺」二句正與上述詩意相同。

　　此外，詩評家又以「鈿尺裁量減四分，纖纖玉筍裹輕雲。」指婦女弓足，即纏足，可備一說。纏足，是封建時代摧殘婦女身心健康的一種陋習。女子以布帛緊束雙足，使足骨變形，腳形尖小成弓狀，以此為美。相傳南唐李後主令宮嬪窅娘以帛繞腳，令纖小作新月狀，由是人皆傚之。一說始於南朝齊東昏侯時。其起源眾說紛紜。

宮詞二首

　　蟬翼輕綃傅體紅〔1〕，玉膚〔2〕如醉向春風。深宮鎖閉〔3〕猶疑惑，更取丹沙試辟宮〔4〕。

　　監宮引出暫開門〔5〕，隨例須朝〔6〕不是恩。銀鑰卻收金鎖合，月明花落又黃昏〔7〕。

【注釋】

〔1〕蟬翼輕綃：像蟬翅一般之輕柔薄絹。傅體紅：附著在紅潤的身體上。傅，附著。夏傳才唐紹忠《曹丕集校注‧詩拾遺》：「絹絹白如雪，輕華比蟬翼。」

〔2〕玉膚：潔白瑩潤的皮膚。

〔3〕鎖閉：上鎖關閉。北齊顏之推《顏氏家訓‧風操》：「北朝頓丘李構，母劉氏，夫人亡後，所住之堂，終身鎖閉，弗忍開入也。」

〔4〕丹沙：也作丹砂；即朱砂。礦物名。色深紅，呈粒狀、塊狀或土狀，為煉汞主要原料，中醫作藥用，亦常用作顏料。古代道教徒用以化汞煉丹，認為服之可以延年益壽。辟宮：又稱守宮，即壁虎。其為蜥蜴的一種，又名蝘虎、蝘蜓等。因其常守伏在屋壁宮牆，捕食蟲蛾，故名守宮。舊說將飼以朱砂的壁虎搗爛，點於女子肢體以防不貞，謂之「守宮」。晉張華《博物志》卷四：「蜥蜴或名蝘蜓。以器養之以朱砂，體盡赤，所食滿七斤，治搗萬杵，點女人支體，終年不滅。唯房室事則滅，故號守宮。」《淮南子‧萬畢術》載：「守宮飾女臂，有文章。取守宮新捨陰陽者各一，藏之甕中，陰乾百日，以飾女臂，則生文章，與男子合陰陽，輒滅去。」但據古代醫學家說僅有壁虎是不行的，要用朱砂餵壁虎，餵夠三斤以後，把壁虎殺了曬乾，磨成末，才可以塗在女子身上。唐李賀《宮娃歌》：「蠟光高懸照紗空，花房夜搗紅守宮」宋蘇軾《蠍虎》：「黃雞啄蠍如啄黍，窗間守宮稱蝘虎。」

〔5〕監宮：宮廷內官，指監管宮女的宦官。按當即監護使，拓本《顆娘墓誌》：「春

宮顆娘，年五十葬萬年縣長樂鄉王柴村。乾符六年四月廿九日。監護使段齊遂，副使張希阮。」王鋒鈞《晚唐宮女顆娘墓誌》：「監護使應是專門負責管理宮女的宦官。」（《考古與文物》2003 年第 2 期）此句謂宮人失寵住在淒清的宮院裏，還有朝見君王的常例。但是如果出來，需要太監在前面導引。暫開門：因為宮門經常閉鎖，所以開門是暫時的。

〔6〕隨例須朝：按慣例朝見君主。

〔7〕銀鑰（yuè）二句：謂宮人被鎖深宮，夜夜與明月落花為伴。金鎖：門鎖的美稱。金，藻飾語。此處特指後宮門鎖。唐王建《華清宮感舊》：「公主妝樓金鎖澀，貴妃湯殿玉蓮開。」唐崔櫓《華清宮三首》：「門橫金鎖悄無人，落日秋聲渭水濱。」

【簡評】

　　宮詞一般是抒寫宮女哀怨，而這組詩卻寫得更為淒慘悲涼。詩中，宮女被召見與否，都是失意。詩歎宮女不見召，為婦女鳴不平。

　　第一首側重於心理描寫，貌美如花的宮女，在春天裏，深鎖宮門，疑慮重重，君王為何不召見呢？難道是自己不夠忠貞嗎？於是拿起丹砂。此詩寫失意宮女期待接見，內心仍然充滿著希冀和幻想。

　　第二首用景物襯托的手法，描寫失寵宮女的幽怨之情。本詩表現宮女失寵後的幽寂哀怨，代柔弱者哀吟，為殉葬者悲歌。一個「暫」字，說明宮門常閉，內心淒苦；例行公事的召見，沒有些許恩情，宮女已經徹底失望了。鎖門的聲音更是那麼刺耳，皎潔的月色是如此悽楚，嬌豔的花兒就如此敗謝。花落與黃昏，既是景，又是寫人老珠黃，更是抒情。清王堯衢《古唐詩合解》卷六評解云：「開門之後，欲睡不睡，只見滿宮明月，空庭落花，是向日受慣之淒涼，而今又依然在此矣。說至此，字字怨入骨髓。」

月

　　三十六宮〔1〕秋夜深，昭陽歌斷信沉沉〔2〕。唯應獨伴陳皇后〔3〕，照見長門望幸〔4〕心。

【注釋】

〔1〕三十六宮：形容宮殿之多。《西都賦》稱西漢都城長安有離宮別館三十六所。後因用作詠漢宮或詠帝王宮苑的典故。《文選·班固·西都賦》：「西郊則有上囿禁苑，林麓藪澤，陂池連乎蜀漢，繚以周牆，四百餘里。離宮別館，三十六所。

神池靈沼,往往而在。」《後漢書・班固傳》李賢注引《三輔黃圖》曰:「上林有建章、承光等一十一宮,平樂、繭觀等二十五,凡三十六所。」唐駱賓王《帝京篇》:「秦塞重關一百二,漢家離宮三十六。」唐李賀《金銅仙人辭漢歌》:「畫欄桂樹懸秋香,三十六宮土花碧。」

〔2〕昭陽:漢宮殿名。詳見《簾》詩注〔11〕。歌斷:歌聲停歇。沉沉:沈寂的樣子。此處表示無聲無息。

〔3〕唯應:唯有、只有的意思。陳皇后:漢武帝劉徹的姑母長公主之女,姓陳,名阿嬌。劉徹四歲時封膠東王,長公主抱置膝上,問:「兒欲得婦否?」指其女阿嬌,又問:「阿嬌好否?」答:「欲得阿嬌作婦,當作金屋貯之。」及即帝位,立為皇后。失寵後廢居長門宮。見《漢武帝故事》及《漢書・外戚傳》。

〔4〕長門:即長門宮。在長安城外。漢武帝將失寵的陳皇后置於長門宮。後因以指冷宮。常見於宮怨詩。長門望幸,即長門買賦,謂重金買文以通情。詳見《早雁》詩注〔3〕。南朝時,蕭統編《文選》,收錄《長門賦》,傳說是陳皇后不甘心被廢,花費千金求司馬相如所做。《長門賦》使長門之名千古流傳。唐楊巨源《月宮詞》:「迴過前殿曾學眉,回照長門慣淚催。」

【簡評】

這是一首以漢武帝和陳皇后故事為題材而寫的七絕。寫法十分別致。詩人將月亮擬人化,讓它從天上來俯視宮中的情景。原先它只被昭陽宮的歌聲所吸引,將光照著宮裏那些歡樂的人們。但現在到了深夜,歌斷音沉。只有像陳皇后那樣失寵的宮女,徹夜無眠,希望皇帝的臨幸。可是皇帝從不臨幸,只有多情的明月在伴隨著她。詩的妙處便是將明月擬人化,把月的感情與人的感情融為一體,使宮人的哀愁和幽怨進一步昇華。

此詩以月為題,通篇卻無「月」字,惟著「伴」字、「照」字,賦予孤月以人之感情,襯托失寵宮女的孤寂淒清,並藉此寄寓其政治失意之抑鬱情懷。

中國古代宮怨詩綿綿不絕,如唐沈佺期的《風簫曲》、王昌齡的《長信秋詞》等,但此詩卻有他獨特的思路,重點不在新歡與舊愛上,而突出幽怨與悲寂上,並通過月光照見了那悲哀而又不絕望的心,借用明月既襯托了孤獨與怨傷的身影,同時又閃爍著一種期盼,即便是一種虛望,也體現了人性中固有的嚮往與不絕望的心。

忍死留別獻鹽鐵裴相公二十叔〔1〕

　　賢相輔明主，蒼生壽域〔2〕開。青春辭白日〔3〕，幽壤〔4〕作黃埃。豈是無多士〔5〕，偏蒙不棄才。孤墳一尺土，誰可為培栽。

【注釋】

　　〔1〕忍死：臨死掙扎。鹽鐵裴相公：指宰相兼鹽鐵轉運使裴休。此詩胡可先辨非杜
　　　　牧詩。（見《徐州師範學院學報》1982年第1期。）

　　〔2〕蒼生：百姓。壽域：仁壽之域，太平盛世。

　　〔3〕青春：春季。白日：人世，人間景物；陽間。唐李端《遊終南山因寄蘇奉禮士
　　　　尊師苗員外》：「壺中開白日，霧裏卷朱旗。」唐孟郊《悼幼子》：「一閉黃蒿門，
　　　　不聞白日事。」

　　〔4〕幽壤：地下。

　　〔5〕多士：眾多之人才。《詩・大雅・文王》：「濟濟多士，文王以寧。」

【簡評】

　　此詩為詩人重病期間獻給宰相裴休──夫人裴氏的排行二十堂叔的一首詩。詩云：自己就要辭別人間，化而為埋藏在黃土下的塵埃，希望您輔助當今天子，治國安邦，讓天下庶民百姓都能安居樂業、人壽年豐。我深知，並非天下別無高才，多蒙您的器重、提攜，在經歷了多年仕途坎坷之後，我才有了如今的際遇。我所遺憾的是，誰是我小小孤墳之丘的培土、栽松之人？言外似有託孤之意。詩中表達人生況味，充滿悲情色彩。

悲吳王城〔1〕

　　二月春風江上來，水精波動碎樓臺〔2〕。吳王宮殿柳含翠〔3〕，蘇小〔4〕宅房花正開。解舞細腰〔5〕何處往，能歌姹女逐〔6〕誰回？千秋萬古無消息〔7〕，國作荒原〔8〕人作灰。

【注釋】

　　〔1〕吳王城：春秋末年，吳國大夫伍子胥伐楚還師後，奉吳王闔閭之命築城，建為
　　　　國都，稱為闔閭城，即今江蘇省蘇州。闔閭城北靠諸山，南臨太湖，可以抵禦
　　　　楚、越兩國的入侵。

　　〔2〕「水精」句：謂春風吹皺江水，攪碎樓臺倒影。水精：即水晶，形容江水澄澈如
　　　　鏡。碎樓臺：謂樓臺倒影水中，風吹水動，樓臺倒影晃動貌。

〔3〕吳王：謂闔閭子吳王夫差（前475～前473在位）。曾敗越軍，越王句踐卑身為奴，獻美女以惑之。夫差沉湎聲色，終為句踐所乘，兵敗自殺。含翠：透著青綠色。

〔4〕蘇小：即南朝錢塘名妓蘇小小。從小知書明理，精於詩詞，後來因相思成疾而死，一位鍾情於她的豪士把她葬在西泠橋畔。今蘇小小墓仍是杭州西湖的名勝之一。

〔5〕解舞細腰：擅舞之宮女。細腰：指宮女。參見《題桃花夫人廟》詩注〔2〕。

〔6〕姹（chà）女：少女；美女。詳見《贈李處士長句四韻》詩注〔9〕。逐：隨。

〔7〕消息：安寧；休養生息。指在國家經歷某種變動而致國力耗損之後，採取措施使之恢復元氣。《南史‧王弘傳》：「今四方無事，應存消息，請以十五至十六為半丁，十七為全丁。」《舊唐書‧郭元振傳》：「國家難消息者，唯吐蕃與默啜耳。」

〔8〕國：國都，即吳王城。荒原：荒涼的原野。

【簡評】

這首懷古詩抒發了對吳國滅亡的感慨。詩歌前四句用清詞麗句極力讚美吳王宮殿的美景，春風浩蕩，柳色正新，樓臺高聳，鮮花正豔，是設想之詞。五、六兩句是今日場景，慨歎宮女不見，故地成為荒丘。對比手法的運用，使得情感表現深沉而搖曳。詩末兩句冷豔哀絕，是寫吳國衰景，又是寫時空與宇宙的淒涼。

首聯表面在寫春天生機勃勃的景象，實際上蘊含了對歷史興廢的感慨。頷聯通過想像，虛寫柳枝含翠，住所花開，意在感慨物是人非、盛景不再。頸聯用借代的修辭手法，借寫花枝招展、能歌善舞美貌女子，感歎當年吳王宮廷歌舞升平的生活已然不在，繁華已成過眼煙雲。尾聯既抒發了對吳王城衰敗的悲歎之情，又表達了對晚唐國勢江河日下的憂慮。

此詩在景物描寫上運用多種手法：一是動靜結合。「水精波動」是動景，「樓臺」是靜景，又以一「碎」字化靜為動，描繪了一幅立體的畫面。二是虛實結合。「二月春風」「江水」「樓臺」是實寫，「吳王宮殿」「宅房花開」是虛寫，虛實相間，由眼前之景推及往昔畫面。三是渲染。通過春風、江、水波、樓臺、翠柳、花等一系列景物的渲染，表面在寫美景，實則是吳王城「國作荒原」的寫照；以樂景襯哀情，悲歎世間的興衰變化。

閨情代作

　　梧桐葉落雁初歸，迢遞〔1〕無因寄遠衣。月照石泉金點〔2〕冷，鳳酣簫管〔3〕玉聲微。佳人力杵〔4〕秋風外，蕩子〔5〕從征夢寐希。遙望戍樓〔6〕天欲曉，滿城鼕鼓〔7〕白雲飛。

【注釋】

〔1〕迢遞：遙遠的樣子。

〔2〕金點：指月照石泉，光如金點。此以金點喻深秋月色之寒。

〔3〕鳳酣簫管：暗用秦蕭史、弄玉事。此以玉簫聲微喻思婦心情的哀楚。參見《梅》詩注〔5〕。

〔4〕力杵：拚力搗衣。杵：搗衣杵，用以搗洗寒衣之工具；其作用是把棉絮拍松。

〔5〕蕩子：即游子；飄蕩不歸的男子。此處指征夫。《文選‧古詩十九首》：「蕩子行不歸，空床難獨守。」唐賀蘭進明《行路難》：「蕩子從軍事征戰，蛾眉婵娟守空閨。」

〔6〕戍樓：邊防駐軍的瞭望樓。

〔7〕鼕鼓：即鼕鼕鼓，警夜的街鼓。後唐馬縞《中華古今注》卷上：「唐舊制，京城內金吾昏曉傳呼以戒行者。馬周請置六街鼓，號之曰『鼕鼕鼓』。」街鼓，指懸在街頭的更鼓。每天拂曉黃昏，有人按時擊鼓，防竊盜，戒出入。見《新唐書‧百官志》。唐白居易《醉後走筆酬劉五主簿長句》：「鼕鼕街鼓紅塵暗，晚到長安無主人。」

【簡評】

　　這是一首代征婦擬作的怨情詩。征婦，指的是丈夫出征在外打仗的婦女。唐代疆土遼闊，邊境不寧，大量將士被遠征去戍守邊疆；征婦可以說是唐代邊塞戰爭的附屬產物，她們不僅要飽嘗一般思婦的相思之苦、離別之恨，而且還得時刻牽掛邊關丈夫的冷暖安危，承受的感情折磨也格外的沉重。

　　時值深秋，觸景生情，為遠在邊疆戍守的丈夫縫製寒衣，是征婦們每年入秋後的一件大事。趕製冬衣，是征婦愛的表達，而因愛生怨，因怨生恨、因恨生憐、因憐生情，這樣一個矛盾循環，正是「征婦怨」詩詞中的普遍情結。於是，由織、搗、寄、送這樣一系列動作完成的征衣，包含著征婦們沉重真摯的情感。連年征戰不斷，平民並沒有因生在盛世而安居樂業，使征人、役夫有家難歸，同時也使無數思婦居家獨守，期盼丈夫平安歸來。

詩中「梧桐葉落」寫秋時,「迢遞寄衣」寫秋情。「冷」「微」二字極寫閨中淒涼景致。頸聯用對偶,極寫「佳人」「蕩子」之愁苦;而清晨聞鼓漏之聲,更使愁思倍增。

在唐代閨怨詩中,描寫征婦思親念遠的詩歌,是數量最多,也是最為深刻感人的,它們大多從征婦的心理感受出發,抒寫她們的離愁別恨和對夫妻團圓生活的嚮往,描繪了一批情真意切的深情女性形象。

寄沈褒秀才

晴河萬里色如刀〔1〕,處處浮雲臥碧桃〔2〕。仙桂茂時金鏡〔3〕曉,洛波飛處玉容高。雄如寶劍衝牛斗〔4〕,麗似鴛鴦〔5〕養羽毛。他日〔6〕憶君何處望?九天香滿碧蕭騷〔7〕。

【注釋】

〔1〕晴河:指銀河。萬里:表示距離之遠,範圍之廣,並非確切的距離、範圍表述。如刀:謂明亮。

〔2〕浮雲:飄浮之雲;常以喻漂泊之人。碧桃:即碧桃花,其色有白者。此用以比喻浮雲。

〔3〕仙桂茂時:指滿月時。仙桂:傳說中月宮的桂樹。金鏡:指月亮。

〔4〕衝牛斗:詳見《李甘詩》注〔38〕。

〔5〕鴛鴦:水鳥名。詳見《春日言懷寄虢州李常侍十韻》詩注〔7〕。

〔6〕他日:將來的某日或某時。唐崔興宗《青花歌》:「不應常在藩籬下,他日凌云誰見心。」

〔7〕「九天」句:唐人以進士及第為折桂。此意為沈褒將登進士第。九天:天極高處。香滿:指桂花香濃鬱。蕭騷:風聲。

【簡評】

這首寄贈詩,通篇誇讚沈秀才玉樹臨風,才華橫溢;靜臥浮雲,修身養性,有上衝牛斗之壯志;不久必將及第折桂,一鳴驚人;他日再看君,定當位列三公。表達詩人美好祝願,略有溢美之嫌。

入　關

東西南北數衢〔1〕通,曾取江西徑過東。今日更尋〔2〕南去路,未秋應有北歸鴻〔3〕。

【注釋】

〔1〕衢：四通八達的道路。

〔2〕尋：找尋，探求。

〔3〕鴻：又稱鵠、天鵝、豆雁。雁屬中類似天鵝的大型種類舊時的泛稱。

【簡評】

八百里秦川亦稱關中平原，它孕育了燦爛輝煌的長安文明，是漢唐文化的故鄉。它西有大散關和關山，東有華山潼關（函谷關），南有武關，北有蕭關，為四山關隘之中。四方的關隘，再加上陝北高原和秦嶺兩道天然屏障，使關中成為自古以來兵家必爭之地。古人習慣上將函谷關以西地區稱為關中。在關中之中，秦嶺子午關軍事上不算著名，文化上卻絕對殊勝。唐楊凝《送客入蜀》云：「劍閣迢迢夢想間，行人歸路繞梁山。明朝騎馬搖鞭去，秋雨槐花子午關。」唐人送行詩，述及友人別後所經旅途，往往由近及遠，而此詩則另闢蹊徑，敘寫客人的行程由遠而近：先是金牛古道上的劍閣，繼而寫陝西南鄭縣東南的梁山，最後才出現離長安最近的子午關。在秋雨槐花時節，「秋雨」中離去，「槐花」盛開的春日歸來。

杜牧的《入關》詩與楊凝《送客入蜀》詩藝上異曲同工，也是離開長安時就想到回到長安。詩人以雁為喻，寫到了秋末的時候就會有未能到達南方的回頭雁，今天就去等候回北方的大雁，從而辨別出去南方的路。詩中對故鄉的留戀，對遠離京城的憂鬱躍然紙上；似乎想從過去的失利中尋找今後的晉升之路。

及第後寄長安故人〔1〕

東都發榜末花開〔2〕，三十三人〔3〕走馬回。秦地少年多辦酒〔4〕，已將春色入關來〔5〕。

【注釋】

〔1〕大和二年（828）作，時杜牧二十六歲。本年進士試在東都洛陽舉行，發榜後要到西都長安過堂（應吏部試）。詩為杜牧及第後將赴長安時作，表現了春風得意的心情。杜牧是京兆萬年（今陝西西安）人，故在長安有不少親朋故舊。唐王定保《唐摭言》卷三《慈恩寺題名遊賞賦詠雜記》：「大和二年，崔鄲侍郎東都發榜，西都過堂，杜牧有詩曰：……」及第：科舉考試中選。因為榜上的題名有甲乙次第，故名及第。故人：老朋友。按唐制，進士試在京都長安舉行，時

間多在正月，而原定大和二年正月之進士試由文宗敕命提前於元年七月在東都洛陽進行，此係變例。杜牧應試雖在大和元年七月，科名則仍屬大和二年。

〔2〕「東都」句：謂東都發榜的時候，正值早春時節，花還未開。東都：唐時謂洛陽；時京都在長安。《舊唐書‧文宗本紀》：「大和元年七月辛巳，敕今年權於東都置舉。」唐代進士考試，一般每年舉行一次，時間多於正月在長安舉行，偶有在東都省試。發榜：張榜於牆公布進士及第者名單。榜，通「牓」。另有「榜帖」，為泥金書帖，稱「金花帖子」，可以傳通各地。「花未開」：係雙關語，一者，張榜時令在冬春之際，唐制一般於二月發榜；二者，及第後方為出身，即取得進士資格，再通過吏部銓試（又稱「關試」「過堂」）後才可釋褐授官，故云「花未開」。杜牧還沒有過關試，故言「未花開」。本年關試設在長安，故杜牧及第後隨即要赴長安。

〔3〕三十三人：指大和二年及第進士人數。唐代進士常科，每年錄取二十多或三十多人不等。據徐松《登科記考》卷二十，與杜牧大和二年同科及第的有韋籌、厲玄等。走馬回：回長安也。進士及第後，不僅要在長安過吏部關試，拜謁座主和宰相（過堂）等儀式，多種宴集活動也在長安舉行。唐代進士及第後有在長安城內騎馬看花的習俗。唐陳摽《贈元和十三年登第進士》：「春官南院粉牆東，地色初分月色紅。文字一千重馬擁，喜歡三十二人同。」

〔4〕「秦地」句：謂長安少年可多準備美酒，為我們慶賀。秦地：今陝西一帶，戰國時屬秦，項羽率軍入關後三分其地。此指唐京城長安。

〔5〕「已將」句：謂我們很快就會把春色帶進關中來。春色：此處語意雙關，一指自然界的春色，因為時在二月；一指進士及第的喜訊如同春色。關：函谷關，在今河南省靈寶縣。詳見《過驪山作》詩注〔6〕。此處雙關吏部的「關試」。因唐時進士及第後，必須過吏部關試，才能取得入仕資格。唐人以長安為關內，洛陽為關外，如《貞觀政要‧納諫第五》張玄素云：洛陽「但以形勝不如關內也」。五代王定保《唐摭言‧述進士》下篇注：「近年及第，未過關試，皆稱『新及第進士』，所以韓中丞儀嘗有《知聞近過關試儀》，以一篇紀之曰：『短行納了付三銓，休把新銜惱必先。今日便稱前進士，好留春色與明年。』」

【簡評】

　　科舉是古代士子改變命運，實現抱負的重要途徑。大和二年二月，杜牧參加進士考試，進士及第，列第五。時年 26 歲的詩人聽到這個消息，急忙寫下這首七言絕句，寄回長安家中報喜。詩歌跳動著喜悅的氣息，直抒胸臆，洋溢

著躊躇滿志的情懷。似乎使人聽到「春風得意馬蹄疾」的愉悅心曲。起結兩句稍含複義，又使全詩平添了幾分蘊藉和風致。

　　唐代考進士在正月，二月發榜，這次考進士在東都洛陽舉行。考中的人按慣例要騎馬遊行，以示榮耀。「走馬回」，就是孟郊《登科後》詩中所寫「春風得意馬蹄疾，一日看盡長安花」的意思，但杜詩裏此時的洛陽卻連花還未開。洛陽花在唐詩中多指牡丹，被譽為「國色天香」，至於別的花，恐怕還不在詩人的眼中。「未花開」將情緒稍作壓抑，為三、四句蓄勢。

　　「秦地少年」指的就是題目中的「長安故人」。「關」和「春色」此處都有雙關意。「關」既指潼關，也指關試。潼關是從洛陽到長安的必經之路。進士及第後稱為「新及第進士」，還要到長安吏部去應關試，通過後才能做官，雁塔題名、曲江宴等也都要在關試之後。杜牧要去應關試，因此「關」便雙關潼關與關試。通過關試，登記人選，謂之春關。所以「春色」既指大自然的春色，也指順利通過關試。「秦地」二句意為囑託朋友們多準備酒，因為他已經要經潼關到長安，馬上就能通過關試，帶來無盡春色了。這是志在必得，準備慶祝。東都「未花開」，詩人卻自信已將春色帶入關來，一派意氣風發的瀟灑豪情，可見詩人的自我期許之高。

　　杜牧到長安之後恰好趕上制舉。唐朝科舉分常科和制舉。常科每年舉行，包括明經、進士等數十種科目，制舉是用以選拔非常之才的特殊考試，不是每年都有，而是臨時設置，由皇帝親自主持。杜牧在大和二年三月考中了賢良方正能直言極諫科。在同一年中接連進士及第、制策登科，這是很難得的。杜牧《贈終南蘭若僧》詩云「兩枝仙桂一時芳」指的就是這件事。

偶　作 [1]

　　才子風流 [2] 詠曉霞，倚樓 [3] 吟住日初斜。驚殺東鄰繡床女 [4]，錯將黃暈壓檀花 [5]。

【注釋】

〔1〕此詩約作於大和九年（835），杜牧在揚州為牛僧孺書記時作。

〔2〕風流：有才而不拘禮法的風度。唐張九齡《經江寧覽舊跡至玄武湖》：「雄圖不是問，唯想事風流。」

〔3〕倚樓：憑靠在樓窗或樓前欄杆上。唐白居易《長相思》：「思悠悠，恨悠悠，月明人倚樓。」

〔4〕驚殺：使……驚訝。東鄰：即東鄰女。美女的代稱。楚宋玉及漢司馬相如都
曾著意描繪了其東鄰女子之美。參見《寄李起居四韻》詩注〔2〕。《藝文類聚》
引司馬相如《美人賦》：「臣人東鄰，有一女子，玄髮豐豔，蛾眉皓齒，登垣而
望臣，三年於茲矣，臣棄而不許。」唐吳融《春晚書懷》：「未達東鄰還絕想，
不勞南浦更銷魂。」繡床：即指女紅（nǔ gōng），舊時指女子所做的紡織、縫
紉、刺繡等工作和這些工作的成品。

〔5〕黃暈：黃色。壓：籠罩，覆蓋。檀花：檀香科常綠小喬木，花初黃色，後變血
紅色。

【簡評】

此詩詠風流之情事，可見「揚州夢」之幻影。

日之將落，斜日餘暉，才子獨倚樓頭，以風流之態，作曉霞之詠；攬得
東面鄰居正在做女紅的美女驚詫萬分，心神蕩漾，抿嘴而笑、暗送秋波。詩
中沒有對「繡床女」外貌直接描寫，只是寫了繡女因為被風流才子所吸引，
錯將黃色的線繡到了本是純白色的檀花上。詩中截取的這樣一個極富趣味的
生活片段，將詩人風流倜儻的才子性格展露無遺。詩以此取樂，貌似俏皮，
實含消極、庸俗之情趣。

贈終南蘭若僧〔1〕

北闕南山〔2〕是故鄉，兩枝仙桂一時芳〔3〕。休公〔4〕都不知名姓，始覺禪
門〔5〕氣味長。

【注釋】

〔1〕此詩大和二年（828）春杜牧登科後回長安時作。終南：山名，秦嶺山峰之一，
在長安城南，即今陝西西安市南。蘭若，梵語「阿蘭若」的省稱，即寺廟。據
唐孟棨《本事詩·高逸》記載：「杜舍人牧，弱冠成名。當年制策登科，名振京
邑。嘗與一二同年城南遊覽，至文公寺，有禪僧擁褐獨坐，與之語，其玄言妙
旨，咸出意表。問杜姓字，具以對之。又云：『修何業？』傍人以累捷誇之，顧
而笑曰：『皆不知也。』杜歎訝，因題詩曰『家在城南杜曲傍，兩枝仙桂一時芳。
禪師都未知名姓，始覺空門意味長。』」此詩各本異文頗多，可參考。

〔2〕北闕：借指京城長安。南山：終南山。故鄉：指杜氏世居地杜曲，在今陝西
省長安縣東少陵原東南端。《山堂肆考》卷二六《城南韋杜》：「杜曲在城南下
杜，本杜岐公佑別墅，牧又增之，名樊水園，與韋曲相垳。故當時語曰：『城

南韋杜，去天尺五。』」足見杜氏族望的顯赫。

〔３〕「兩枝」句：謂自己在一年之中，既進士及第，又制策登科。詩人進士及第後，
　　　於大和二年三月復應「賢良方正直言極諫科」試，以第四等及第。仙桂：唐稱
　　　登科為折桂。參見《句溪夏日送盧霈秀才歸王屋山將欲赴舉》詩注〔６〕。一時：
　　　一齊，同時。

〔４〕休公：對詩僧湯惠休的尊稱。此處泛指僧人。南朝宋詩僧惠休，俗姓湯。善屬
　　　文，辭采綺豔。武帝（劉駿）命之還俗。位至揚州從事使。見《宋書・徐湛之
　　　傳》。與鮑照交好，互有酬詩。唐詩中也作湯休、湯公、湯師。後借作高僧的代
　　　稱。唐劉禹錫《送慧則法師歸上都因呈廣宣上人》：「休公久別如相問，楚客逢
　　　秋心更悲。」

〔５〕禪門：佛教禪宗教門。佛教謂叢林，即僧侶群聚之寺院。唐劉長卿《贈微上
　　　人》：「禪門來往翠微間，萬里千峰在劍山。」

【簡評】

　　杜牧二十六歲考中進士，又制策登科，名振京邑。一年兩中科第，確實
難能可貴，得意之情，溢於言表；然遊文公寺，遇高僧相談甚歡；同伴們誇
耀其家世及才學，本以為高僧會虎軀一震，滿眼都是崇拜之情。不料此位高
僧，竟無半點反應；令杜牧特別尷尬，十分晦氣。「始覺空門意味長」，既透
露了詩人對於禪門不以為然之意，又從側面反映出他年少氣盛用世之心。老
禪師對世事竟然如此漠不關心，於人間功名利祿、盛衰哀榮皆置之度外；詩
人感慨莫名，若有覺悟，對釋教又有了新的認識。此詩的妙處更在於以人事
的紛擾與禪門的空寂對比。頗悟空門之意味深長的念頭，對詩人晚年於宦場
之事漠不關心、浮沉亦無可爭之心情，具有一定的影響。

　　杜牧雖不無悵惘、失落之感，但仍為自己的進士及第和高中賢良方正而自
負、自豪，自以為如同兩枝人間罕有、馥郁芬芳的仙桂，同時開放在了自己身
上，自己當然是出類拔萃、近於「仙」的不凡者。而老僧不知自己的名姓，只
不過因為佛門即空門，以萬物為空，空視功名、榮辱、才學妍媸臧庸的氣味太
長、太重了。如此而已，而已而已！

遣　懷〔１〕

　　落魄〔２〕江南載酒行，楚腰腸斷掌中輕〔３〕。十年一覺揚州夢〔４〕，占得青
樓薄倖名〔５〕。

【注釋】

〔1〕此詩約作於大和九年（835），杜牧將離揚州淮南節度使幕入京時。遣懷：抒發
　　　情懷，解悶散心。

〔2〕落魄：困頓失意，放浪不羈。指仕宦潦倒不得意，飄泊江湖。江南：指揚州。
　　　載酒：攜酒。

〔3〕楚腰：楚靈王好細腰，因喻稱美女。參見《題桃花夫人廟》詩注〔2〕。腸斷：
　　　形容令人銷魂的程度。腸斷本愁苦之詞，而唐人或以為歡快娛情之詞。掌中輕：
　　　喻體態輕盈的舞蹈。輕，指輕柔的舞姿。漢成帝皇后趙飛燕身姿飄逸，侍女們
　　　用手托著玉盤，她就在盤上起舞，故云「掌中輕」。據《飛燕外傳》：漢成帝皇
　　　后「趙飛燕體輕，能為掌上舞」。又《梁書·羊侃傳》：「舞人張淨琬，腰圍一尺
　　　六寸，時人咸推能掌中舞。」以上「落魄」二句，意謂自己早年困頓江南，終
　　　日沉湎酒色。

〔4〕「十年」句：謂揚州十年的縱情聲色，時間飛快地過去，猶如一場夢。一覺
　　　（jiào）：睡醒。亦指睡眠一次。

〔5〕「占得」句：謂到頭來，只落得青樓楚館內一個「薄倖」的聲名。占得：贏得，
　　　賺取。青樓：本指以青漆彩繪的豪華精緻的樓閣。中古時為貴族婦女的居處。
　　　南朝梁劉邈《萬山見採桑人》：「倡妾不勝愁，結束下青樓。」始指妓院，此後
　　　風行，詩詞中極為普遍。晚唐時青樓多指歌妓所在場所，如孫光憲《南歌子》：
　　　「豔冶青樓女，風流似楚真。」薄倖：薄情負心。

【簡評】

　　　這是詩人感慨人生、自傷懷才不遇之作。此詩是對幾年風流倜儻生活的回
憶，在揚州幕中放蕩不羈的生活，渾如一夢。前兩句再現詩人蹉跎時日、沉迷
聲色的生活狀況；後兩句抒發感慨，表現悔悟、自責以及欲將振作之意。

　　　絕句一般「多以第三句為主，而第四句發之」（明胡震亨《唐音癸籤》），
此詩可謂深得其中奧妙。詩採用追憶的方法入手，前兩句敘事，後兩句抒情。
三、四兩句固然是「遣懷」的本意，但「落魄」句卻是所遣之懷的原因。詩人
的「揚州夢」生活，是與他政治上不得志有關。因此詩中除懺悔之思外，大有
前塵恍惚如夢，不堪回首之意。

　　　全詩表面上是抒寫自己對往昔揚州幕僚生活的追憶與感慨，實際上發洩
自己對現實的滿腹牢騷，對自己處境的不滿。其中有感慨，有悔恨，也有無
奈，彌漫著哀愁。暗含壯志消磨、光陰虛度之深沉痛苦和無限感慨。此詩流

傳很廣，在後世尤其得到文人的激賞。

詩人自謂「贏得青樓薄倖名」，應當視為性情曠達的詩人的風流自賞，而這種風流自賞與中唐以後唐代文人遊冶風氣的形成有關，也與都市畸形繁榮所產生的刺激和影響有關，對唐代新進士階層來說這是相當普遍的現象。而就作者來說，也能在相當程度上見出其早年狂放不羈的性格。

唐詩中關於妓女的形象有很多，尤其是以杜牧為代表的一群詩人，更是在青樓中流連忘返。這使得唐詩的風貌變得更加香豔和飄逸。名士與名妓間的精神交流，以詩賦酬唱為基礎，對於色藝俱佳的名妓來說，她們能與名士詩賦酬唱，獲得了顯示自己聰明才智的機會，也提高了自身的文化品位與自我價值。中國文學產生了無數表現名士名妓之間感情交流的詩文，元稹、白居易、劉禹錫與女詩人薛濤，元稹與劉采春，陸羽、劉長卿與李冶都是聲色相求、情好志篤、詩詞酬唱的詩旅摯友，具有一種精神上的超越、思想上的共鳴。唐代大詩人中與青樓娼妓交往最為密切的，莫過於李白、白居易、元稹、杜牧、溫庭筠了。

晚唐時狎妓冶遊的詩人，非杜牧莫屬，他與李白的豪放有些相似。他的《遣懷》詩之所以流傳久遠，不僅僅因其藝術成就，更重要的是它符合於封建士大夫的口味與心理。它代表了杜牧詩作的一個方面。「風流」之事本為時尚所寵，況僅杜牧所為，他人亦然。

春日途中 〔1〕

田園不事來遊宦，故國誰教爾別離？獨倚關亭還把酒，一年春盡送春時。

【注釋】

〔1〕此詩已見《樊川文集》卷四，詩句全同，僅詩題作《春盡途中》，與此微異，當以《樊川文集》為是。此乃《樊川外集》重收。

秋　感

金風萬里 〔1〕 思何盡，玉樹 〔2〕 一窗秋影寒。獨掩柴門 〔3〕 明月下，淚流香袂倚闌干 〔4〕。

【注釋】

〔1〕金風：秋風。晉張協《雜詩》：「金風扇素節，丹霞啟陰期。」李善注：「西方為秋而主金，故秋風曰金風也。」又，秋天穀秀木黃，皆呈金色，故稱秋風為金

風。萬里：路途遙遠、長天遼闊、範圍廣大，皆可以「萬里」形容。

〔2〕玉樹：美麗的樹木。唐宋之問《折楊柳》：「玉樹朝日映，羅帳春風吹。」

〔3〕掩：關門。柴門：用碎木板或樹枝做成的簡陋的門，也用以指貧寒人家。三國魏曹植《梁甫行》：「柴門何蕭條，狐兔翔我宇。」唐王維《輞川閒居贈裴秀才迪》：「倚杖柴門外，臨風聽暮蟬。」

〔4〕香袂：散發著香氣的衣袖，指衣衫。倚闌干：倚欄思望，這是古人孤獨寂寞時的常態，詩詞中屢見。

【簡評】

杜牧筆下多是讚美秋景，如《山行》，像此詩這樣的悲秋之感，是十分少見的。這可能是詩人在外任刺史期間，感身世飄零、孤獨寂寞時所作。借閨怨以傳情。

此詩寫得一往情深。通過秋風中女子月下倚門哭泣，寫出其對遠行在外的丈夫的思念與內心的淒苦。「金風萬里」「玉樹一窗」是寫景，意境開闊，十分美好壯觀。可惜，景雖好，主人公的心境卻不佳；面對這樣的美景，反而覺得遠隔萬里、「秋影寒」。一個「獨」字，感人至深，悲愁不盡。

贈漁父

蘆花深澤靜垂綸〔1〕，月夕煙朝〔2〕幾十春。自說孤舟寒水畔，不曾逢著獨醒人〔3〕。

【注釋】

〔1〕蘆花：又名蘆絮，指蘆葦花軸上密生的白毛。深澤：指水深之處，即蘆花叢中。垂綸（lún）：垂絲釣魚。綸，釣魚的絲繩。唐李頎《漁父歌》：「浦沙明濯足，山月靜垂綸。」

〔2〕月夕煙朝：早早晚晚，即年年月月。月夕，月明之夜，即指夜晚。煙朝，清晨的薄霧，或炊煙繚繞，即言清晨。春：年；歲。

〔3〕「自說」二句：謂漁父數十年孤舟垂釣於寒水之濱，不曾逢著屈原那樣的獨醒人。孤舟，參見《新定途中》詩注〔3〕。寒水：蘆葦一般九月開花，北方降溫，故稱「寒水」。畔：旁邊；邊側。獨醒：指對社會現實具有獨自的清醒認識。比喻異於流俗。多詠直臣不同流合污。《楚辭·屈原·漁父》：「舉世皆濁我獨清，眾人皆醉我獨醒，是以見放。」獨醒人，指屈原。唐洪州將軍《題屈原祠》：「行客謾陳三酹酒，大夫元是獨醒人。」

【簡評】

詩人以屈原自喻，歎無「獨醒之人」。江湖沉淪幾十春，功業無名自可論，孤舟往返寒水畔，不見清時出賢人。以屈原自況，既為世無知音而感孤憤，亦以漁父之言，寓其不滿時世之慨。寄喻極深，此詩當為晚年所作。

遇到江邊的漁父，詩人與之攀談；深感漁父非世俗村夫，冷眼觀世，閱盡了來往於江邊的紅塵奔競者，對這個世界頗有自己冷靜的思考與看法。詩人感激漁父的指教，欣賞他的睿智，遂賦詩貽之。

第一句的正面環境描寫勾勒了山澤野趣，而第三句是其補充。蘆花盛開，一江皆白，蔚為壯觀。「深澤」「水畔」化用屈原《漁父》的「遊於江潭，行吟澤畔」。詩中風來葦曳，魚去綸搖，「靜」字則反襯出了漁父嫻熟的技巧和沉穩的心態。第二句由空間轉換到了時間。「月夕煙朝」漁父隱逸自處已非一日，年年歲歲達「幾十春」，彰顯了堅定的意志和脫俗的境界。第三、四句由描寫轉入記敘。秋冬岸邊，喃喃自語。橫舟獨釣，皆遇醉人。漁父未逢拔俗之士，說明他自己深悟歸隱之道；老者向作者訴說岸邊際遇，也暗示作者自詡為世外高人。

「漁父詞」是唐人詩歌寫作的傳統題材之一，此詩意味獨特。全詩通過環境描寫，虛擬對話，刻畫了與世無爭的老者形象。意象明確，節奏舒緩，格調清幽，境界深遠，是一首刻畫江邊隱士的佳作。

歎　花〔1〕

自恨尋芳〔2〕到已遲，往年曾見未開時。如今風擺花狼藉〔3〕，綠葉成陰子滿枝〔4〕。

【注釋】

〔1〕此詩約作於大中四年（850）杜牧為湖州刺史時。此詩又題為《悵詩》。其本事出《唐闕史》卷上：「杜牧在宣州幕時，曾遊湖州，見鴉頭女，年十餘，驚為國色，以重幣結之，與其母約曰：『吾不十年，必守此郡。十年不來，乃從爾所適。』後周墀為相，杜牧乃以三箋干墀，乞守湖州。大中三年，始授湖州刺史，比至郡，則已十四年矣。所約者，已從人三載，而生三子。因賦詩以自傷。」《太平廣記》卷二七三、《麗情集》、《唐詩紀事》卷五六、《唐才子傳》卷六均記此事。繆鉞《杜牧詩選》認為此故事與杜牧行跡及史事不合。《唐詩紀事》引此詩作「自是尋春去校遲，不須惆悵怨芳時。狂風落盡深紅色，綠葉

　　成陰子滿枝。」

〔2〕自恨：自我遺憾。尋芳：遊春賞花。

〔3〕擺：動詞。猶言搖，搖動、飄蕩之意。狼藉：花兒開敗，花瓣零落滿地的樣子。

〔4〕綠葉成陰：指開花季節已過。子滿枝：枝頭結滿了果實。此為雙關語。既言花
　　　落結子，也暗指當年的妙齡少女如今已結婚生子。

【簡評】

　　這是一首花的詠歎詩，也是一篇惜時的篇章；表達了詩人對花的癡迷，及
時光流逝的悵惘。詩人借尋春遲到，芳華已逝，花開花落、子滿枝頭，比喻少
女青春已過，含蓄委婉地抒發機緣已誤、時不再來的悵恨之情。此詩與《遣懷》
等詩風格一致，表現了晚唐文人生活放蕩浪漫的一面。似為有所寓意之作。

　　全詩圍繞一「歎」字展開，情感婉曲。詩中處處表現作者的「感歎」：春
歸太早、尋春去遲、狂風無情、落紅遍地都使詩人感到深深地惋惜。感歎春花
的遭遇，其實也是表達詩人自己的無奈。同時「歎」字還有另一層涵義，它透
露出詩人的自我安慰之情，雖然春已歸去，但他勸慰自己「不須惆悵」：看到
落花的同時，還看到了枝頭的果實，這種理性的思維，加深了他「感歎」的深
刻程度。首句的「春」及下句的「芳」，指花。而開頭一個「自」字富有感情
色彩，把詩人那種自怨自艾、懊悔莫及的心情表達得淋漓盡致。

　　整首詩渾然一體，情感抒發流暢自然、毫不做作，且運用多種手法，其
中主要用「比」的手法，以尋春比喻尋訪所愛之人，以花比喻女子，以綠葉
成蔭、子滿枝頭比喻女子結婚生子，既形象生動，又不露痕跡，含蓄自然，
耐人尋味，堪稱詠物抒懷之佳作。

　　此詩兼具表層含義和深層含義。即使單純看作一首詠物詩，也不失為一首
佳作。其實，詩人是以花謝子生，暗喻少女已經嫁人生子。表層與深層兩層含
義若即若離，委婉含蓄，構思新穎，語意深沉凝重，餘味無窮。

題劉秀才新竹

　　數莖幽玉色，曉夕翠煙分。聲破寒窗夢，根穿綠蘚紋。漸籠當檻日，欲礙
入簾雲。不是山陰客〔1〕，何人愛此君。

【注釋】

〔1〕山陰客：山陰，今浙江紹興。王徽之嘗居山陰，性愛竹。常寄居空宅，便令種
　　　竹，或問其故，徽之但嘯詠，指竹曰：「何可一日無此君邪！」見《晉書‧王羲

之傳》附。

【簡評】

　　詩人經過一處莊園，主人劉秀才熱情地款待他，並一起觀賞新栽不久的小竹。詩人是個愛竹的人，他覺得竹子帶有一種令人喜愛的氣質與秋韻。遂奉主人之邀，欣然提筆。詩中的山陰客是指在茂林修竹、清流激湍的會稽山陰蘭亭集會修禊的王羲之等文士；詩人以此暗喻劉秀才，使之十分高興，非常寶重此詩。

山　行〔1〕

　　遠上寒山石徑斜〔2〕，白雲生處有人家〔3〕。停車坐愛楓林晚〔4〕，霜葉紅於二月花〔5〕。

【注釋】

〔1〕山行：在山中行走漫遊。

〔2〕遠上：登上遠處的。寒山：深秋季節的山。石徑：石子的小路。斜（xiá）：曲曲折折、傾斜的意思。

〔3〕生：生出、升起；出現。人家：住戶。

〔4〕車：指轎子；一種用手挽的轎子，高僅及腰，稱為「腰輿」。《舊唐書·王方慶傳》：「則天嘗幸萬安山玉泉寺，以山徑危懸，欲御腰輿而上。」詩中指出行工具。坐：因為，由於。唐武元衡《八月十五酬從兄常望月有懷》：「坐愛圓景滿，況茲秋夜長。」楓林晚：傍晚時的楓樹林。楓，楓樹，也叫楓香樹，是一種落葉喬木，葉子通常有三裂，邊緣鋸齒形，秋季變成紅色。晚，晚景。

〔5〕霜葉：經霜的楓葉。紅於：比……更紅，本文指霜葉紅於二月花。於，介詞，表示兩種事物的比較關係。二月：農曆二月，就是春季的第二個月，這時在我國較南的地區，已經花開很盛。

【簡評】

　　這是一首寫景佳作，筆墨洗煉，色彩鮮明，語言簡潔，情景逼真。是一首寫景幽邃、用筆流美的小詩。讀此詩如隨作者行於山間石徑，感受著滿目秋光絢爛如畫，也感受著詩人的高懷逸興和豪蕩思致。

　　這首詩描繪秋色，展現出一幅動人的山林秋色圖。遠上寒山，悠然遙看，竟然有幾家松火隔秋雲。這對作者的遠山旅行而言，是充滿詩意的發現。停車

之後，周遭近景，同樣美麗如斯：黃昏晚霞中，楓葉紅透，大可比之二月豔李秋桃而愈佳勝。詩裏寫了山路，人家、白雲、紅葉，構成一幅和諧統一的畫面。這些景物有機地聯繫在一起，有主有從；前三句是賓，第四句是主，前三句是為第四句描繪背景、創造氣氛，起鋪墊和烘托作用的。第四句是全詩的中心，是詩人濃墨重彩、凝聚筆力寫出來的。不僅前兩句疏淡的景致成了這豔麗秋色的襯托，即使「停車坐愛楓林晚」一句，看似抒情敘事，實際上也起著寫景襯托的作用：那停車而望、陶然而醉的詩人，也成了景色的一部分，有了這種景象，才更顯出秋色的迷人。而一筆重寫之後，戛然便止，又顯得情韻悠揚，餘味無窮。「霜葉紅於二月花」是千古名句，寫出了楓葉的勃勃生命力，給人以奮發向上的激勵。

全詩構思新穎，布局精巧，於蕭瑟秋風中攝取絢麗秋色，與春光爭勝，令人賞心悅目，精神發越。兼之語言明暢，音韻和諧。詩歌雖然用了襯托、對比等手法，讀來卻令人感到自然天成，毫無雕飾感覺。這首詩有著極強的畫意，色彩搭配獨具匠心。停車觀賞並陶醉於美景的詩人，則為整幅靜物的畫面，添加上了動態的成分。詩人歌頌大自然的秋色美，體現出了豪爽向上的精神，有一種英爽俊拔之氣拂於筆端。

此詩格調高昂，意境深遠，在眾多悲秋詩作中卓爾不群，是一曲詠秋的絕唱。如果要找其同調的話，唐劉禹錫的《秋詞二首》庶幾近之，可參讀。其一云「自古逢秋悲寂寥，我言秋日勝春朝。晴空一鶴排雲上，便引詩情到碧霄。」一說「霜葉紅於二月花」，一說「我言秋日勝春朝」，思想格調一般無二。然其藝術風韻判然有別：劉詩直白議論，痛快淋漓；而杜詩借形象以喻理，含蓄有致，因而更耐人尋味。

「停車」句中，活用「坐」字，實為新奇！在古代「坐」字作為一個法律術語冠頂字，與其下的詞語聯繫在一起，說明犯了哪項法律或說哪種錯誤，如《史記‧魏其武安侯列傳》：「坐法去官。」詩人在此活用法律術語，言這是犯的「愛楓林晚」的錯誤。當然，這不是犯法，只不過是一種浪漫的「風流罪過」。

書　懷〔1〕

滿眼青山未得過，鏡中無那鬢絲〔2〕何。只言旋老〔3〕轉無事，欲〔4〕到中年事更多。

【注釋】

〔1〕書懷：書寫胸中的感懷。

〔2〕無那（wú nuò）：無奈，沒辦法。唐王維《酬郭給事》：「強欲從君無那老，將因
　　臥病解朝衣。」鬢絲：鬢髮白如蠶絲，形容年歲老大。

〔3〕旋：猶言漸、逐漸。旋老：漸老。唐司空圖《歌者》：「不似新聲唱亦新，旋調
　　玉管旋生春。」

〔4〕欲：已，已經。時間副詞，表示動作的完成。

【簡評】

　　這首詩一方面抒發了作者對韶光易逝的感傷，也表現了人到中年，面對
各種事務而無所適從的惆悵心情。念青春之易逝，思事業之無成，感世事之
繁雜，歎未老之先衰。詩將中年人普遍經歷但又不易說出的感受維妙維肖地
表現出來。

　　首句云「過青山」是敘事，亦是寫景，同時也是生命過程的象徵。還未到
達「青山」之巔的時候，已經兩鬢染霜了，豈能不生感慨。「無那」「何」並未
實指，也未明言，不出現「白」「霜」「雪」等字眼，卻給人留下了充分的想像
空間。這既體現了歲月的不可抗拒，給人以濃厚的歲月滄桑之感，又充分表現
了自己年華飛逝而功業未就的悵惘。接著詩人轉過筆鋒，再發近老事多，欲到
中年，更不能清靜的慨歎，展現複雜情懷。人到中年閱歷豐富，也是事業的鼎
盛時期，往往要同時面對各種雜事冗事，窮於應付。這兩句就將這種中年人普
遍懷有的複雜心情生動傳神地表現了出來，同時也呼應了開頭。嗟歎之中失望
和希望交織，情感沉鬱頓挫，筆勢轉折迴旋。

紫薇花〔1〕

　　曉迎秋露一枝〔2〕新，不占園中最上春〔3〕。桃李無言〔4〕又何在？向風偏
笑豔陽人〔5〕。

【注釋】

〔1〕紫薇花：紫薇又名「百日紅」，它的花期可由春末至秋初。

〔2〕曉：天明。一枝：猶一朵。用作花之數量詞。

〔3〕上春：早春。即孟春，農曆正月。此句謂，紫薇花在春天的百花園中並不佔優
　　勢，它並不與桃李爭妍。

〔4〕桃李無言：古諺語「桃李不言，下自成蹊」，比喻實至名歸，指品行高尚的人自

然會受到景仰與愛戴。《史記·李將軍列傳》:「余睹李將軍悛悛如鄙人,口不能
道辭。及死之日,天下知與不知,皆為盡哀。彼其忠實心誠信於士大夫也!諺
曰『桃李不言,下自成蹊』。此言雖小,可以諭大也。」稱頌李廣雖不善言辭,
但能忠誠感物,贏得人心。此典入詩多吟詠桃李、花木,以花喻人。唐戎昱《上
李常侍》:「桃李不須令更種,早知門下舊成蹊。」作者在此處卻一反其念,以
桃李之樸素與花期之短來反襯紫薇的繁華與花期之長。

〔5〕豔陽人:指在豔陽春天裏開的花。豔陽,豔麗明媚的陽光。南朝宋鮑照《學劉
公幹體五首·其三》:「茲辰自為美,當避豔陽天。豔陽桃李節,皎潔不成妍。」

【簡評】

這首詠物詩鮮明體現出花與人的共性,以物喻人、託物言志的手法盡在其
中。詩中隻字未提紫薇花,但細品之下會發現每一句都使讀者能在驚奇中享受
到紫薇高貴不凡的氣質與淡雅的風骨。它近乎反常的行文描繪,卻給了讀者最
大程度的想像空間。

「曉迎」句,不僅點明了時間,更將讀者的好奇心勾起:是什麼花能在露
水中笑迎秋陽?一個「迎」字,賦予紫薇花以人的精神,它不怕秋寒,迎著寒
露開放,為人間裝點秋天的景色。寫紫薇花卻並不著意描寫它的美麗,只抓住
它開在秋天這一特點來寫。「新」字則更妙,分明將帶露花朵的嬌羞模樣勾勒
在紙上。「不占」句更是讚揚了那紫薇花不與園中諸芳爭豔霸春的謙遜特質。
它只是在桃凋李零時默默無言地綻放、盛開,在夏秋兩季建造了自己的舞臺。
「桃李」句就寫盡了時光飛逝,花無百日,未至仲夏,桃李盡謝之景。寫實的
同時兼有對比反襯,將紫薇花謙遜長久的美與桃李凋零之景形成鮮明的對比,
極有新意;也以桃李所代表的世俗反襯了紫薇花不凡的氣質。紫薇花是植物中
最多情的植物。它高雅而溫婉,內斂而桀驁。當那些獨佔春光的穠桃豔李已經
凋謝的時候,紫薇花卻在秋天的晨露中,笑看那些只知道欣賞豔陽春色的人
們。這就是詩中描繪的「向風偏笑豔陽人」。詩人寄情於物,在讚美紫薇花的
謙遜品格時,也讚美了具有謙遜美德的人。

這首被人們譽為詠紫薇詩中的佳作,由於設想入奇,擴大了詩的張力和戲
劇效果,使人玩味不已。同時,詩人當時處於複雜的牛李黨爭糾紛中,不趨炎
附勢,獨守剛直節操,恰似紫薇花,故此篇詠紫薇花似乎也不盡出於單純的玩
賞。

開元年間,唐玄宗改中書省為紫微省,中書令為紫微令,中書舍人因此

也被稱為紫微郎。紫薇花和紫微郎形成有趣的雙關。杜牧做過中書舍人，寫過《紫薇花》詩。鄭谷在《高蟾先輩以詩筆相示抒成寄酬》一詩中稱杜牧為杜紫微：「張生故國三千里，知者唯應杜紫微。」此後杜紫微成為杜牧的別稱之一，例如：「樊川物景終南翠，遂性空思杜紫微」（宋田錫《幽居》）、「杜紫微靈定相笑，青樓薄倖不知名」（宋賀鑄《揚州敘遊》）、「高吟多謝沈家令，中酒長憐杜紫微」（宋張伯玉《睦州》），等等。

醉後呈崔大夫

謝傅秋涼閱管絃〔1〕，徒教賤子〔2〕侍華筵。溪頭正雨歸不得，辜負南窗〔3〕一覺眠。

【注釋】

〔1〕謝傅：指晉謝安，官至宰相，位列三公。卒贈太傅，故稱。詳見《送杜顗赴潤州幕》詩注〔8〕。此處喻指崔大夫。管絃：即絲管。詳見《懷鍾陵舊遊四首》詩注〔4〕。

〔2〕賤子：侍從、侍女。

〔3〕南窗：向南的窗子。因窗多朝南，故亦泛指窗子。

【簡評】

絲管聲聲，輕歌曼舞，令人陶醉；一覺醒來，雨似玉珠灑落水面，情景別致；然「歸不得」，思鄉之情湧上心頭，讓宦遊人平添幾分惆悵。醉後之語，坦露心聲。

和宣州沈大夫登北樓書懷〔1〕

兵符嚴重辭金馬〔2〕，星劍光芒射斗牛〔3〕。筆落青山飄古韻〔4〕，帳開紅旆照高秋。香連日彩浮綃幕〔5〕，溪逐歌聲繞畫樓〔6〕。可惜登臨佳麗地〔7〕，羽儀須去鳳池遊〔8〕。

【注釋】

〔1〕此詩約作於大和六年（832）秋。沈大夫：即沈傳師，大和二年十月，為江西觀察使。後卒於吏部侍郎任。事蹟見杜牧《唐故尚書吏部侍郎贈吏部尚書沈公行狀》、新舊《唐書》本傳、《嘉泰吳興志》等。參見《張好好詩》注〔3〕。

〔2〕兵符：調遣軍隊的憑證，借指兵權。嚴重：嚴肅莊重。辭金馬：此指離開京城。沈傳師自尚書右丞出鎮江西，故云。金馬：即金馬門，漢代宮門名。詳見

《寄內兄和州崔員外十二韻》詩注〔19〕。

〔3〕「星劍」句：晉代張華看見天空中的斗宿和牛宿之間常常有紫氣，一同觀看的雷煥說這是寶劍的精氣，於是張華讓雷煥任豐城令。雷煥到了豐城，讓人挖掘監獄地基，果然有寶劍龍泉、太阿埋在那裏。事見《晉書·張華傳》。參見《道一大尹、存之學士、庭美學士，簡於聖明，自致霄漢，皆與舍弟昔年還往。牧支離窮悴，竊於一麾，書美歌詩，兼自言志，因成長句四韻，呈上三君子》詩注〔6〕。光芒：光輝。

〔4〕古韻：古詩的韻味。

〔5〕日彩：太陽的光彩。南朝梁沈約《為南郡王捨身疏》：「弟子樹因曠劫，向報茲生，託景中璿，聯華日彩。」絹幕：薄紗做的簾帳。唐沈佺期《鳳簫曲》：「八月涼風動高閣，千金麗人卷絹幕。」

〔6〕畫樓：泛指彩繪過的樓閣。指富豪家雕欄畫棟的第宅。在古代詩詞中往往與「青樓」「紅樓」意義相近。也專指鍾鼓樓或酒樓。

〔7〕可惜：值得珍惜。登臨：登山臨水或登高臨遠，泛指遊覽山水。佳麗：秀麗，美好。詩詞中多指土地景物的美好。佳麗地，即風景秀麗的地方。三國魏曹植《贈丁儀王粲》：「壯哉帝王居，佳麗殊百城。」

〔8〕羽儀：儀仗中以羽毛裝飾之旌旗之類。《南史·宋武帝紀》：「便步出西掖門，羽儀絡繹追隨，已出西明門矣。」鳳池：即鳳凰池，指中書省。詳見《奉和僕射相公春澤稍愆，聖君軫慮，嘉雪忽降，品彙昭蘇，即事書成四韻》詩注〔2〕。此句意為盼望沈大夫再入朝為中書省官。

【簡評】

詩人與沈傳師登上宣州郡樓遠眺，秋高氣爽，縱覽著這歷史的名城，注目這江南的佳山麗地，不禁沉醉於江山勝景之中。一時心潮滾滾，逸興湍飛，發而為詩。

詩中讚頌了沈傳師的政績、才華，描繪了江西的如畫風景，稱揚他必定會再入京師，官職升遷。「筆落青山」數句，以華麗的詩句，寄寓著自己的情感；讚頌沈傳師才華過人，詩興飄逸；同時又是對沈傳師原作的讚美，稱其氣勢浩蕩，落筆不凡。

夜　雨

九月三十日，雨聲如別秋。無端〔1〕滿階葉，共白幾人頭？點滴侵寒夢，

蕭騷〔2〕著淡愁。漁歌〔3〕聽不唱，蓑濕棹回舟〔4〕。

【注釋】

〔1〕無端：無盡頭。沒有起點或終點。

〔2〕蕭騷：象聲詞。形容風雨、草木的聲音。

〔3〕漁歌：是民歌的一種，沿海地區以及湖泊港灣漁民所唱。

〔4〕蓑：蓑衣；用竹葉或草、棕編成的雨披。棹：船槳。回舟：回船，讓船開回。

【簡評】

「夜雨」在中國古典文學作品中總是和離愁、客思、寂寥、悲傷聯繫在一起，全詩描寫在淒涼、寂寞的雨夜，形孤影單、臥聽夜雨的情景，首先渲染了傷感的情緒，「秋」「寒」「愁」等字聯繫起來，融合成一幅朦朧、冷清的水色夜景。

首聯點明了季節，秋作為淒涼、悲傷的象徵，先竭力渲染水邊夜色的清淡素雅。這樣寫來，便覺得語近情遙給詩賦予了很深的悲情含義。以雨破題，烘托出「梧桐一葉落，天下盡知秋」的蕭瑟、落寞氛圍。「無端」二句點明了詩人夜不能寐、愁腸百結的心情，午夜夢回，再難入眠。白頭表達了作者感歎時光飛逝、人生短暫，充分體現了作者對人生的思考和感悟。「滿階葉」寄託懷思的情緒，用這種方式透露情懷，委婉動人，語意高妙，口吻顯得格外親切，深刻地表達出作者內心的愁苦。

「點滴」句情景交融，朦朧的景色與詩人心中淡淡的哀愁和諧統一。構思精巧縝密，景、情、意熔於一爐，景為情設，情隨景至。「蕭騷」句點出痛苦根源，有感而發，語淡味濃。詩人真正不能忘懷的，不言自明，一個「愁」字意味極深長。「漁歌」二句將景色、現實巧妙地聯為一體，傷時之痛，委婉深沉，更鮮明地表現出了詩人高潔廣闊的性格氣質，也使全詩在傷感的氣勢中結束，留下了充分的想像餘地。寫詩人所見所聞所感，語言清新自然，借雨後的景色，含蓄地表達了詩人對歷史的深刻思考，對現實的深切憂思，意味無窮，引人深思。感情深沉，意蘊深邃，被譽為唐人絕句中的精品。

方　響〔1〕

數條秋水掛琅玕〔2〕，玉手〔3〕丁當怕夜寒。曲盡連敲三四下〔4〕，恐驚珠淚落金盤〔5〕。

【注釋】

〔1〕方響：古代打擊樂器，盤類，銅鐵製，始創於南朝梁。以十六枚鐵片組成，其制上圓下方、大小相同而厚薄不一之鐵片，分兩排，懸於一架。以小銅槌擊奏，其聲清濁不等，為隋唐燕樂中常用之樂器。唐玄宗時的樂師馬仙期，就是敲擊方響的能手。

〔2〕秋水：此處用以比喻方響上用以懸掛鐵片者。琅玕：美石。此用以指方響上之鐵片。

〔3〕玉手：潔白如玉的手。

〔4〕下：量詞。表示動量。

〔5〕金盤：銅盤，古代銅亦稱金。也指精緻的器皿、炊具等。

【簡評】

　　方響，古稱銅磬，又有鐵板琴之稱，是我國古代打擊樂器。始於南北朝梁代。一件讓詩人在寒夜裏觸景傷懷的樂器就是「方響」。全詩對方響進行了恰如其分的描寫。描摹樂器方響，聲響驚心，「怕夜寒」實乃怕「淚落金盤」。唐雍陶《夜聞方響》：「方響聞時夜已深，聲聲敲著客愁心。不知正在誰家樂，月下猶疑是遠砧。」與上詩異曲同工。

　　唐代曾湧現出馬仙期、吳繽等方響演奏家。唐末牛殳《方響歌》，對方響及其聲音的描述更加詳細而逼真：「樂中何樂偏堪賞，無過夜深聽方響。緩擊急擊曲未終，暴雨飄飄生坐上。鏗鏗鎝鎝寒重重，盤渦蹙派鳴蛟龍。高樓漏滴金壺水，碎電打著山寺鐘。又似公卿入朝去，環佩鳴玉長街路。忽然碎打入破聲，石崇推倒珊瑚樹。長短參差十六片，敲擊宮商無不遍。此樂不教外人聞，尋常只向堂前宴。」

將出關，宿層峰驛，卻寄李諫議〔1〕

　　孤驛在重阻，雲根〔2〕掩柴扉。數聲暮禽〔3〕切，萬壑秋意歸。心馳碧泉潤，目斷青瑣闈〔4〕。明日武關外，夢魂勞遠飛。

【注釋】

〔1〕關：指武關。參見《題武關》詩注〔1〕。諫議：諫議大夫。郭文鎬《〈樊川外集〉詩辨偽》認為此詩非杜牧作。

〔2〕雲根：指深山高遠雲起之處的行雲。唐賈島《題李凝幽居》：「過橋分野色，移石動雲根。」此云根指山石，古人認為雲氣是從山峰中生出來的故稱山石為雲

根，暗含房屋建成當有雲氣相從之意。古人以住所之上有雲氣為吉祥之兆。

〔3〕暮禽：日暮的歸鳥。古代詩文常用以抒發懷舊思鄉之情。

〔4〕目斷：望而不見，望盡的意思。青瑣闥：刻為連鎖文而以青色塗飾的宮門。青瑣，裝飾皇宮門窗的青色連環花紋。闥，古代宮室兩側的小門。

【簡評】

此詩是一首寄給朋友的抒情詩，深切表達了詩人的思鄉之情、仕途不順的憤懣及對國家興亡的擔憂。詩運用虛實結合的手法，借助具有象徵意義的景物，以含蓄深沉的語言，形象生動地傳達出詩人內心豐富的情感世界。

首聯為實寫。一個「孤」字一語雙關，既交代了詩人孤身一人獨自在外的現實處境，又體現了他內心的孤獨與寂寞。次句景物描寫，雲霧掩繞著柴門，一片冷清淒涼的感覺撲面而來，帶給人一陣陣寒意，進一步體現了詩人的「孤」。頷聯寫空中飄蕩著的聲音，正是那日暮的歸鳥在急切盼望著歸巢。正如王維《歸嵩山作》詩云：「流水如有意，暮禽相與還？」但此詩中的暮禽卻顯得更為急切。「暮禽」為詩人自喻，以暮禽寄託懷思，呼應前文，更加深了詩人的「孤」。

頸聯開始轉入虛寫。碧泉澗是一個滿目荒涼的地方，除了一些逡巡的走獸之外，只有遍地沼澤。這樣一個荒涼的地方卻令詩人心馳神往。此句給讀者設下小小疑問，「目斷」句表明詩人仕途受阻，鬱鬱不得志，卻又還抱有一絲希望。此聯直抒胸臆，景是虛的，情卻是實的。寓情於景，情景交融，肅殺冷寂的深秋不正是他內心真實的寫照嗎？尾聯又是兩句虛寫。武關，自古為兵家必爭之地，素有「三秦要塞」之稱。明日就要出關了，詩人心中不免感傷。

全詩散發著悲涼之意，滿腔悲憤抒發得淋漓盡致。不僅情感充沛，而且結構清晰，構思巧妙。韻律和諧，讀來朗朗上口，節奏感強，不愧為抒情詩之典範。

使回，枉唐州崔司馬書，兼寄四韻，因和〔1〕

清晨候吏把酒〔2〕來，十載離憂〔3〕得暫開。癡叔〔4〕去時還讀易，仲容多興索銜杯〔5〕。人心計日殷勤〔6〕望，馬首隨雲早晚〔7〕回。莫為霜臺〔8〕愁歲暮，潛龍〔9〕須待一聲雷。

【注釋】

〔1〕枉：屈就，用於別人，含有敬意。唐州：州名。詳見《寄唐州李玭尚書》詩注

〔1〕。司馬，州郡佐官。詩用「癡叔」「仲容」事，作者當為崔姓，與崔司馬為
　　叔姪關係。故郭文鎬《〈樊川外集〉詩辨偽》以為非杜牧詩。

〔2〕候吏：古代主管迎送賓客的官吏。亦指驛站的管理人。把酒：手持酒杯。

〔3〕離憂：離別的憂思；離人的憂傷。唐杜甫《長沙送李十一》：「李杜齊名真忝竊，
　　朔雲寒菊倍離憂。」仇兆鰲注：「離憂，離別生憂也。」

〔4〕癡叔：晉王湛懷才不露，親戚以為癡。晉武帝見其姪王濟，每以「癡叔」戲稱
　　之。後王湛父昶卒，湛居墓次，兄子濟往省湛，見床頭有《周易》。謂湛曰：「叔
　　父何用此為？」湛曰：「體中不佳時，脫復看耳。今日當與汝言。」因共談《易》，
　　剖析入微，妙言奇趣，濟所未聞，歎不能測。見《晉書‧王湛傳》《世說新語‧
　　賞譽》及《注》引鄧粲《晉紀》。詩文中多以癡叔借指懷才隱德、大智若愚的人。

〔5〕仲容：晉阮咸字。「竹林七賢」之一。咸為阮籍姪，亦嗜酒。妙解音律，善彈琵
　　琶。雖處世不交人事，惟共親知絃歌酣宴而已。傳附見《晉書》卷四九《阮籍
　　傳》。銜杯：指飲酒。

〔6〕殷勤：頻繁，反覆。唐王涯《秋夜曲》：「銀箏夜久殷勤弄，心怯空房不忍歸。」

〔7〕早晚：疑問詞，什麼時候，何日。

〔8〕霜臺：御史臺的別稱。御史職司彈劾，為風霜之任，故稱。《通典‧職官門六》：
　　「御史臺為風霜之任，彈糾不法，百僚震恐，官之雄俊，莫之比焉。」唐盧照
　　鄰《樂府雜詩序》：「樂府者，侍御史賈君之所作也……霜臺有暇，文律動於京
　　師；繡服無私，錦字飛於天下。」

〔9〕潛龍：深藏之龍。比喻賢才在下位，隱而未顯。

【簡評】

　　這是一首贈答詩。詩人清晨把酒賦詩，收到崔司馬的信件和詩作，十年
來的離別憂思暫且淡薄一些。回憶臨走時情形，用「癡叔」「仲容」典故，讚
譽崔司馬懷才隱德、大智若愚。轉而殷切期望崔司馬功成名就，早日回歸。
最後兩句是鼓勵與期待：不要為歲暮嚴冬的霜雪寒冷所壓倒，潛伏在水底的
蟄龍，待到春雷一聲它自會驚醒而逞威。喻不要被厄境壓倒，要等待時機。
意在勸勉，蘊含深沉，耐人琢磨。

郡齋秋夜即事寄斛斯處士許秀才〔1〕

　　有客誰人肯夜過？獨憐風景奈愁何。邊鴻怨處迷霜久，庭樹空來見月多。
故國杳無千里信〔2〕，綵弦〔3〕時伴一聲歌。馳心只待城烏曉，幾對虛簷望白

河〔4〕。

【注釋】

〔1〕即事：就眼前事物賦詩抒懷。斛斯：複姓。

〔2〕千里信：遠方的音訊。唐皇甫冉《九日寄鄭豐》：「重陽秋已晚，千里信仍稀。」

〔3〕綵弦：指彩飾之絃樂器。

〔4〕白河：指銀河。唐杜甫《送嚴侍郎到綿州同登杜使君江樓宴》：「不勞朱戶閉，自待白河沉。」

【簡評】

　　此詩營造出一種哀愁的氛圍，頸聯氣魄雄渾，情景交融，有聲有色；「綵弦時伴一聲歌」突兀卻不做作，景如此，情也便在不言之中了。

同趙二十二訪張明府郊居聯句〔1〕

　　陶潛官罷酒瓶空，門掩楊花一夜風。（牧）古調〔2〕詩吟山色裏，無弦琴〔3〕在月明中。（嘏）遠簷高樹宜幽鳥〔4〕，出岫孤雲逐晚虹。（牧）別後東籬數枝菊，不知閒醉與誰同？（嘏）

【注釋】

〔1〕趙二十二：即趙嘏。詳見《雪晴訪趙嘏街西所居三韻》注〔1〕。明府：唐人稱縣令為明府。

〔2〕古調：指漢魏以來形成的古體詩。唐元稹《見人詠韓舍人新律詩因有戲贈》：「喜聞韓古調，兼愛近詩篇。」

〔3〕無弦琴：沒上弦的琴。陶潛不會彈琴，卻常於快意時撫無弦素琴寄託自己的情思。詩中多藉以詠閒適情趣。《宋書·隱逸傳·陶潛傳》：「潛不解音聲，而蓄素琴一張，無弦，每有酒適，輒撫弄以寄其意。」

〔4〕幽鳥：在幽深的地方棲息的鳥。幽，深而靜。

【簡評】

　　杜牧與趙嘏關係密切，引為知音；這是二人合作的一首聯句。

　　通篇以陶淵明為喻，寫張明府罷官歸隱。昔日陶令為官時酒瓶常空，罷官之後酒瓶愈空，藉以形容張明府的清貧。張明府不僅清貧與陶令同，而高情逸興亦相通；「古調詩」「無弦琴」，正寫其安貧樂道之實。「遠簷」二句描繪其郊居景色，「高樹」「幽鳥」「孤雲」「晚虹」，俱與罷官歸隱之意相照。尾

聯仍以黃花、閒醉作結，正與首聯相呼應。一個清貧高士的形象呼之欲出。

早春題真上人院〔1〕

清羸已近百年身，古寺〔2〕風煙又一春。寰海自成戎馬地，唯師曾是太平人〔3〕。

【注釋】

〔1〕真上人院：寺院名。其人其地均未詳。宋程大昌《演繁露續集》卷六：「唐天寶間，有真上人者，至杜牧之時，其人年已近百歲，故題其寺曰……。此意最遠，不言其道行，獨以其年多嘗見天寶時事也。」詩題原注：「生天寶初。」天寶元年（742）至開成末年（840）近百年，與「清羸已近百年身」相吻合。故此詩約開成年間（836～840）作。上人：《釋氏要覽·稱謂》引古師云：「內有德智，外有勝行，在人之上，名上人。」後用作僧人尊稱。

〔2〕清羸（lěi）：消瘦。古寺：年久的寺廟。

〔3〕「寰海」二句：謂海內藩鎮割據，戰亂不已，當此亂世，惟有真上人法師曾見天寶初年之太平景象。寰海：海內；全國。唐杜甫《遣懷》：「先帝正好武，寰海未凋枯。」自成：已成。自，副詞，猶言已。戎馬：兵馬，此指戰亂。師：法師，指真上人；師是對僧人的尊稱。曾是：正是。唐孟郊《浮石亭》：「曾是風雨力，崔嵬漂來時。」此二句謂天寶後即不復有太平之日，隱含不滿，渴望統一安定。

【簡評】

此詩構思獨特，偏鋒取勝。贊真上人，經歷、道行、功德等一字不及，唯突出其「清羸已近百年身」。下云「古寺風煙」，四字有味。這是佛門內誦經梵唄，禪床茶鐺，無為之人，清淨之事所累積的經驗，絕塵而淡泊，寂靜而安和。與之形成強烈對比的是海內處處持續硝煙彌漫，「自成戎馬地」一語道盡百年血火兵燹之難。末云「唯師曾是太平人」是超越時空的追想，充滿了對開天之際太平治世的嚮往。此詩思開元天寶之盛世，歎晚唐四處之「戎馬地」，念盛時諷當朝，而僅以真上人之高壽為媒，妙不露痕；感慨自在其中。

對花微疾不飲呈坐中諸公〔1〕

花前雖病亦提壺〔2〕，數調持觴興有無。盡日臨風〔3〕羨人醉，雪香空伴白髭鬚〔4〕。

【注釋】

〔1〕微疾：小病；身體不舒適。

〔2〕提壺：指提酒壺。魏晉劉伶《酒德頌》：「止則操卮執觚，動則挈榼提壺，唯酒
　　　是務。」

〔3〕臨風：迎風，面對著風。

〔4〕雪香：花香。雪，指潔白如雪的花。髭鬚：鬍鬚。

【簡評】

　　此為應酬之作，其中亦含傷懷之感。

　　朋友相聚花前宴飲，自己因身體不適不能奉陪，然亦「提壺」侑之，以增
雅興。整日臨風把盞，真羨慕友人盡興，飄飄欲仙；然如雪之花香，空伴白鬚
之郎。

酬王秀才桃花園見寄〔1〕

　　桃滿西園淑景〔2〕催，幾多紅豔淺深開。此花不逐溪流出，晉客無因入洞
來〔3〕。

【注釋】

〔1〕此詩約作於大和元年（827）春夏間，杜牧南遊湖南時。《樊川文集》卷六《竇
　　　列女傳》：「大和元年，予客遊涔陽。」

〔2〕西園：園名，即銅雀園。漢末曹操所建，在魏國鄴都。魏文帝曹丕集文人才子
　　　遊宴、賞月常聚於此。唐詩中多詠其事；此處為泛稱，非實指。《文選·曹植·
　　　公宴》：「清夜遊西園，飛蓋相追隨。」又，曹丕《芙蓉池作》：「乘輦夜行遊，
　　　逍遙步西園。」唐李白《初月》：「因絕西園賞，臨風一詠詩。」淑景：美景；
　　　指春光。南朝宋鮑照《代悲哉行》：「羇人感淑景，緣感欲回轍。」

〔3〕晉客：遊桃花源之晉人；此為詩人自稱。晉客入洞，喻入理想的境地。晉陶淵
　　　明《桃花源記》謂，晉太元中，武陵漁人溯桃花夾岸之溪流，得一洞，由洞口
　　　進入桃花源。此中人自言先世避秦亂來此，遂與世隔絕等事。

【簡評】

　　詠桃園恬靜、淑豔之景。西園桃滿，景物迷人，桃紅葉碧，淺深參差。此
景之美，妙於言表。何況此花落地亦不逐溪流外溢，更無晉客騷擾。詩用陶淵
明「桃花源」之故實，桃園佳趣，自得其樂，深得陶文結局之精髓。然反取其

義，昔虛今實，幻影不如真景。

走筆送杜十三歸京〔1〕

　　煙鴻上漢聲聲遠，逸驥尋雲步步高。應笑內兄〔2〕年六十，郡城閒坐養霜毛。

【注釋】

〔1〕此詩非杜牧作。馮集梧《樊川詩集注》云：「杜十三即牧之，此是送杜之詩，內兄年六十，作者自謂也。」此詩乃杜牧內兄詩而誤作杜牧詩者。吳企明《唐音質疑錄》云：「本是詩人的內兄和州崔太守送他入京時寫的贈詩，也被人當作杜牧詩編入集中。」

〔2〕內兄：妻兄。

【簡評】

　　詩人讚頌杜十三官場步步高升，前途無量；並以詼諧語氣自歎年老，只能頤養天年。

送王十至襄中因寄尚書〔1〕

　　闕下經年〔2〕別，人間兩地情。壇場新漢將〔3〕，煙月古隋城〔4〕。雁去梁山〔5〕遠，雲高楚岫明。君家荷藕好，緘恨寄遙程。

【注釋】

〔1〕王十：名不詳，當為杜牧的朋友。岑仲勉《唐人行第錄》：「全詩杜牧有《送王十至襄中因寄尚書》《後池泛舟送王十》《重送王十》《別王十後遣京使累路附書》《後池泛舟送王十秀才》諸詩；按王起曾為尚書，鎮興元（襄中），以時考之，王十必起之子侄無疑。進士通稱秀才，起侄鐸會昌初進士第，王十是鐸否尚待考核。」襄中：縣名，唐名襄城縣，屬梁州。故城在今陝西勉縣東北。尚書：尚書省六部之長官。此尚書當是山南西道節度使帶尚書銜者，故稱。《全唐詩人名考證》謂「尚書，疑為封敖。《舊唐書》本傳：『（大中）四年，出為興元尹、御史大夫、山南西道節度使。』《全文》卷七七七李商隱有《為興元裴從事賀封尚書啟》，知封敖在山南西道任檢校尚書。開成二年杜牧在宣歙幕時，敖為宣歙治內池州刺史。」

〔2〕經年：連年累月，常年的。

〔3〕「壇場」句：漢高祖劉邦曾在南鄭築壇拜韓信為大將，此處「新漢將」指題內

尚書。

〔4〕煙月：煙霧迷蒙的月色；亦指幽靜美麗的景色。古隋城：襄城縣本名襄中縣，
　　　隋開皇元年，以避廟諱改為襄內縣。仁壽元年，改為襄城。「古隋城」指此。見
　　　《元和郡縣圖志》卷二二。

〔5〕梁山：泛指梁州一帶之山。

【簡評】

　　封尚書是詩人的故交，寄詩一首表達思念。分別多年，情意依舊；友人喜
赴高就，鎮守在幽美靜謐的城池；雖然山高路遠，但我們的友情更加濃鬱；特
別思念您家的荷藕，遺憾無緣品嘗，只能賦詩一首寄與遠方的朋友。此詩與朋
友暢談，娓娓道來，似敘閒話，可見二人情誼之深。

後池泛舟送王十

　　相送西郊暮景和，青蒼竹外繞寒波。為君蘸甲十分飲〔1〕，應見離心一倍
多。

【注釋】

〔1〕蘸甲十分：古代飲酒時，酒斟滿後，手持酒杯能沾濕指甲，以示暢飲。唐白
　　　居易《早飲湖州酒寄崔使君》：「十分蘸甲酌，瀲豔滿銀盂。」唐韋莊《中酒》：
　　　「南鄰酒熟愛相招，蘸甲傾來綠滿瓢。」蘸：以物沒水。十分：十成；特指酒
　　　斟得很滿的樣子，表示對對方的尊敬。唐宋時期俗語。

【簡評】

　　這首詩和《重送王十》《別王十後遣京使累路附書》，構成一組十分別致的
組詩，雖然各自獨立，綜觀之，卻有其內在聯繫。故將它們放在一起評析，詳
見《別王十後遣京使累路附書》簡評。

重送王十

　　分袂還應立馬〔1〕看，向來〔2〕離思始知難。雁飛不見行塵滅，景下山遙
極目〔3〕寒。

【注釋】

〔1〕分袂：分別。袂，衣袖。立馬：駐馬；停下馬遠望。

〔2〕向來：猶言今來、今日。此句言今來始知離思難。

〔3〕極目：盡目力之所及；用盡目力遠眺。極，盡，全。唐杜甫《自京赴奉先縣詠
　　懷五百字》：「群水從西下，極目高崒兀。」

【簡評】

詳見《別王十後遣京使累路附書》簡評。

洛陽秋夕

冷冷寒水帶霜風〔1〕，更在天橋〔2〕夜景中。清禁漏閒煙樹〔3〕寂，月輪移
在上陽宮〔4〕。

【注釋】

〔1〕冷冷：形容水聲清脆；清涼的樣子。《文選·宋玉·風賦》：「清清冷冷，愈病析
　　醒。」李善注：「清清冷冷，清涼之貌也。」漢徐幹《情詩》：「高殿鬱崇崇，廣
　　廈淒冷冷。」霜風：秋天的風。南朝梁何遜《七召·治化》：「政德洽於霜風，
　　教義窮於足跡。」

〔2〕天橋：指洛陽洛水上天津橋。天津橋即洛橋，簡稱津橋，是洛水上的一座浮
　　橋，在今河南洛陽西南，是洛陽名勝之一。

〔3〕清禁：謂皇宮。唐權德輿《昭文館大學士壁記》：「清禁之內，輔臣攸居。」
　　漏：漏壺；古代計時器。《說文》：「漏，以銅受水刻節，晝夜百刻。」煙樹：
　　暮煙或煙靄籠罩下的樹木。

〔4〕上陽宮：唐宮名。詳見《華清宮三十韻》詩注〔25〕。

【簡評】

此詩描摹抑鬱之感，寂寞之思。

洛水清寒伴之霜風，東都美景，遠在天涯，煙樹沈寂，銅漏叮咚，唯有一
輪明月，掛在上陽之宮。寓情於景，給讀者留下廣闊的想像空間。

贈獵騎〔1〕

已落雙雕〔2〕血尚新，鳴鞭走馬又翻身〔3〕。憑君莫射南來雁，恐有家書寄
遠人〔4〕。

【注釋】

〔1〕獵騎：騎馬打獵的人。唐李白《觀獵》：「江沙橫獵騎，山火繞行圍。」

〔2〕落雙雕：射落成雙的雕。雕是一種猛禽，飛得很快，不易射中，故世稱善射者

為「射雕手」。此言獵人射技的高超。參見《東兵長句十韻》詩注〔15〕。

〔3〕鳴鞭：揮鞭作響。南朝宋鮑照《代陳思王白馬篇》：「白馬驊角弓，鳴鞭乘北
　　風。」走馬：騎馬疾馳。翻身：反身，轉身；指翻身射箭。唐杜甫《哀江頭》：
　　「翻身向天仰射雲，一笑正墜雙飛身。」

〔4〕「憑君」二句：謂請不要射殺南來的大雁，恐怕大雁的足上繫著寄給遠方家人
　　的書信。憑君：請你。憑：請求，煩勞。南來雁：從南方歸來的大雁。古人認
　　為鴻雁為信使，故以「莫射南來雁」，表達遠人思鄉的情懷。這裡化用了雁足
　　傳書的典故。漢武帝時期，蘇武出使匈奴被扣留。漢昭帝即位後，漢朝向匈
　　奴索要蘇武，匈奴謊說蘇武已死。後來漢朝使者又到匈奴，有人透露說蘇武
　　還活著。漢使就對單于說：天子在上林苑射獵，射中一隻大雁，大雁腳上繫
　　著一封帛書，說蘇武等人還在北海。單于無奈，放回了蘇武。見《漢書·李廣
　　蘇建傳》。參見《杜秋娘詩》注〔63〕。

【簡評】

　　這是一首新奇別致的詩篇。詩以獵騎射雕起興，發思鄉之情。雕本是很難
射中的飛禽，而獵騎一箭雙雕，其技藝真是如神。他射中雕之後，馬不停蹄，
又去行獵。作為思鄉之子的詩人，十分欽佩獵騎高超的技藝，同時內心又加重
一重擔憂，射雕如此，射雁豈費吹灰之力？所以，詩人暗祝獵騎，千萬不要射
那南來之雁。大雁傳書，古已有之，游子思鄉情切，憑雁傳寄家音，如將雁射
落，其身上所捎家書定要失落，這樣，豈不愁殺那望眼欲穿的「遠人」。以深
情寄寓於物，十分感人。

懷吳中馮秀才〔1〕

　　長洲苑外草蕭蕭〔2〕，卻算遊程歲月遙。唯有別時今不忘，暮煙秋雨過楓
橋〔3〕。

【注釋】

〔1〕此詩收錄於《全唐詩》卷五百二十四杜牧集中；亦見於《全唐詩》卷五百十
　　一，云張祜作，題為《楓橋》，文字大體相同，小有出入。吳企明《唐音質疑
　　錄》認為此詩杜牧作。吳中：今江蘇吳縣，春秋時為吳國都，古亦稱吳中。

〔2〕長洲苑：在今江蘇蘇州市西南、太湖北。春秋時為吳王闔閭遊獵之處。蕭蕭：
　　花草樹木被風吹動的聲音。戰國屈原《九歌·河伯》：「風颯颯兮木蕭蕭，思公
　　子兮徒離憂。」唐杜甫《登高》：「無邊落木蕭蕭下，不盡長江滾滾來。」

〔3〕楓橋：舊稱封橋。位於今江蘇蘇州閶門西楓橋鎮東，橫跨於運河支流之上。
楓橋只是一座江南普通的月牙形單孔石拱橋，長 39.6 米，高 7 米，寬 4.2 米，
跨徑 10 米。始建於唐代，據推斷距今至少已有 1200 多年的歷史。明崇禎末
年、清乾隆三十五年都曾修繕過，現存的楓橋為清同治六年（1867）重建的。
據史料記載，古時這裡是水陸交通要道，設護糧卡，每當漕糧北運經此，就
封鎖河道，故名為「封橋」。因唐張繼《楓橋夜泊》詩而改名楓橋，歷代詩人
多所歌詠。宋范成大《吳郡志》卷一七：「楓橋在閶門外九里道傍，自古有名，
南北客經由未有不憩此橋而題詠者。」

【簡評】

這首詩，在寫法上十分別致。寫懷友，並不寫詩人內心的懷念情感，而是
側重於對與友人相別情景的追憶。首句寫詩人自己從前在吳中與馮秀才一道
遊賞古蹟的生活；次句寫相別以來，時間悠長，路途遙遠，引起下文「不忘」。
三四句正面寫相憶，值得回憶的事情很多，但有一個場面是難以忘懷的：傍晚
相別之時，疏雨瀟瀟，走過楓橋，送了一程又一程，戀戀不捨。相別的情景至
今不忘，那麼相聚的情景又怎能忘懷呢？

詩人以清潤的筆調，細緻而具體地描繪出離別之地的景色，把自己真摯深
沉的情感融化到自然的色彩中，使得詩味雋永，情意深長。這種借自然景色寫
離別之情的筆法，是王維山水詩（如《渭城曲》等）的繼承與發展。

寄東塔僧〔1〕

初月微明漏白煙，碧松梢外掛青天。西風〔2〕靜起傳深業，應送愁吟入夜
蟬。

【注釋】

〔1〕東塔：即鎮國塔，位於福建開元寺。
〔2〕西風：秋風。

【簡評】

此詩是寫給僧人朋友的。從內容看，此詩是吟僧人之憂，並為這位僧人
朋友分憂解愁。全詩寫得空靈含蓄，清幽淡遠，哀以朗出。尤其是詩人寄愁
手法十分巧妙。一是以畫面寫愁。詩人繪就了一幅清悠、淡泊而又蕭殺的畫
面：深山古剎，冷月當空，薄霧繚繞；森森碧松，青天籠罩；西風忽起，寒

蟬淒切。把一個「愁」字寫得意約筆豐，訴之不盡。二是以蟬喻人。全詩儼然是一幅秋蟬悲吟圖。但正是夜蟬發出的驚懼之鳴，更真切、更傳神地表達了詩人對友情的珍愛。試想，深秋時節，山林間水汽飄浮，入夜時分，西風起後，涼意陡添，水汽凝結為露水，露水沾濕蟬翼，秋蟬哀鳴墜地，甚至將在黎明到來前死去，聞者誰能不一步一步地感悟到詩人的愁腸百結，友情至深！三是造境慰人。「白煙」言水汽，「青天」言秋夜之朗闊，使空寂的佛境靜中有動，陡現生機；而「碧松梢外掛青天」，則更以一種迭進的層次，使人仰望蒼天，眼光不斷高遠，在全詩沉鬱的基調中，加入了明快的旋律，吐露出一絲清峻之氣，終於使人開脫通達。

秋　夕〔1〕

　　紅燭秋光冷畫屏〔2〕，輕羅小扇撲流螢〔3〕。瑤階夜色涼〔4〕如水，坐看牽牛織女星〔5〕。

【注釋】

〔1〕秋夕：秋天的夜晚。此詩王建《宮詞百首》八十八中亦收入。

〔2〕紅燭：紅色而精美的蠟燭。秋光：原指秋天的風光景物，此指秋天的月光。畫屏：在屏風上畫了山水畫，叫畫屏。唐代繪畫盛行，名家輩出，屏風上多繪風景名勝，往往入詩入詞。但唐詞中的畫屏，多指枕畔的小屏。

〔3〕輕羅小扇：輕巧的絲質團扇。唐唐彥謙《無題十首》：「夜合庭前花正開，輕羅小扇為誰裁。」流螢：隨意亂飛的螢火蟲。南朝齊謝朓《玉階怨》：「夕殿下珠簾，流螢飛復息。」

〔4〕瑤階：宮殿的臺階。夜色：夜光。涼：清涼。

〔5〕坐看：坐著朝天看。牽牛織女：兩個星座的名字，指牽牛星、織女星。俗稱牛郎織女星，二星隔銀河相對。古代神話謂織女、牽牛二星為夫婦，隔於天河，每年七月七日才得通過鵲橋一會。《文選·曹植·洛神賦》：「詠牽牛之獨處。」唐李善注引曹植《九詠注》：「牽牛為夫，織女為婦。織女牽牛之星各處河鼓之旁，七月七日，乃得一會。」以後逐漸形成牛郎織女七夕相會的民間故事。用為男女相親相愛之典。

【簡評】

　　這是一首典型的清婉平麗之作，通過初秋之夜身處皇宮深院的宮女百無聊賴的心理和動作，表現女性對愛情和幸福的執著追求與嚮往。

　　首句一個「冷」字，點出宮女的全部感受。紅燭、秋光映在夜色中的屏風上，一抹幽冷。「撲流螢」三字，最顯出宮女之失落無聊，亦是遭到冷遇所致。後二句寫宮女夜深人靜時仍不歸眠，枯坐於涼氣逼人的宮殿臺階，遙看牽牛織女一年一度的相會，淒怨之情不待明言而自現。一、三句寫景，把深宮秋夜的景物十分逼真地呈現在讀者眼前。「冷」字，形容詞當動詞用，很有氣氛。「涼如水」的比喻不僅有色感，而且有溫度感。二、四兩句寫宮女，含蓄蘊藉，很耐人尋味。牛郎織女遠隔著銀河，但畢竟還能一年一會；而自己卻永遠生活在寂寞之中。結句遠神，有限之中意蘊無盡，使全篇增色不少。

　　全詩語言樸實無華，清新流暢，刻畫心理細膩逼真，人物形象生動鮮明。文筆生動，使人如見其地、其人，甚至感到秋夜的涼氣。詩的音韻輕清玲瓏，也是很值得吟味的。詠內廷宮女，層層布景，絢麗如畫。月光清冷，斜映畫屏，紅袖玉女，扇撲流螢，宮階寒涼，牛女星輝。畫面美則美矣，然宮中寂寞之音見於弦外。宛如一幅宮人幽怨圖。全詩意脈深藏，極富含蓄蘊藉之致，使人賞玩不厭，讀後回味無窮。

　　撲蝶是古代文學女性描寫的一個傳統意象，含有情慾與情愛的意味。在宋以後的詩詞、戲曲、小說以及繪畫中，「撲蝶」是一個屢見不鮮的意象或場景。作家從不同角度抒寫撲蝶趣味，其中或隱或顯地都與相思之情相關，是這一意象的重要內涵。此外，還有一個類似的意象就是「撲螢」。杜牧《秋夕》中「輕羅小扇撲流螢。」其意境正與撲蝶相彷彿而更傷感淒涼。

瑤　瑟〔1〕

　　玉仙瑤瑟夜珊珊〔2〕，月過樓西桂燭〔3〕殘。風景人間〔4〕不如此，動搖〔5〕湘水徹明寒。

【注釋】

〔1〕玉仙：仙女，美女。唐劉兼《春夜》：「醉垂羅袂倚朱欄，小數玉仙歌未闌。」
　　瑤瑟：鑲嵌美玉的寶瑟；泛指精美貴重的樂器。瑟是古樂器，相傳為庖犧所作，原為五十弦，黃帝破為二十五弦；弦各有柱，可上下移動，以定聲的清濁高下。南北朝何遜《詠娼婦詩》：「羅幃雀釵影，寶瑟鳳雛聲。」唐陳子昂《春臺引》：「挾寶書與瑤瑟，芳蕙華而蘭靡。」

〔2〕珊珊：象聲詞，玉撞擊聲。此指瑟聲。《楚辭·遠遊》：「使湘靈鼓瑟兮，令海若舞馮夷。」唐羅鄴《落第書懷寄友人》：「且安懷抱莫惆悵，瑤瑟調高尊酒深。」

〔3〕桂燭：用桂膏製的燭，點時燃放香味；亦泛指燭。北周庾信《對燭賦》：「剌取
　　　燈花持桂燭，還卻燈檠下燭盤。」

〔4〕人間：塵世，凡世。對天上、仙境而言。

〔5〕動搖：波動，蕩漾。唐劉禹錫《酬樂天新酒見寄》：「動搖浮蟻香濃甚，裝束
　　　輕鴻意態生。」引申指情緒波動。唐元稹《西州院》：「悵望天回轉，動搖萬里
　　　情。」

【簡評】

　　貌美如玉的女子正在撥弄著寶瑟那精美的琴弦；夜深深，燃放著香味的桂
燭殘淚點點；瑟聲猶玉石撞擊，傳播的很遠很遠；猶如水波蕩漾，在明鏡般的
湘水上迴響。此情此景，真似仙境一般；難道是寂寞的湘水女神顯現？

　　這是一幅豔麗、絕美的仙女圖畫。仙境描寫，將人帶入縹緲的境界。與
「此曲只應天上有，人間能得幾回聞」（唐杜甫《贈花卿》）具有異曲同工之
妙。

　　其中以「玉」喻美女，晶瑩剔透，潤澤純潔，高雅尊貴，人所共賞。以玉
來喻女子是中國古詩文中的傳統，尤其是唐宋以來，形容女子像玉一樣美好的
詞語大量出現。詩中的玉仙，是夢想中的仙女，還是現實中鍾情的女子，那是
隱匿於詩人心中的答案。

送故人歸山

　　三清洞裏無端〔1〕別，又拂塵衣欲臥雲〔2〕。看著掛冠〔3〕迷處所，北山蘿
月在移文〔4〕。

【注釋】

〔1〕三清洞：指三清境；亦借指朝廷，唐大明宮內有三清殿。三清，道家認為人
　　　天兩界之外，別有三清。其說有二：一為四人天外之玉清、太清、上清，乃神
　　　仙居住之仙境；二為四人天外之大赤、禹餘、清微為三清境。無端：無意，無
　　　心。與通常「平白無故」義有別。

〔2〕臥雲：指隱居。

〔3〕掛冠：指辭官歸隱。《後漢書·逢萌傳》：「時王莽殺其子宇，萌謂友人曰：『三
　　　綱絕矣！不去，禍將及人。』即解冠掛東都城門，歸將家屬浮海，客於遼東。」
　　　後因稱辭官為掛冠。唐駱賓王《疇昔篇》：「掛冠裂冕已辭榮，南畝東皋事耕
　　　鑿。」

〔4〕北山：鍾山；喻指歸隱。唐崔曙《早發交崖山還太室作》：「吾亦從茲去，北山
　　歸草堂。」蘿月：蘿藤間的月色。移文：檄文，官府文書之一種。南齊孔稚珪
　　撰《北山移文》，文中諷刺隱士周顒（彥倫）貪圖祿位棄隱出仕。後因用作諷刺
　　隱士出仕之典。周顒與孔稚珪等初隱鍾山。周顒後應詔出任海鹽縣令，期滿進
　　京，再過鍾山。孔撰此文，假託山神之意，諷刺周違背前約，熱中利祿。中有
　　「秋桂遣風，春蘿罷月」之句。原文見《文選》。唐溫庭筠《寄裴生乞釣鉤》：
　　「一隨菱擢謁王侯，深愧移文負釣舟。」唐曹唐《三年冬大禮五首》：「今日病
　　身慚小隱，欲將泉石勒移文。」

【簡評】

　　送友人辭官歸隱。前兩句寫無心功名，辭官而去，而且超脫塵俗，隱居山
林。後兩句叮囑要潛心修行，莫再熱中利祿，棄隱出仕。表現了詩人對官場的
洞察及對淳樸率性生活的嚮往。

聞　角〔1〕

　　曉樓煙檻〔2〕出雲霄，景下林塘已寂寥〔3〕。城角為秋悲更遠，護霜雲破
〔4〕海天遙。

【注釋】

　〔1〕角：古代軍中的一種樂器；其音哀厲高亢。
　〔2〕煙檻：城樓的欄杆被霧氣籠罩著。
　〔3〕景下：城樓的影子下面。景，同「影。」林塘：樹林和池塘；樹木環繞的池塘。
　　　南朝梁劉孝綽《侍宴餞庾於陵應詔》：「是日青春獻，林塘多秀色。」寂寥：蕭
　　　條寂靜。
　〔4〕護霜：霜降。宋費袞《梁溪漫志·方言入詩》：「方言可以入詩，吳中以八月露
　　　下而雨謂之㴔露，九月霜降而云謂之護霜。」雲破：雲彩散去。

【簡評】

　　詩歌用誇張手法描寫城樓高聳，極力寫角聲嘹亮，連海天空曠處都聽得
見，讚頌了角聲的嘹亮與穿透力，而這聲音中，隱含著秋的淒涼，抒發了悲
秋情緒。「曉樓煙檻出雲霄」突出樓高，早晨太陽已經升起，欄杆卻依然雲
霧籠罩；形容樓高一般用「入」雲霄，這裡卻用了「出」，不同凡響。

押兵甲發谷口寄諸公〔1〕

曉潤青青〔2〕桂色孤，楚人隨玉上天衢〔3〕。水辭谷口山寒少，今日風頭校〔4〕暖無？

【注釋】

〔1〕谷口：古地名。又名寒門，故地在今陝西禮泉縣東北。《漢書‧郊祀志》：「所謂寒門者，谷口也。」注：「谷口，仲山之谷口也。漢時為縣，今呼之治縣是也。以仲山之北寒涼，故謂北谷為寒門也。」郭文鎬《〈樊川外集〉詩辨偽》認為此詩非杜牧詩。

〔2〕青青：墨綠色。

〔3〕楚人隨玉：指楚地的稀世珍寶隨侯珠與和氏璧。成語珠聯璧合即指此。和氏璧，用楚人卞和獻玉璞事。詳見《池州送孟遲先輩》詩注〔29〕。隨侯珠，傳說中的寶珠；也稱隋珠。詩中多喻指珍寶或才華出眾之士。也作詠報恩的典故。晉干寶《搜神記》：「隋縣溠水側，有斷蛇丘。隋侯出行，見大蛇被傷中斷，疑其靈異，使人以藥封之。蛇乃能走。因號其處斷蛇丘。歲餘，蛇銜明珠以報之。珠盈徑寸，純白，而夜有光明，如月之照，可以燭室。故謂之『隋侯珠』，亦曰『靈蛇珠』，又曰『明月珠』。」此事參見北魏酈道元《水經注‧溳水》及《淮南子‧覽冥訓》高誘注。天衢：天路，此指京師。

〔4〕校：即較。

【簡評】

押解兵甲的隊伍整裝出發，水流青青，浩浩蕩蕩，猶如楚地的稀世珍寶隨侯珠與和氏璧從天而降；辭別了谷口這寒涼之地，今日的天氣應該還不錯吧。全詩既有簡潔敘事，又有對旅途天氣的調侃，暗含對諸公的問候。

和令狐侍御賞蕙草〔1〕

尋常〔2〕詩思巧如春，又喜幽亭蕙草新。本是馨香比君子〔3〕，繞欄今更為何人？

【注釋】

〔1〕令狐：複姓。侍御：唐代對殿中侍御史及監察御史之稱呼。蕙草：香草名。

〔2〕尋常：經常，每每。唐陳羽《贈人》：「或棹孤舟或杖藜，尋常適意釣長溪。」

〔3〕馨香比君子：戰國屈原《離騷》多以香草比配忠貞君子，中有「又樹蕙之百畝」

句。馨（xīn）：香氣遠聞。

【簡評】

平日詩意盎然，今又值幽亭蕙草新翠，更逗情思。花草馨香可比君子，賞花之士更為何人？情同屈原香草美人之喻。以蕙草馨香自喻。

偶　題〔1〕

道在人間〔2〕或可傳，小還輕變已多年〔3〕。今來海上升高望〔4〕，不到蓬萊〔5〕不是仙。

【注釋】

〔1〕偶題：偶然寫成。多用作詩題。

〔2〕人間：塵世，凡世。對天上、仙境而言。

〔3〕小還：即太乙小還丹。以水銀、石硫黃等煉製百日而成，狀如石榴子。道教以為長生藥。參閱《太清石壁記》。唐張籍《贈辟穀者》：「學得餐霞法，逢人與小還。」唐項斯《題太白山隱者》：「從服小還後，自疑身解飛。」變：猶轉，回轉變化，指丹成。多年：謂歲月長久。

〔4〕今來：如今，現今。高望：登高眺望。

〔5〕蓬萊：蓬萊山，神話傳說中的東海神山。詳見《池州送孟遲先輩》詩注〔52〕。

【簡評】

這是詩人偶然寫成的一點感悟：成仙之道經久流傳，小還丹也是經多年煉製而成；如今在高處向海中眺望，只有仙人，才能真正到達縹緲中的仙境福地蓬萊島上。這裡，「到蓬萊」不一定「是仙」，「是仙」才是「到蓬萊」的充分條件。

三川驛伏覽座主舍人留題〔1〕

舊跡依然〔2〕已十秋，雪山當面照銀鉤〔3〕。懷恩淚盡霜天曉〔4〕，一片餘霞映驛樓〔5〕。

【注釋】

〔1〕三川：古郡名，郡治在今河南洛陽，因有伊、洛、河三川，故名。伏覽：恭敬地閱讀。伏，敬辭。座主：唐代進士稱其登第時禮部知貢舉者。舍人：指中書舍人，掌草詔書等。此詩稱「座主舍人」，則詩人之座主乃任中書舍人者。吳在

慶《杜牧疑偽詩考辨》認為此詩非杜牧之作。

〔2〕舊跡：指過去發生的事情。依然：彷彿，好像。唐徐鉉《送朱先輩尉盧陵》：「我
　　重朱夫子，依然見古人。」

〔3〕雪山：常年積雪的高山。當面：面對面，在面前。杜牧《商山富水驛》：「邪
　　佞每思當面唾，清貧長欠一杯錢。」銀鉤：此稱美書法作品筆姿遒勁。晉人索
　　靖論書法，以「婉若銀鉤，漂若驚鸞」形容草書。見《晉書·索靖傳》。唐杜
　　甫《陳拾遺故宅》：「到今素壁滑，灑翰銀鉤連。」唐白居易《寫新詩寄微之偶
　　題卷後》：「寫了吟看滿卷愁，淺紅箋紙小銀鉤。」

〔4〕懷恩：感念恩德。漢陳琳《檄吳將校部曲文》：「張魯逋竄，走入巴中。懷恩悔
　　過，委質還降。」霜天：指嚴寒的天空；氣溫低的天氣（多指晚秋或冬天）。

〔5〕一片：數量詞。用於呈片狀或連接成片的景物。唐王之渙《涼州詞》：「黃河遠
　　上白雲間，一片孤城萬仞山。」餘霞：殘霞。南朝齊謝朓《晚登三山還望京邑
　　詩》：「餘霞散成綺，澄江靜如練。」唐錢起《太子李舍人城東別業》：「片水明
　　斷岸，餘霞入古寺。」驛樓：驛站的樓房。唐張說《深渡驛》：「猿響寒巖樹，
　　螢飛古驛樓。」

【簡評】

　　睹物思人，往事匆匆彷彿已過十餘年；面對常年積雪的高山，欣賞著座主
舍人筆姿遒勁的題詩，感慨萬千；在這瑟瑟的秋日，感念座主的恩德，涕淚連
連；回念暢思，不知不覺一片晚霞斜射在驛樓之上。

　　開篇兩句，將「秋」的冷寂荒涼的特徵投射到淒涼寂寞的情緒上，語近俗
白卻使人深詠不盡。後兩句將詩人思念與感恩之情書之筆端。回憶、思念、敬
仰、感恩一一道來，表達詩人深深的情感。

陝州醉贈裴四同年〔1〕

　　淒風洛下同羈思〔2〕，遲日棠陰得醉歌〔3〕。自笑與君三歲別，頭銜依舊鬢
絲多〔4〕。

【注釋】

〔1〕此詩作於開成二年（837）春，杜牧由洛陽赴同州途經陝州時與裴素相逢。陝
　　州：州名。北魏時置，唐代常置節度、觀察、防禦諸使。州治在今河南三門峽。
　　裴四：即裴素。寶曆元年及進士第，大和二年與杜牧同登賢良方正、能直言極
　　諫科，故稱同年。裴素歷任司封員外郎、翰林學士、中書舍人，會昌中卒。事

蹟見《唐尚書省郎官石柱題名考》卷六。

〔2〕淒風：寒風。魏晉王粲《贈蔡子篤詩》：「烈烈冬日，肅肅淒風。」洛下：洛陽。
南朝梁劉令嫻《祭夫徐悱文》：「調逸許中，聲高洛下。」羈思：羈旅之思；客
居他鄉的愁思。南朝宋鮑照《紹古辭七首》：「紛紛羈思盈，慊慊夜弦促。」

〔3〕遲日：春天。《詩·豳風·七月》：「春日遲遲。」棠陰：棠樹的樹蔭。用召公甘
棠事。指官吏有善政遺愛。《詩·召南》有《甘棠》篇，相傳召公姬奭為西伯，
有善政，常息於甘棠之下以聽政事，詩人思之而愛其樹，遂作《甘棠》詩。陝
州為周、召分陝而治之地，故云。醉歌：醉酒高歌。

〔4〕頭銜依舊：杜牧和裴素時隔三年見面，仍在任監察御史，頭銜沒有改變。頭銜：
此處指官職。鬢絲：鬢髮白如蠶絲，形容年歲老大。

【簡評】

此詩借懷友之作，抒慨歎之思。今朝於洛下，淒風同遊歷；海棠樹蔭下，
飲酒醉復歌。與君別三歲，無為鬢絲多，自笑好男兒，仕宦誠坎坷。

詩人與同年裴素三年未見，本來相聚是歡快的事情，但卻看不到歡欣的
影子。美好的春風，也成了「淒風」。詩歌抒發了仕途不順利的感慨、羈旅他
鄉的愁緒和黑髮變白的悲涼之感。不久前，朝廷政變，官場動盪，二人或許
都有些許不安，這種情形下，二人聚會當沒有欣喜之色。杜牧前後兩次見裴
素時均為監察御史，故有「頭銜依舊鬢絲多」之句，內含抑鬱和不平。

破　鏡〔1〕

佳人失手〔2〕鏡初分，何日團圓再會君〔3〕？今朝萬里秋風起，山北山南
一片雲。

【注釋】

〔1〕破鏡：將銅鏡破為兩半。

〔2〕失手：不慎從手中墜落。

〔3〕「何日」句：南朝陳太子舍人徐德言，娶後主妹樂昌公主，時陳政衰敗，德言
知國破時兩人不能相保，因破鏡與妻各執一半，相約他年正月十五賣於都市。
及陳亡，妻果沒入楊素家。德言依期至京，見有家奴賣半鏡，因引至其居，出
半鏡合之。題詩曰：「鏡與人俱去，鏡歸人未歸。無復姮娥影，空留明月輝。」
樂昌得詩，悲泣不食。楊素知之，即召德言，還其妻。見唐孟棨《本事詩·情
感》。後以破鏡重圓比喻夫妻離散或離婚後重又團聚。元稹《古決絕詞》：「感

破鏡之分明，睹淚痕之餘血。」團圓：雙關語，以破鏡重圓喻指雙方相逢。

【簡評】

　　此詩感念友人各處一方，不得團圓。分別之日，「佳人」失手，圓鏡剖分，何日相會，實難可期。秋風四起，百感交集，山南山北，各作片雲。以佳人破鏡，喻朋友相離，以浮雲飄蕩，喻朋友不聚。團圓無望，秋景添愁。傳達出「初分」而望「再會」的心情。

　　中國古代的青銅器鑄造技藝精湛，歷代詠鏡詩也因之奇巧爭勝。詩歌雖都以銅鏡為意象，但其特徵內涵各有不同，所表達的思想感情也有所差異。詩人與「紅顏」分別，以鏡破為喻，寫友人天各一方，表達綿綿的相思之愁。唐白居易《以鏡贈別》：「人言似明月，我道勝明月。明月非不明，一年十二缺。豈如玉匣裏，如冰常澄澈。月破天暗時，圓明獨不歇。」以匣中鏡喻友情萬古長青。

長安雪後

　　秦陵漢苑參差〔1〕雪，北闕南山次第〔2〕春。車馬滿城原〔3〕上去，豈知惆悵〔4〕有閒人。

【注釋】

　〔1〕秦陵漢苑：秦王陵墓，漢代苑囿。此指長安一帶。漢苑：漢家園林苑囿，即上林苑。唐人言漢苑，借指曲江池一帶遊覽勝地。參見《題池州弄水亭》詩注〔29〕。參差：陸續。唐盧綸《送魏廣下第歸揚州》：「淮浪參差起，江帆次第來。」

　〔2〕闕：古代宮殿、祠廟和陵墓前的高建築物。次第：接連、連續之意。唐令狐楚《遊春詞》：「暖日晴雲知次第，東風不用更相催。」

　〔3〕原：指樂遊原，亦稱樂遊苑，為唐代長安遊賞勝地。故址在今陝西西安市郊，原為秦宜春苑。漢宣帝神爵三年修樂遊廟，因以為名。

　〔4〕惆悵：因失意而傷感、懊惱。《楚辭·宋玉·九辯》：「廓落兮羈旅而無友生，惆悵兮而私自憐。」唐盧照鄰《失群雁》：「惆悵驚思悲未已，裴回自憐中罔極。」

【簡評】

　　唐代長安，每年中和節（二月一日）、上巳節（三月三日）這些日子，城

裏的達官貴人都要乘著車馬到郊外的遊覽區去踏青遊春。此詩當作於初春時節。

　　此詩首句寫冬去景象；次句寫春來景象；三句寫達官貴人去樂遊原遊玩的場況；末句寫詩人的惆悵心情。高興地遊玩與滿心惆悵，二者形成強烈對比。春來景美，心情本應暢快，何故生惆悵之情？只因志不得展，才不見用也。以樂景寫哀情，惆悵更深一層。

華清宮〔1〕

　　零葉翻紅萬樹霜〔2〕，玉蓮開蕊暖泉香〔3〕。行雲不下朝元閣〔4〕，一曲淋鈴〔5〕淚數行。

【注釋】

〔1〕華清宮：唐玄宗時期在驪山擴建的宮殿，天寶十五載（756）毀於安史之亂的兵火。參見《華清宮三十韻》詩注〔1〕。

〔2〕零葉：凋零的葉子。翻紅：變紅。霜：經霜。

〔3〕「玉蓮」句：華清宮溫泉池用文瑤寶石砌壁，中央有玉蓮花，湯泉噴以成池。五代王仁裕《開元天寶遺事·錦雁》：「奉御湯中以文瑤密石，中央有玉蓮，湯泉湧以成池。又縫錦繡為鳧雁於水中，帝與貴妃施釵鏤小舟，戲玩於其間。」

〔4〕行雲：行蹤不定的雲彩。此處暗指楊貴妃。此借用楚王夢見巫山神女事。詳見《潤州二首》詩注〔10〕。不下：不來。朝元閣：華清宮的一處宮殿。傳說天寶七載（748），太上玄元皇帝（即老子）降臨朝元閣，與玄宗交談，因此改名降聖閣。

〔5〕淋鈴：唐代的教坊曲《雨霖鈴》。據說楊貴妃在馬嵬坡被賜死後，唐玄宗逃到蜀地，在山谷中遇到大雨，路過棧道時又聽見鈴聲在山谷間迴響，深悼楊貴妃，有感而作《雨霖鈴》曲，寄託心中的無限思念與哀愁。《明皇雜錄》：「明皇既幸蜀，西南行，初入斜谷，屬霖雨涉旬，於棧道雨中聞鈴，音與山相應。上既悼念貴妃，採其聲為《雨霖鈴》曲，以寄恨焉。」

【簡評】

　　這是一首懷古詠史詩篇。詩人憑弔華清宮，只見秋葉染霜，溫泉如故，可是哪裏有唐玄宗與楊貴妃的影子？詩人想像逃亡蜀川的唐明皇失去楊貴妃之後，雨中傷感，淚流不止。詩歌流露出對於荒淫誤國的唐玄宗的譏諷。

冬日題智門寺北樓

滿懷多少是恩酬，未見功名已白頭。不為尋山試筋力〔1〕，豈能寒上背雲樓。

【注釋】

〔1〕筋力：體力；精力。唐杜荀鶴《傷硤石縣病叟》：「無子無孫一病翁，將何筋力事耕農。」唐劉禹錫《秋日書懷寄白賓客》：「興情逢酒在，筋力上樓知。」

【簡評】

冬日大雪初霽，天寒地凍，詩人遊覽智門寺並在其北門題詩。詩人感歎自己宦海沉浮，蹉跎半生，借措辭含蓄的詩句，來發洩內心抑鬱感傷的情懷，撫今追昔，令人不勝感慨。

詩人登高望遠，心中感慨萬端，從自己情懷寫起。「滿懷」二句寫平昔親友之恩，日夜思以為國家建功立業來相酬報；可是時光飛逝，功業抱負不能實現，髮鬢斑白志向難於施展。詩人心中的煩惱，又有幾人知曉？接下來轉到正題，寫出登樓感想。報恩之情依然滿懷，心中依然期待可以償此夙願。因而想尋此登山機會，試一試自己的筋力，見出其積極向上之情。詩人雖不達，然精神亦不萎靡，誠可欽佩。

宋代詞人辛棄疾《鷓鴣天·鵝湖歸病起作》云：「不知筋力衰多少，但覺新來懶上樓。」從此詩中得到啟迪，激發了創作靈感。

別王十後遣京使累路附書〔1〕

重關曉度宿雲〔2〕寒，羸〔3〕馬緣知步步難。此信的應中路〔4〕見，亂山〔5〕何處拆書看？

【注釋】

〔1〕累路：沿途。
〔2〕宿雲：昨夜之雲。
〔3〕羸：瘦弱。
〔4〕的（dí）應：的確應該。中路：途中，半路。
〔5〕亂山：雜亂的群山中。

【簡評】

《後池泛舟送王十》說，暮色降臨，池邊蒼茫的天底下，修竹隱約可見，

池水清寒，氣氛淒涼。此時為朋友送別，只有盡觴為快，見出情意之重，較尋常更加一倍。

《重送王十》寫送別之時，立馬相看，面對無言，始知離思之難，大有「相見時難別亦難」（李商隱《無題》）之趣。客行如雁飛，不見行塵，空目極望，山回路轉，亦得「孤帆遠影碧空盡，唯見長江天際流」（李白《黃鶴樓送孟浩然之廣陵》）之精髓，更近「山回路轉不見君，雪上空留馬行處」（岑參《白雪歌送武判官歸京》）詩句之妙。

如果說前兩首表現了詩人友情深厚，那麼，《別王十後遣京使累路附書》感情更為真摯：友人別後，寫詩遣使追寄。通篇設想，說朋友曉度重關，夜間露宿於寒雲之下，騎著羸馬趕路，步步艱難，收到這簡短的書札，你也只走在半路，不知會趕在亂山何處來看它呢？大有「逼真天趣」（黃周星《唐詩快》卷十六）之妙。通篇作設想，對友人之關懷見於言外。

這三首詩，一寫行前餞別，二寫分別之時，三為別後追贈。雖非一時所為，然諧和一體。層層推進，深見作者對友人關懷之情感。

三首之中皆用「寒」字，用法別致，用意相同。「青蒼竹外繞寒波」「景下山遙極目寒」「重關曉度宿雲寒」。與友分別，以一「寒」字，不僅寫景，重在抒情，描述當時悽楚心境。

許秀才至，辱李蘄州絕句，問斷酒之情，因寄〔1〕

有客南來話所思，故人遙枉〔2〕醉中詩。暫因微疾須防酒，不是歡情減舊時。

【注釋】

〔1〕本詩約作於開成三年至五年（838～840）期間。李蘄州：即李播。字子烈。元和時登進士第。曾任大理評事，累遷金部員外郎、郎中分司。開成三年春，調任蘄州刺史。會昌初，入朝馬尚書比部郎中，後為杭州刺史。事蹟見杜牧《杭州新造南亭子記》《唐詩紀事》卷四七等。辱：謙辭，表示承蒙之意。斷酒：戒酒。

〔2〕枉：副詞，徒然；表示費心之意。

【簡評】

朋友造訪，一種真摯情意的表達。沒有客套，只聊生活瑣事，是否已經戒酒。詩人的回覆是蠻有意思。客人遠道而來，思念之情溢於言表；老朋友遠在

他鄉還費心地惦記著我醉酒作詩的情景。進而筆鋒一轉，正面回覆道：近來因有小病注意了少飲些酒，一般情況下比舊時減少了許多。這裡，詩人既表達了對朋友問候的感謝，又如實回覆了朋友的關注。其中「不是歡情減舊時」耐人尋味，言外之意，在心情愉快的時候，還是會開懷暢飲不休。語言平直，如敘家常，卻饒有趣味。

送張判官歸兼謁鄂州大夫〔1〕

　　處士聞名早，遊秦〔2〕獻疏回。腹中書萬卷〔3〕，身外酒千杯。江雨春波闊，園林客夢催。今君拜旌戟〔4〕，凜凜近霜臺〔5〕。

【注釋】

〔1〕判官：官名。參見《自宣州赴官入京，路逢裴坦判官歸宣州，因題贈》詩注〔1〕。鄂州：州治在今湖北武昌。大夫：指御史大夫，此為鄂岳觀察使所帶憲銜。鄂州大夫，當指崔郾，參見杜牧《禮部尚書崔公行狀》。

〔2〕秦：此指長安。陝西關中一帶是戰國時期秦國的發源地，稱為秦地。

〔3〕「腹中」句：《世說新語》下卷之下：「郝隆七月七日出日中仰臥，人問其故。答曰：我曬書。」

〔4〕拜旌戟：指拜見擁有雙旌雙節之觀察使。旌戟，指出行時持棨戟為前列。此處代指鄂州大夫。

〔5〕凜凜：此處形容御史大夫之嚴威。霜臺：指御史臺。此鄂州大夫乃兼御史大夫銜，故謂「近霜臺」。

【簡評】

　　此為送行詩，既有對過往功績的讚譽，又有對前途功名的祝願。

　　「腹中書萬卷，身外酒千杯。」前句贊人博學多識，讀書萬卷，後句譽人酒興豪爽，能飲千杯。描繪了能詩善飲的唐人形象。就唐朝的時代民族精神而言，樂觀、自信、自強是主流，雄壯、濃烈的美酒，正與唐帝國形象相得益彰。唐代民間的豪飲之風，代表一個民族的精神面貌和心理特徵。這是盛世太平時民眾自豪的歡娛。唐人嗜酒，詩人們尤其如此，可以說他們根本離不開酒，酒已經成為他們進行創作的基本條件。詩有酒意，酒有詩情，竟讓唐朝成為中國詩歌之峰巔時代。

宿長慶寺

南行步步遠浮塵〔1〕，更近青山昨夜鄰。高鐸〔2〕數聲秋撼玉，霽河千里曉橫銀〔3〕。紅蕖〔4〕影落前池淨，綠稻香來野徑頻。終日官閒無一事，不妨〔5〕長醉是遊人。

【注釋】

〔1〕浮塵：指塵世喧擾之處。

〔2〕鐸：指寺塔之風鈴。

〔3〕霽河：明河。指銀河。橫銀：橫置的銀河。

〔4〕紅蕖：即芙蓉，荷花。唐陳陶《豫章江樓望西山有懷》：「終日章江催白鬢，何年丹灶見紅蕖。」

〔5〕不妨：不覺。唐杜荀鶴《白髮吟》：「一莖兩莖初似絲，不妨驚度少年時。」

【簡評】

唐代是佛教發展的鼎盛時期，而寺廟作為佛教的標誌建築，從事佛事活動的場所，其數量亦隨著佛教的發展日益龐大。由於當時的寺廟藏書豐贍、經濟發達、環境清幽，加之詩人遊覽等日常活動的需要，大量詩人寄宿其間。寺廟優越的文化、經濟等氛圍激發了詩人的詩歌創作，唐代詩人寺廟寄宿詩的主要題材包括寫景、佛理、懷思等類型。

詩人與寺廟的關係相輔相成。寺廟為詩人提供了一個身心得以休憩的港灣，使詩人在物質上得到關照，精神上獲得慰藉；同時，大量詩人寄宿於寺廟，偶有興懷，作詩屬文，其文學創作活動提高了寺廟的知名度，增添了寺廟的文化氛圍。

寺廟清幽的自然環境，吸引著很多文人寄宿寺廟，讀書修業，修身養性。此詩「高鐸」四句寫出了唐時寺廟的清幽諧美，婉轉有致。

望少華〔1〕三首

身隨白日〔2〕看將老，心與青雲自有期〔3〕。今對晴峰無十里，世緣多累〔4〕暗生悲。

文字〔5〕波中去不還，物情初與是非閒〔6〕。時名竟是無端〔7〕事，羞對靈山〔8〕道愛山。

眼看雲鶴〔9〕不相隨，何況塵中事作為。好伴羽人〔10〕深洞去，月前秋聽玉參差〔11〕。

【注釋】

〔1〕少華：山名，位於今陝西省華縣東南。少華山以其險絕高峻，為古代眾多文人讚歎不已。在古代地理書《山海經》《水經注》《元和郡縣志》中均有記載，自古以來就是關中名山。少華山不僅是中國道教名山，而且是西嶽華山的姊妹山，自古並稱「二華」。

〔2〕白日：光陰。唐白居易《浩歌行》：「既無長繩繫白日，又無大藥駐朱顏。」

〔3〕青雲：高空的雲彩。戰國屈原《遠遊》：「涉青雲以泛濫兮，忽臨睨夫舊鄉。」這裡比喻隱逸自由的生活。期：約定，會合。

〔4〕世緣：佛教以因緣解釋人事，因稱人世間的事為世緣。唐錢起《過桐柏山》：「投策謝歸途，世緣從此遣。」累：連續，堆積。

〔5〕文字：公文，案牘。宋范仲淹《耀州謝上表》：「今後賊界差人齎到文字，如依前偽僭，立便發遣出界，不得收接。」

〔6〕物情：事物的道理，人情。閒：阻隔不通；毫無關係之意。

〔7〕時名：當時的名聲。唐韓愈《舉錢徽自代狀》：「可以專刑憲之司，參輕重之議，況時名年輩俱在臣前，擢以代臣，必允眾望。」無端：沒來由；沒有終結。

〔8〕靈山：福地仙山；此指少華山。

〔9〕雲鶴：比喻隱居高潔的人。唐盧肇《將歸宜春留題新安館》：「天外鴛鸞愁不見，山中雲鶴喜相忘。」

〔10〕羽人：神話中有羽翼的仙人。傳說羽人之國有不死的人，得道後全身長滿羽毛，昇天而去。道士迷信，求飛昇成仙，因稱道士為羽人。《楚辭·屈原·遠遊》：「仍羽人於丹丘兮，留不死之舊鄉。」王逸注：「《山海經》言有羽人之國，不死之民，或曰人得道，身生毛羽也。」一說仙人穿羽衣，故稱羽人。《拾遺記》卷二《周》：昭王「晝而假寐。忽夢白雲翕蔚而起，有人衣服並皆毛羽，因名羽人。王夢中與語，問以上仙之術。」唐李中《竹》：「閒約羽人同賞處，安排棋局就清涼。」

〔11〕玉參差：玉簫。參差：洞簫，即沒有封底的排簫，又名笙。相傳是舜發明的，像鳳凰的羽翼那樣參差不齊。戰國屈原《九歌·湘君》：「望夫君兮未來，吹參差兮誰思？」唐皎然《同李中丞洪水亭夜集》：「佳人但莫吹參差，正憐月色生酒厄。」參閱漢應劭《風俗通·聲音·簫》、唐段安節《樂府雜錄·笙》。

【簡評】

這是一組詠懷詩。詩人遠望道教名山少華山，流露出世事日非的感慨，以

為功名利祿都是身外物，從而參透紅塵，產生了歸隱的念頭。「世緣多累暗生悲」「羞對靈山道愛山」，寫詩人面對少華山，深感沾染人世間塵埃，心生悔恨與愧疚之情。

「身隨白日看將老，心與青雲自有期。」此句將青雲賦予了生命，彷彿與詩人心心相印，暗含著詩人寄情山水，嚮往自由、任憑宦海沉浮的自嘲與自解。

登澧州驛樓寄京兆韋尹〔1〕

一話涔陽〔2〕舊使君，郡人回首望青雲〔3〕。政聲長與江聲在，自到津樓日夜聞。

【注釋】

〔1〕繆鉞《杜牧年譜》繫此詩於大和元年（827）杜牧遊涔陽（澧州）作。胡可先《杜牧詩文真偽考》認為非杜牧詩。張金海《樊川詩真偽補考》認為此詩必是他人作品誤入杜集。詩題原注：「尹曾典此郡」。

〔2〕涔陽：澧州洲渚名。此代指澧州。

〔3〕青雲：喻官位顯赫者。此指京兆韋尹。《史記·范睢傳》：「須賈頓首言死罪，曰：『賈不意君能自致於青雲之上。』」

【簡評】

此詩詠賢吏。登澧州驛樓，想起韋尹典此郡時之政績，故寄詩讚之。

提起涔陽的舊使君，全郡的人回首往事，如望青雲。韋尹的政績與江流水聲同在，我自從來此，如同樓外的江水之聲，日夜聽聞。極言韋尹政績卓著。以江聲喻其政績，亦頗新穎。

長安晴望

翠屏山對鳳城〔1〕開，碧落搖光霽〔2〕後來。回識六龍〔3〕巡幸處，飛煙閒繞望春臺〔4〕。

【注釋】

〔1〕翠屏山：指蒼翠陡峭之山峰。鳳城：指長安城。據傳秦穆公之女弄玉吹簫引鳳，鳳凰降於京城，因稱丹鳳城，後因稱京城為鳳城。

〔2〕碧落：天空。搖光：謂光芒閃動。霽：雨雪止、雲霧散為霽。

〔3〕六龍：古制，天子車駕六馬，馬八尺以上稱龍。故稱皇帝車駕為六龍。此代指
　　　皇帝。《尚書·夏書·五子之歌》：「予臨兆民，懍乎若朽索之馭六馬。」《周禮·
　　　夏官·庾人》：「馬八尺以上為龍，七尺以上為騋，六尺以上為馬。」唐韋莊《北
　　　原閒眺》：「五鳳灰殘金翠滅，六龍游去市朝空。」

〔4〕望春臺：疑在望春宮中。望春宮，故址在今陝西西安市東。隋開皇中建，大業
　　　初改為長樂宮。唐復曰望春宮。《新唐書·地理志》萬年縣：「有南望春宮，臨
　　　滻水，西岸有北望春宮，宮東有廣運潭。」唐齊己《早梅》：「明年如應律，先
　　　發望春臺。」

【簡評】

　　這是詩人登眺覽勝對長安城的描述，即使今天人們走在城牆邊，彷彿依
稀能聽到歷史的回聲。翠屏山對著鳳城方向開著，天上的光芒閃動風雪已經
停歇。再看皇帝巡幸之處，太陽已經出來了，雲霧繚繞在望春臺上空。

歲日朝回口號〔1〕

　　星河猶在整朝衣〔2〕，遠望天門再拜〔3〕歸。笑向春風初五十，敢言知命且
知非〔4〕。

【注釋】

〔1〕此詩作於大中六年（852）春正月，杜牧時年50歲，任中書舍人。歲日：元旦，
　　　舊曆大年初一。朝回：古代新年伊始，百官要穿著朝服去宮中朝拜慶賀。口號：
　　　唐詩中的一種詩體，是隨口行吟而作的意思，類似於口占（作詩不起草）。形式
　　　上可以是五律、七律，也可以是五絕、七絕。如李白《口號贈盧徵君》、杜甫《晚
　　　行口號》。口號的用法始見於南朝梁簡文帝蕭綱《仰和衛尉新渝侯巡城口號》。
　　　後來被詩人普遍沿用。

〔2〕星河：天河，銀河。朝衣：上朝穿的衣服，官服。

〔3〕天門：指長安皇宮的宮門。再拜：拜兩次。

〔4〕知命：懂得天命。天命指天意。《易經·繫辭》：「旁行而不流，樂天知命，故
　　　不憂。」《論語·為政》：「子曰：『吾十有五而志於學。三十而立，四十而不
　　　惑，五十而知天命。」唐顧況《酬信州劉侍郎兄》：「劉兄本知命，屈伸不介
　　　懷。」知非：即蘧瑗知非。春秋時，衛大夫蘧瑗字伯玉，五十歲的時候知道了
　　　自己前四十九年的過失。參見《淮南子·原道訓》《莊子·則陽》。後用作喻人
　　　生貴能因時達變，不斷悔過遷善，有所覺悟。後來就用「知命」「知非」稱五

十歲。唐詩中多見於抒情感慨之作。唐白居易《自詠》:「誠知此事非,又過知非年。」

【簡評】

元旦之日,上朝歸來,口吟一絕,中含感慨。星河猶在之時,既整朝衣,上朝歸來,遠望天門,心中再拜。笑迎春風,已度五十個春秋,現在到了知命之年,亦敢說對於世間曲直是非,也深有體驗了。

詩歌以輕鬆愉快的筆觸,抒發了早朝歸來的喜悅,自嘲經過磨煉,知道了命運的安排,世事的是與非原則。前兩句點明早朝歸來時間尚早,抒發了自己對朝廷的敬意;後兩句直接抒寫自己感受,也表明作為大臣,已經超脫了俗務干擾的境地,可見詩人對朝中複雜的關係與事情已經了然於胸。

驫驫駿〔1〕

瑤池〔2〕罷遊宴,良樂委塵沙〔3〕。遭遇不遭遇〔4〕,鹽車與鼓車〔5〕。

【注釋】

〔1〕驫驫駿:駿馬名。

〔2〕瑤池:神話中神仙所居之處。《穆天子傳》卷三:「乙丑,天子觴西王母於瑤池之上,西王母為天子謠。」

〔3〕良樂:指王良、伯樂,兩人為古代善駕馭馬、相馬者。委,委棄。《呂氏春秋·觀表》:「古之善相馬者……若趙之王良,秦之伯樂九方堙,尤盡其妙矣。」三國魏曹植《求自試表》:「臣聞騏驥長鳴,伯樂昭其能。」伯樂,春秋秦穆公時人,姓孫,名陽,以善相馬著稱。他認為一般的良馬「可形容筋骨相」;相天下絕倫的千里馬,則必須「得其精而忘其粗,在其內而忘其外。」見《列子·說符》。《淮南子·覽冥訓》:「昔者王良,造父之御也;上車攝轡,馬為整齊而斂諧,投足調均,勞逸若一。」

〔4〕遭遇:知遇,指得到賞識或重用。《史記·淮陰侯列傳》:「百里奚居虞而虞亡,在秦而秦霸,非愚於虞而智於秦也,用與不用,聽與不聽也。」

〔5〕「鹽車」句:鹽車,運鹽之車。此指賢才而屈居賤役。戰國時,汗明受到春申君的賞識,他以良馬拉鹽車遇到伯樂相比。《戰國策·楚策四》:「夫驥之齒至矣,服鹽車而上太行。蹄申膝折,尾湛胕潰,漉汁灑地,白汗交流,中阪遷延,負轅不能上。伯樂遭之,下車攀轅而哭之,解紵衣以冪之。驥於是俯而噴,仰而鳴,聲達於天,若出金石者,何也?彼見伯樂之知己也。」唐殷堯藩《暮春述

《懷》：「此時若遇孫陽顧，肯服鹽車不受鞭。」鼓車，載鼓之車。東漢時，外國
進獻千里名馬，光武帝「詔以馬駕鼓車，劍賜騎士。」事見《後漢書·循吏列
傳序》。

【簡評】

驊騮是古代千里馬，此處詩人自謂，言自己的遭遇正如那委身在鹽車堆
裏，遇不到伯樂的千里馬一樣，空有一身才學卻無人知賞，毫無用武之地。
充分表現出對政治現實的不滿和懷才不遇的悲歎。然機遇與挑戰並存，不僅
需要有虛懷若谷、求才若渴的「伯樂」，更需要有勇於擔當、積極向上的「千
里馬」。只有二者兼備，才會成就事業。

左思《詠史》有「馮公豈不偉，白首不見招」的慨歎，王勃《滕王閣序》
有「馮唐易老，李廣難封」的感慨，蘇軾《江城子·密州出獵》更是以「持節
雲中，何日遣馮唐」自喻，他們借他人之酒杯，澆自己之塊壘。翻開歷史，如
馮唐、李廣身負雄才，卻難遂志願者，車載斗量，正如古人所言：「千里馬常
有，而伯樂不常有」。

百里奚出遊列國求仕經歷，司馬遷一語道出其中奧妙，人才不僅在於發
現，還在於使用，而用與不用又恰在於用人者之明與不明。倘若不量才而用，
視寶玉為瓦礫，人才與庸才又有何區別？韓信有大將之才，後來跟隨漢王，多
次主動與蕭何交談，始有「蕭何月下追韓信」的美談，並獲得蕭何力薦！其中
離不開毛遂自薦的自信和審時度勢的智慧。這裡道出了人才的尷尬，世上不知
有幾多英雄因無人賞識成為了庸才。毛遂若不自薦，如錐處囊中，又何以脫穎
而出？

龍邱途中〔1〕二首

漢苑〔2〕殘花別，吳江〔3〕盛夏來。唯看萬樹合，不見一枝開。

水色饒〔4〕湘浦，灘聲怯建溪〔5〕。淚流回月上，可得更猿啼〔6〕。

【注釋】

〔1〕龍邱：縣名，屬衢州信安郡，即今浙江衢縣東北龍游鎮。《全唐詩》卷五二四校：
　　「一作李商隱詩。」張金海《樊川詩真偽補考》認為此詩既非杜牧作，亦非出
　　於李商隱之手。

〔2〕漢苑：漢代苑囿。此代指唐京城長安。

〔3〕吳江：即吳淞江。由長江赴浙東經此。《太平寰宇記》卷九一吳江縣：吳江「本

名松江，又名松陵，又名笠澤。其江出太湖，二源：一江東五十八里入小湖，一江東二百六十里入大海。」《方輿紀要》卷二四吳江縣：吳江「在縣東門外，即長橋下分太湖之流而東出者。」

〔4〕饒：讓。唐鄭谷《梅》：「素艷照尊桃莫比，孤香黏袖李須饒。」

〔5〕建溪：水名，即閩江上游。閩江，中國福建省最大獨流入海（東海）河流。發源於福建、江西交界的建寧縣均口鎮。建溪、富屯溪、沙溪三大主要支流在南平延平區附近匯合後稱閩江。

〔6〕猿啼：猿猴淒清的叫聲。三峽兩岸連山，猿猴長嘯，空谷傳響，久而不絕。詩作中常借助猿啼表達悲切的情懷。唐孟郊《巫山曲》：「目極魂斷望不見，猿啼三聲淚滴衣。」

【簡評】

　　暮春離別京城，赴遠方之任，只見樹木，不見花開；水色深深廣闊無際，灘聲陣陣令人膽寒；遙遠的南國，幽美的景致全然不見，唯聞猿聲哀鳴，面對明月使人不禁淚流滿面。詩人路途中心情悲淒的感受跳出字裏行間。

宮人冢〔1〕

　　盡是離宮〔2〕院中女，苑牆城外冢累累〔3〕。少年入內〔4〕教歌舞，不識君王到老時。

【注釋】

〔1〕宮人冢：也稱「宮人斜」「內人斜」，專屬埋葬宮女的地方。秦朝時埋葬宮女的地方就在都城咸陽的舊城牆內，唐代也埋在宮城附近。

〔2〕離宮：行宮，供帝王臨時出巡居住的宮室。《史記·劉敬叔孫通列傳》：「孝惠帝曾春出游離宮。」

〔3〕苑牆：宮牆。累累：連綿不斷。

〔4〕入內：進宮。

【簡評】

　　這是一首宮怨詩，抒寫了宮女不受重視的淒苦與悲涼，傷悼宮女至死不被見幸。

　　苑牆城外，墳冢累累，都是離宮待幸之女。可憐這些妙齡女子，從小入宮，教習歌舞，以待來年君王之幸，然而至死未識君顏。悲乎！前兩句寫人

數眾多，墳丘累累。後兩句概括她們悲慘的一生，年少時送入宮中，或許是一種榮幸，可是在宮中竟然一輩子也沒有見過君王。這真是人生的悲劇，也隱然包含著對君王的批判。而宮女一輩子的唯一願望就是見到君王，真是凄然、悲憤而無奈。

寄浙西李判官〔1〕

　　燕臺上客意何如〔2〕？四五年來漸漸疏。直道〔3〕莫拋男子業，遭時〔4〕還與故人書。青雲滿眼應驕〔5〕我，白髮渾頭少恨渠〔6〕。唯念賢哉崔大讓〔7〕，可憐無事不歌魚〔8〕。

【注釋】

〔1〕浙西：指浙西觀察使幕，治所在潤州（今江蘇鎮江）。判官：官名。參見《自宣州赴官入京，路逢裴坦判官歸宣州，因題贈》詩注〔1〕。

〔2〕燕臺：戰國時期燕昭王為招納賢士所築的黃金臺，後來代指幕府。詳見《池州送孟遲先輩》詩注〔3〕。唐李商隱《梓州罷吟寄同舍》：「長吟遠下燕臺去，惟有衣香染未銷。」上客：尊貴的客人；上等的門客。對他人的敬稱。何如：如何，怎麼樣。

〔3〕直道：正確的道理。唐呂岩《促拍滿路花》：「是非海裏，直道作人難。」

〔4〕遭時：指遇到好時機，意謂春風得意時。

〔5〕青雲：指官高位顯。詳見《登灃州驛樓寄京兆韋尹》詩注〔3〕。驕：傲氣自滿，自高自大。

〔6〕渾頭：滿頭。渠：它。

〔7〕賢哉：品質高尚。《論語·雍也》：「子曰：『賢哉回也，一簞食，一瓢飲，在陋巷，人不堪其憂，回也不改其樂。賢哉回也。』」崔大讓：名不詳，待考。

〔8〕無事不歌魚：無事可做也不抱怨。歌魚，謂嗟歎不被知遇。戰國時期，馮諼前去投靠孟嘗君，孟嘗君問他有什麼才能，馮諼為了試探孟嘗君的胸懷，說沒有才能，孟嘗君笑笑，還是接納了他。孟嘗君的手下人因此瞧不起馮諼，按下等門客對待他，給他粗劣的飲食。馮諼於是彈著手中的長劍，唱道：「長鋏歸來兮，食無魚。」以此發洩不滿。孟嘗君聽到了，叫人給他魚吃。後來馮諼又要求出門坐車，孟嘗君也滿足了他。由此馮諼瞭解了孟嘗君的為人，發揮才幹，為孟嘗君的政治事業立下了不少功勞，留下「狡兔三窟」等著名歷史典故。事見《戰國策·齊策四》。

【簡評】

詩人運用典故、對比手法，抒發了自己的鬱鬱不得志，讚頌了友人的功業、為人。人世間通常是功成名就遠離舊交，而這位判官雖然春風得意，依然不忘老友，時不時來封信問候一下情況。「遭時」說明仕途順利，從「還與故人書」這件小事上看，判官不是「勢利眼」。所以杜牧收到他的信後很感動，立馬寫了這首詩寄了過去。

寄杜子二首

不識長楊事北胡〔1〕，且教紅袖〔2〕醉來扶。狂風烈焰雖千尺，豁得平生俊氣〔3〕無。

武牢關〔4〕吏應相笑，個底〔5〕年年往復來？若問使君何處去，為言〔6〕相憶首長回。

【注釋】

〔1〕長楊：秦漢時的宮殿，是皇家的遊獵之所。漢成帝為了向胡人顯示中國野獸種類之多，讓人捕捉很多野獸，放到長楊宮的射熊館裏，讓胡人自己去選捉。北胡：北方邊地的少數民族。揚雄作《長楊賦》以諷。事見《漢書·揚雄傳》。參見《杜秋娘詩》注〔34〕。

〔2〕紅袖：女子的紅色衣袖，代指美人。

〔3〕豁：敞開，顯露。俊氣：俊爽豪放之氣概。

〔4〕武牢關：原名虎牢關，因西周時期周穆王在這裡圈養老虎而得名，唐代時避唐高祖李淵的祖父李虎的名諱改稱武牢關。此處臨近汜水，因此又稱汜水關。位置在洛陽以東，今河南滎陽境內，因山嶺縱橫，自成天險，歷來是兵家必爭之地。

〔5〕個底：為何，為什麼。

〔6〕為言：猶言為之言，就說、轉告的意思。一般用於句首。

【簡評】

這是一組寄給杜姓友人的詩。首篇諷刺某位二人都熟悉的人的豪橫與倚紅偎翠，好鋼用不到刀刃上，並非真正英雄俊傑。首句點明少數民族已經入侵，而他卻縱歌行酒。「狂風」二句，提出一種俊傑標準，雖然叱吒風雲，不發揮作用，也是徒然。第二首詩寫某位長官的舊部下年年前去拜訪，從語意上看，這位長官似乎已經受到冷落或者備受爭議。

盧秀才將出王屋，高步名場，江南相逢贈別〔1〕

王屋山人有古文〔2〕，欲攀青桂弄氛氳〔3〕。將攜健筆〔4〕干明主，莫向仙壇問白雲〔5〕。馳逐寧教〔6〕爭處讓，是非偏忌眾中分。交遊話我憑君道，除卻鱸魚〔7〕更不聞。

【注釋】

〔1〕盧秀才：盧霈，字子中，范陽（今北京）人。開成三年赴進士試，次年客遊代州，南歸為盜所殺。事見《樊川文集·唐故范陽盧秀才墓誌》。王屋：山名。在今山西陽城、垣曲兩縣間。郭文鎬《〈樊川外集〉詩辨偽》認為此詩非杜牧作。

〔2〕古文：泛指古代文章典籍。

〔3〕青桂：指進士及第。詳見《洛下送張曼容赴上黨召》詩注〔5〕。氛氳：雲氣盛貌。

〔4〕健筆：筆力矯健，指長於寫作。唐杜甫《戲為六絕句》：「庾信文章老更成，凌雲健筆意縱橫。」

〔5〕仙壇：猶仙界。仙人居處。白雲：《莊子·天地》：「千歲厭世，去而上仙，乘彼白雲，遊於帝鄉。」後因以白雲鄉指仙鄉。孟浩然《越中逢天台太乙子》：「往來赤城中，逍遙白雲外。」

〔6〕馳逐：指科場競爭奔走。寧教：怎教，怎使。

〔7〕交遊：朋友。鱸魚：一種肉細味美的魚，盛產於蘇州一帶。晉人張翰，因思家鄉以鱸魚作的膾，辭官回鄉。後以鱸魚喻指吳地或思鄉。詳見《晉書·張翰傳》。參見《送劉秀才歸江陵》詩注〔3〕。

【簡評】

此詩前四句稱頌盧霈；後四句則言自己。詩借他人之酒澆己胸中塊壘，似有一腔委屈。

送劉三復郎中赴闕〔1〕

橫溪〔2〕辭寂寞，金馬〔3〕去追遊。好是鴛鴦侶〔4〕，正逢霄漢秋。玉珂聲璅璅〔5〕，錦帳夢悠悠〔6〕。微笑知今是，因風謝釣舟。

【注釋】

〔1〕劉三復：唐潤州句容人。以文章見知於李德裕。聰敏絕人，善屬文，劉禹錫、李德裕深重其才。累官主客員外郎、諫議大夫、給事中。後遷刑部侍郎、弘文

館學士判館事。見新、舊《唐書·劉鄴傳》。據胡可先《杜牧研究叢稿·杜牧詩真偽考》所考，此詩非杜牧作，乃許渾詩。

〔2〕橫溪：即浙西橫溪橋鎮。在今江蘇江寧縣南橫溪鄉。

〔3〕金馬：金馬門的省稱，也作金門。漢代宮門名。李白《古風》：「但識金馬門，誰知蓬萊山。」詳見《寄內兄和州崔員外十二韻》注〔19〕。

〔4〕好是：比喻動詞；猶言恰是，似是，好似。唐人口語。唐元結《欸乃曲》：「停橈靜聽曲中意，好是雲山韶護音。」鴛鴦：猶鴛鷺。此處指朝官班行。詳見《送牛相公出鎮襄州》詩注〔13〕。

〔5〕玉珂：馬絡頭上貝製的裝飾物，色白似玉，振動則有聲，貴官用之。也用以指馬。《樂府詩集·張華·輕薄篇》：「文軒樹羽蓋，乘馬鳴玉珂。」唐劉商《送薛六暫遊揚州》：「志在乘軒鳴玉珂，心期未快隱青蘿。」琤琤：聲音細碎貌。

〔6〕錦帳：錦被帷帳；此處代指郎官。參見《除官歸京睦州雨霽》詩注〔9〕。悠悠：朦朧，迷離。唐李白《自巴東舟行經瞿塘峽登巫山最高峰晚還題壁》：「月色何悠悠，清猿聲啾啾。」

【簡評】

此詩為送劉郎中赴京做官。詩設想途中情形，正逢秋高氣爽時節，離開家鄉，陞官赴任，恰如百官上朝的朝班；一路上乘馬前行，玉珂聲聲，沉浸在升任郎官的朦朧思緒中。詩人乘舟前來恭賀送行，其中既表達良好祝願，卻也暗含著對友人仕途的隱憂。

羊欄浦夜陪宴會

弋檻營中夜未央〔1〕，雨沾雲惹侍襄王〔2〕。毺來香袖〔3〕依稀暖，酒凸觥〔4〕心泛灩光。紅弦〔5〕高緊聲聲急，珠唱鋪圓嫋嫋長〔6〕。自比諸生最無取〔7〕，不知何處亦升堂〔8〕？

【注釋】

〔1〕弋檻：軍營中的兵器排列整齊，像欄杆一樣。此處形容軍營戒備森嚴。夜未央：夜已深，但是天還沒亮。《詩·小雅·庭燎》：「夜如何其？夜未央，庭燎之光。君子至止，鸞聲將將。」舊注認為此詩是讚美周宣王勤於朝政之作。後因用作詠勤於王事的典故。也常借夜如何、夜未央表示深夜。用夜已央指通宵達旦。

〔2〕「雨沾」句：指男女情愛。用巫山雲雨典故。詳見《潤州二首》詩注〔10〕

〔3〕毬：指一種內填香料之彩球。香袖：古代女子的衣袖薰香，所以稱香袖。此處
　　　代指女子。

〔4〕觥（gōng）：古代的一種飲酒器，上有提梁，下有圈足，有獸頭形的蓋。

〔5〕紅弦：樂器上的紅色絲絃，也有說就是箏弦的。唐李賀《洛姝真珠》：「蘭風桂
　　　露灑幽翠，紅弦嫋雲咽深思。」高緊：樂音嘹亮而急促。

〔6〕珠唱鋪圓：形容歌聲圓潤如珠似鋪（一種圓形銅器）。嫋嫋長：聲音綿長，婉轉
　　　悠揚。嫋嫋，柔弱搖曳貌。

〔7〕無取：沒有什麼長處可取。

〔8〕升堂：進入內室。即升堂入室。古代建築有堂有室，堂上有臺階，登上臺階才
　　　進入室。《論語·先進》：「由也升堂矣，未入於室也。」唐顧況《公子行》：「入
　　　門不肯自升堂，美人扶踏金階月。」

【簡評】

　　　這是一首描寫夜宴的詩篇，描寫了唐代高級將領設置的宴席場面。詩歌運
用典故，用華麗的語言和誇張手法，描寫了深夜軍營中依舊縱酒高歌，美女陪
酒，歌姬、舞姬表演節目，唱腔圓潤，餘音嫋嫋，謙稱自己本無才能，卻能夠
入席，表達了受邀請就座的感激之情。此詩描寫生動，色彩豔麗，是瞭解唐代
宴飲場面的一首佳作。

送杜顗赴潤州幕〔1〕

　　　少年才俊赴知音〔2〕，丞相門欄不覺〔3〕深。直道事人〔4〕男子業，異鄉加
飯〔5〕弟兄心。還須整理韋弦佩〔6〕，莫獨矜誇玳瑁簪〔7〕。若去上元懷古去，
謝安墳下與沉吟〔8〕。

【注釋】

〔1〕此詩約作於大和九年（835）春。杜顗（yǐ）：字勝之，杜牧之弟，少杜牧四歲；
　　　大和六年（832）及進士第，授秘書省正字、甄使巡官。李德裕出任鎮海軍節
　　　度使，辟為試協律郎，其時為大和八年（834），這時杜牧在揚州，為淮南節度
　　　掌書記。杜顗從長安赴任時，經過揚州，兄弟二人歡會數日。在赴潤州時，杜
　　　牧作此詩相送。事蹟見《樊川文集·唐故淮南支使試大理評事兼監察御史杜
　　　君墓誌銘》。潤州：唐鎮海軍節度使治所，今江蘇鎮江。幕：幕府的簡稱。古
　　　代將帥的府署稱幕，後亦泛指衙署。

〔2〕少年才俊：指杜顗年少多才。其時杜顗二十八歲。《杜君墓誌銘》曰：「君幼孤

多疾，目視昏近，先夫人不令就學，年十七，讀《尚書》十三篇，《禮記》七篇，《漢書》止《賈誼傳》，不復執卷。年二十四，明年當舉進士，始握筆，草《闕下獻書》《裴丞相度書》，指言時事，書成各數千字，不半歲遍傳天下。進士崔岐有文學，峭澀不許可人，詣門贈君詩曰：『賈馬死來生杜顗，中間寥落一千年。』」杜牧在《上宰相求湖州第一啟》中，也以相當的篇幅讚譽杜顗，稱他「聰明雋傑，非尋常人也」。知音：指賞識杜顗的李德裕。

〔3〕丞相：指李德裕。李德裕在大和七年（833）曾為兵部尚書同平章事。此為宰相之職。八年十一月出鎮浙西。因唐人好稱顯官，故仍稱其丞相。不覺：不知。

〔4〕直道事人：此言杜顗。謂以正義之道侍奉李德裕。語出《論語·微子》：「柳下惠為士師，三黜。人曰：『於未可以去乎？』曰：『直道而事人，焉往而不三黜？枉道而事人，何必去父母之邦？』」杜牧《上宰相求湖州第一啟》：「李太尉貴驕多過，凡有毫髮，顗必疏而言之。後謫袁州，於蒼惶中言於親吏曹居實曰：『如杜巡官愛我之言，若門下人盡能出之，吾無今日。』」

〔5〕加飯：多進飲食，保重身體；勸人珍重之詞。《古詩十九首·行行重行行》：「思君令人老，歲月忽已晚。棄捐勿複道，努力加餐飯。」

〔6〕「還須」句：勉勵杜顗效法古人，修養性情，時常檢查自己。整理：處置、應付；動詞。此處指效法。韋弦佩：佩帶皮帶和弓弦。喻自我戒勵，彌補不足。韋，皮繩。語本《韓非子·觀行》：「西門豹之性急，故佩韋以緩己；董安于之心緩，故佩弦以自急。故以有餘補不足，以長續短之謂明主。」後用「韋弦」比喻來自外界的啟發和教益。

〔7〕「莫獨」句：告誡杜顗勿尚浮華之風。矜誇：自矜，誇耀。玳瑁簪：以玳瑁甲製做的髮簪。玳瑁係龜類動物，其甲可製飾品，相當稀珍。玳瑁簪華貴，可用以代指幕僚。唐李嶠《劉侍讀見和山邸十篇重申此贈》：「顧已慚鉛鍔，叨名恥玳簪。」此句典出《史記·春申君列傳》：「趙使欲誇楚，為玳瑁簪。……其上客皆躡珠履，以見趙使，趙使大慚。」

〔8〕「若去」二句：囑杜顗去謝安墓地懷古憑弔以表仰慕之意。上元：縣名，唐代隸屬潤州，在今南京市。懷古：感念古代的人和事。謝安墳：在上元縣東南十里石子岡北。謝安：字安石，號東山，出身世家大族，官至宰相，是東晉著名的政治家和軍事家。謝安性情溫雅，處事公允，功勳卓著，曾挫敗陰謀篡位的桓溫，在淝水之戰中大敗前秦軍隊，致使前秦國力頓衰。可惜因功名太盛、聲望太高被皇帝猜忌，避禍廣陵後生病而死。見《晉書·謝安傳》。唐詩中常以謝安

喻指文武兼備的將相之才。亦詠隱居山溪，盡情登臨遊賞之情。沉吟：動詞；
　　思念、深思貌；思量或斟酌的意思；與通常用作形容詞表遲疑不決義者不同。
　　唐李白《梁園吟》：「沉吟此事淚滿衣，黃金買醉未能歸。」又《送王屋山人魏
　　萬還王屋》：「笑讀曹娥碑，沉吟黃絹語。」

【簡評】

　　讀杜牧詩文，知與其弟手足情深，無論在杜顗踏上仕途之時，還是在他患
眼疾之後，杜牧都傾其心力幫助他，可謂終生照顧，相濡以沫，一路攜扶，同
呼共吸。本詩中這種兄弟之情也溢於字裏行間。

　　詩對杜顗諄諄勸勉，充滿手足之情。詩人讚頌弟弟有才幹，並提出中肯的
意見，希望他不要驕傲自滿，要勤讀詩書。並勉勵他幹一番大事業。「直道」
句是杜牧心靈迸發之語，也是他人格精神的具體表現。他告誡杜顗要「直道事
人」，不阿附權貴，行自己正直之道。從中可以看到杜牧自己的為人原則。

　　首云「赴知音」，為杜顗有宰臣遇合而欣慰；次勸以正義之道事人，又囑
修養性情，從容處世，再祭出名臣謝安，以為典型，俱引導其展望向上一路。
「異鄉加飯弟兄心」，別情款款，是極樸實又極傾情之語。

有　感〔1〕

　　宛溪〔2〕垂柳最長枝，曾被春風盡日吹。不堪攀折〔3〕猶堪看，陌上少年
來自遲〔4〕。

【注釋】

　〔1〕此詩約作於開成三年（838），作者在宣州時。
　〔2〕宛溪：在安徽宣州城東。詳見《題宣州開元寺水閣》詩注〔1〕。
　〔3〕堪：經受得起。攀折：拉折，折取。古人有折柳贈別的習尚。《三輔黃圖》：「灞
　　　橋在長安東，跨水作橋，漢人送客至此橋，折柳贈別。」
　〔4〕陌：東西走向的田間小路。來自遲：已來遲。自，副詞，猶言已。

【簡評】

　　大和三年詩人於宣州與張好好初識，後好好為沈述師所娶。大和九年，與
好好再逢於洛陽。開成三年又居宣州，故有此作。宛溪之柳，春風盡吹，長枝
拂地，十分倩美；如今之時，不能攀折，只堪默視，心感惆悵；恨已之來遲，
未逢佳時。詩情咸具，語意隱露。詩以柳詠女性，古人常用，以戲女為折柳，

亦士大夫之閒情。

　　多年沉浮官場的經歷和社會變遷的動盪，詩人深有感觸，常常有感而發，全詩明借垂柳詠女性，暗自流露出對大自然的嚮往和對官場生活的厭倦。杜牧喜歡宛溪碧綠的溪水，靜靜地聽著淙淙流水聲，觀看著清澈溪水中的遊魚。他羨慕遊魚的悠然自得，不由感慨自己為塵務所拘束。他也憐愛溪畔柔嫩的柳枝，抒發著深情的感慨。

　　前兩句寫溪邊垂柳，風吹飄拂。點明了早春之際，春意盎然。不僅是寫昔日柳條的光景，更是詩人自己生平的寫照。詩人以「最長枝」為喻，寫曾經的春風得意，驕傲自信；而今滿心抱負已成過往。樂景襯哀情，顯現作者內心的悲涼。

　　後兩句面對這世事變遷的自然景觀，自然會想起昔日的輝煌與今日的萎靡。同時這也是詩人自我的認知，早已沒了當年初入官場的拼搏之心，取而代之的是無奈與痛苦之情。「猶堪看」，或許只是因為當年的情景歷歷在目，寄託了詩人太多的美好願望罷了。「陌上」指田間的小路，表達了詩人想要歸隱田園的願望；「來自遲」是詩人對自己生不逢時的委婉表達。

　　全詩內容都是詩人有感而發，而不是隨性的感慨之詞，看似是寫「垂柳」「春風」和「少年」田園風光，及對時光逝去不可挽回的惋惜，實則是對詩人生平的高度概括，看似飄逸的描寫空間中實則將詩人的「有感」全部囊括在內。

書懷寄盧州〔1〕

　　謝山〔2〕南畔州，風物〔3〕最宜秋。太守懸金印〔4〕，佳人敞畫樓〔5〕。凝缸〔6〕暗醉夕，殘月上汀洲〔7〕。可惜當年〔8〕鬢，朱門〔9〕不得遊。

【注釋】

〔1〕此詩作於開成三年（838）。陶敏《樊川詩人名箋補》謂詩題有誤。題「盧州」，應作「盧歙州」，即盧弘止。「開成三年盧弘止守歙州，杜牧正在宣州沈傳師幕中。詩中『可惜當年鬢』乃自謂。時杜牧三十六歲，正是『當年』。」

〔2〕謝山：指宣州之敬亭山或青山，因謝朓為宣城守有詩又曾卜宅青山而名。

〔3〕風物：景色，風光。

〔4〕太守：即刺史。指歙州刺史盧弘止。參見《歙州盧中丞見惠名醞》詩注〔1〕。懸金印：謂公事之餘。金印，古代用黃金鑄造的官印。即高官之印。《漢書·

百官公卿表》：「相國、丞相，皆秦官，金印紫綬。」應劭《漢官儀》：「孝武皇帝元狩四年令，通官印方寸大，小官印五分。王、公、侯金，二千石銀，千石以下銅。」《舊唐書‧職官志》禮部郎中：「凡內外官皆給銅印。」南朝宋劉義慶《世說新語‧尤悔》：「今年殺諸賊奴，當取金印如斗大繫肘後。」詩文中以「金印如斗」形容位高爵尊。

〔5〕畫樓：泛指彩繪過的樓閣。指富豪家雕欄畫棟的第宅。在古代詩詞中往往與「青樓」「紅樓」意義相近。也專指鍾鼓樓或酒樓。

〔6〕缸：燈，通釭。

〔7〕殘月：將落的月亮，因為不圓，故云殘月。汀洲：水中小洲。

〔8〕當年：壯年。

〔9〕朱門：紅漆門。詳見《冬至日寄小侄阿宜》詩注〔17〕。

【簡評】

此為寄友人詩。首聯以描寫景物開篇，風景秀麗謝山畔，秋高氣爽賞心悅目。頷聯讚頌太守位高爵尊，美人如玉紅袖添香，過著瀟灑的生活。頸聯承上寫景，燈紅酒綠，醉意朦朧，殘月照耀著水中小洲；寂寞恨天長，歡娛嫌夜短，好不愜意！尾聯扣題，明寫可惜正當年之時，未能與您相交；暗喻自己生不逢時，懷才不遇，不能施展遠大抱負。

賀崔大夫崔正字〔1〕

內舉〔2〕無慚古所難，燕臺〔3〕遙想拂塵冠。登龍〔4〕有路水不峻，一雁背飛〔5〕天正寒。別夜酒餘紅燭短，映山帆去碧霞殘。謝公樓下潺湲響〔6〕，離恨詩情添幾般。

【注釋】

〔1〕此詩難確定為杜牧作，故崔大夫為何人及此詩寫作年份難定。大夫：諫議大夫或御史大夫均可簡稱為大夫。此處或指御史大夫。正字：秘書省屬官，正九品下。會昌時，崔龜從曾為宣歙觀察使，且兼御史大夫銜，崔大夫不知是否即此人？崔正字，當為崔大夫之子侄。

〔2〕內舉：春秋時祁奚「外舉不棄仇，內舉不失親。」事見《左傳‧襄公二十一年》。此指推薦自己之親人。

〔3〕燕臺：即黃金臺故址在今河北易縣東南。詳見《池州送孟遲先輩》詩注〔3〕。

〔4〕登龍：龍，指龍門，在陝西韓城縣與山西河津縣之間。登龍，乃登龍門之省稱。

古代有鯉魚登龍門即變化成龍的傳說。東漢司隸校尉李膺有聲名，士人把受到
他的接待比作登龍門。後因以登龍喻指受到貴人名士的禮遇而身價得以提高。
並因以「李膺門」「李膺門館」譽稱名高望重之家。《後漢書‧黨錮列傳‧李膺
傳》：「是時朝庭日亂，綱紀頹弛，膺獨持風裁，以聲名自高。士有被其容接者，
名為登龍門。」

〔5〕背飛：逆風而飛。此處喻處境艱難。

〔6〕謝公樓：南朝齊詩人謝朓任宣城太守時所建城北樓。亦稱謝朓樓。潺湲響：
指水流聲。潺湲，水流緩慢的樣子。

【簡評】

這是一首送別詩，並祝賀友人及子侄升遷。首句讚譽崔大夫招賢納士、
任人唯賢的品格。次寫雖然峻遷，但仕途處境艱難。這是詩人衷心的告誡語；
對朋友的忠告，道出友情的真誠。三句寫告別晚宴的場景。最後寫聽著謝朓
樓下潺潺流水，徒增離愁別恨，依依惜別。全詩將祝賀、忠告、惜別娓娓道
來，將詩人對友人的真情實感躍然筆端。

江南送左師

江南為客正悲秋〔1〕，更送吾師古渡〔2〕頭。惆悵不同塵土別〔3〕，水雲蹤
跡去悠悠〔4〕。

【注釋】

〔1〕為客：作客。悲秋：對秋景而傷感。詳見《歙州盧中丞見惠名醞》詩注〔4〕。

〔2〕古渡：古老之津渡。

〔3〕惆悵：悲傷。塵土別：謂世俗人之離別。左師乃釋徒，故云「不同塵土別」。

〔4〕水雲蹤跡：如流水浮雲行跡不定。悠悠：久遠不絕貌。

【簡評】

於江南做客，正感秋風之蕭颯，然於古渡送師，亦增愁感。我的惆悵之心
不能塵土而隨，君行水路，只有水雲蹤跡之悠悠，吾心亦如此耳。情悠悠，思
悠悠，如今皆在古渡頭。不盡之意，溢於言表。

寢　夜〔1〕

蛩〔2〕唱如波咽，更深似水寒。露華驚弊褐〔3〕，燈影掛塵冠〔4〕。故國初

離〔5〕夢，前溪〔6〕更下灘。紛紛毫髮事，多少宦遊〔7〕難。

【注釋】

〔1〕此詩作於大中四年（850）秋，杜牧抵湖州刺史任時。

〔2〕蛩（qióng）：蟋蟀。在中國文化裏，蟋蟀能激起一種憂傷淒涼、孤獨寂寞的感覺。宋岳飛《小重山》：「昨夜寒蛩不住鳴，驚回千里夢，已三更。」元元好問《詩論》：「切切秋蟲萬古情。」

〔3〕露華：露水；指清冷的月光。南朝齊王儉《春夕》：「露華方照歲，雲彩復經春。」弊褐：破舊的粗麻衣服。宋梅堯臣《永濟倉書事》：「直宿愁風雨，經年弊褐袍。」

〔4〕塵冠：指官帽。

〔5〕故國初離：指杜牧赴任湖州初離故國長安。

〔6〕前溪：在湖州。詳見《寄李起居四韻》注〔2〕。

〔7〕宦遊：指士人外出求官或做官。參見《赴京初入汴口曉景即事先寄兵部李郎中》詩注〔12〕。

【簡評】

　　詩人常年顛沛流離、漂泊他鄉，其間的艱難辛酸不言而喻，這首抒情詩就是這些豐富情感的集中體現。該詩由物感懷，通過描寫蟋蟀聲、月光及燈影下的景物，以委婉含蓄而清新自然的語言，表達詩人內心的壓抑，感歎仕途的坎坷與艱難。全詩充滿著壓抑、沉重，滿腹愁悶抑鬱卻無處傾訴，交織在心中。雖然沒有一個「夜」字，但無不在寫夜，寫孤獨的詩人夜晚內心的感受，留下的想像空間足以讓讀者產生共鳴。

　　首聯寫到夜晚的蟋蟀聲，運用比喻，明寫蟋蟀聲咽，實寫作者內心在哽咽。在中國文化裏，蟋蟀能激起一種憂傷淒涼、孤獨寂寞的感覺。觸景生情，作者的思緒也伴隨著蟋蟀的聲音回憶起曾經的如夢一般的經歷。同時運用以動襯靜的手法突出夜的寧靜。「更深」二字點題，「似水」容易讓人聯想到韶華易逝、時光飛逝之感，「寒」字一語雙關，指作者感到仕途之路的曲折艱難，擔憂隱隱而生。領聯寫詩人夜不能寐，看到清冷的月光照到自己的粗布衣服上，昏黃的燈影下白天所戴的塵冠依稀可見。「塵」與尾聯的「宦遊」呼應。「驚」字意味深長，給讀者留下不盡的想像空間。情與景的完美交融渲染了一份寧靜的氣氛。

　　頸聯由實轉虛，作者的思緒回到昔日，「故國」指作者的家鄉，如夢一

般，似乎昨天剛剛離開它一樣，而這僅僅是一個夢，「初離」更反襯離別之日之長，那「前溪」「下灘」還是否別來無恙？一下子拓寬了詩境。用這種方式透露情懷，婉曲動人，語意高妙。尾聯「紛紛」表現事情的瑣碎、煩心，「毫髮」帶點誇張之意。「宦遊」，作者不知走過了多少山山水水，跨越多少艱難險阻，「難」啊，作者只能發出一聲這無奈的慨歎，點出作品的主旨。

十九兄郡樓有宴病不赴

十二層樓〔1〕敞畫簷，連雲歌盡草纖纖〔2〕。空堂病怯階前月，燕子噴垂一行〔3〕簾。

【注釋】

〔1〕十二層樓：十二樓為傳說中神仙所居之地，在崑崙山上。後因用作詠仙境的典故。《史記‧孝武本紀》：「方士有言『黃帝時為五城十二樓，以候神人於執期，命曰迎年』。」顏師古注引應劭曰：「崑崙玄圃五城十二樓，仙人之所常居。」唐李商隱《贈白道者》：「十二樓前再拜辭，靈風正滿碧桃枝。」此喻指郡樓。

〔2〕連雲歌盡：慷慨雄壯之歌，響徹雲霄。《列子‧湯問》：「（秦青）撫節悲歌，聲振林木，響遏行雲。」纖纖：細長貌，柔細貌。

〔3〕一行（yī háng）：一個行列，一排。

【簡評】

一首關於赴宴的詩。前兩句寫宴會情景，高朋滿座聚集在仙境般的郡樓，歌舞聲喧。後兩句寫詩人因病不能赴宴，仰望階前明月，面對一排家燕，心情不免落寞。

愁〔1〕

聚散竟無形，迴腸〔2〕自結成。古今留不得，離別又潛生。降虜〔3〕將軍思，窮秋〔4〕遠客情。何人更憔悴，落第泣秦京〔5〕。

【注釋】

〔1〕此詩《全唐詩》卷五三二作許渾詩，詩題作《題愁》，其文字略有不同。

〔2〕迴腸：中心輾轉，喻憂愁鬱結不解。

〔3〕降虜：俘虜。降虜將軍指漢李陵。李陵率五千人與匈奴戰，被圍，兵矢既盡，無食無援，遂降匈奴。事見《史記‧李將軍列傳》附。

〔4〕窮秋：晚秋，深秋。

〔5〕落第：原指科舉時代應試不中，又指考試不及格。古代考試發榜，榜上無名稱
　　　為「落第」。泛指考試不成功或者比不過別人。秦京：原指秦國首都咸陽，此處
　　　指唐代首都長安。唐宋之問《早發韶州》：「綠樹秦京道，青雲洛水橋。」

【簡評】

　　詩人滿懷豪情壯志意欲建功立業，卻仕途沉浮而備受打擊痛苦悲觀，進而
引發出對人生諸多愁苦的感歎與深思，痛徹肺腑的情愫令人同情。

　　首聯描寫作者對愁的理解，愁思彷彿暗生於心田，亦好似來自遙遠的天
際，表現出詩人難以言說的自傷情緒，淒切動人。頸聯詩句雄渾壯闊、蕭瑟
淒涼，將軍痛苦的心情、百姓艱難的生活的擔憂仍然折磨著詩人。表現出憂
心如焚，渴望力挽狂瀾、濟世安民的心願。尾聯運用設問修辭，直抒落第失
落感受，深刻真實，妙於比況，短短幾句把憂愁簡括而深沉地概括出來。

　　整首詩表現出來的語言風格樸實無華、簡練生動。詩人沉痛、悲涼、憂愁、
寂寞、傷感、憂國憂民、傷今悲秋、別恨離愁的情感自然顯現出來。全詩風格
蒼涼、沉鬱，品讀後有種言有盡而意無窮之感。

隋　苑 〔1〕

　　紅霞一抹廣陵春〔2〕，定子〔3〕當筵睡臉新。卻笑丘壚隋煬帝，破家亡國為
誰人？

【注釋】

〔1〕此詩作於大和八年（834）春。此詩又見《李商隱集》詩題作《定子》。吳企明
　　　《樊川詩甄辨柿札》認為應是杜牧在牛僧孺淮南幕府時所作，非李商隱之詩。
〔2〕紅霞：李商隱集作「檀槽」，即檀木製絃樂器上架弦之格子。一抹：一片的意
　　　思；形容痕跡深淺的程度。廣陵：郡縣名。以廣陵縣為治所，故址在今江蘇揚
　　　州。魏晉南北朝時期，為長江北岸重要都市和軍事重鎮。唐代屬淮南道。隋
　　　避煬帝諱改為江都郡，唐天寶元年復名廣陵郡。詩中指揚州。唐姚合《揚州
　　　春詞三首》：「廣陵寒食天，無霧復無煙。」
〔3〕定子：《樊川外集》「定子」下原注：「定子，牛相小青。」據注知為牛僧孺侍婢。

【簡評】

　　詩人在欣賞揚州美景時，常常伴著對歷史興亡的思考，並從中找到了答
案：「亡國亡家為顏色，露桃猶自恨春風。」正是隋煬帝的沉迷聲色，不理政

事，直接導致國家的滅亡。對那些被歷史指責為亡國禍水的女人，詩人的態度是冷峻而凌厲的。「卻笑」二句諷刺統治者「哀之而不鑒之」的愚昧，語詞激烈，情真意切，憂國憂民之情溢於言表。詩人借古鑒今，通過對隋朝滅亡的詠歎，表達著對唐朝統治現狀的隱憂。

芭 蕉

芭蕉為雨移，故向窗前種。憐渠〔1〕點滴聲，留得歸鄉夢。夢遠莫歸鄉，覺〔2〕來一翻動。

【注釋】

〔1〕渠：他；它。此處指雨打芭蕉之聲。《三國志·吳書·趙達傳》：「（公孫）滕如期往，乃陽求索書，驚言失之，云：『女婿昨來，必是渠所竊。』」唐寒山《詩三百三首》之六三：「蚊子叮鐵牛，無渠下觜處。」

〔2〕覺（jiào）：睡醒；醒來。羅貫中《三國演義》第三十八回：「孔明才醒，口吟詩曰：大夢誰先覺？平生我自知。草堂春睡足，窗外日遲遲。」

【簡評】

芭蕉和雨是最相契合的一種植物。「種蕉可以邀雨」，雨滴打在庭中綠蕉舒展的闊大葉片上，泠然作響，似奏出美妙動聽的曲子。若是夏日一陣急雨，劈頭打下，儼然是一支歡快跳脫的小調；若是那惱人的纏綿數日的秋雨，「點滴霖霪，點滴霖霪」，便自是一支黯然憂傷的曲子了。且「芭蕉聲裏催詩急」，耳畔聽著雨打蕉聲，總不免牽動文人騷客心中之詩腸，心中塊壘就不澆不快了。所以在古詩詞中，芭蕉成了詩人詞人筆下常用的意象，用得最多的便是與淅瀝秋雨聯繫起來。

詩中描述，芭蕉被雨打得左右搖晃，因此主人把它種在窗前。滴滴答答的可愛的聲音，勾起我夢裏歸回故鄉。夢境遙遙無盡無法回故鄉，雨滴聲打在芭蕉身上。遠離故土，寄居他鄉，在庭院幽深中黯然聽著蕉雨敲窗，思鄉與思人情緒紛繁交織在一起，雨打芭蕉就愈發添了更多惆悵。直接寫出見芭蕉明愁思的感覺。

通過寫雨中芭蕉的情態和思鄉入夢的感傷，一虛一實，生動表現了詩人歸鄉的期盼與愁思，抒發了作者濃濃的思鄉之情。

宋葛勝沖《點絳唇》：「閒愁幾許，夢逐芭蕉雨。」雨打芭蕉本來就夠悽愴的，夢魂逐著芭蕉葉上的雨聲追尋，更令人覺得淒惻。此詞與上詩異曲同工。

汴水舟行答張祜〔1〕

千萬長河共使船，聽君詩句倍愴然〔2〕。春風野岸名花發〔3〕，一道帆檣〔4〕畫柳煙。

【注釋】

〔1〕汴水：即汴河。張祜，見《登池州九峰樓寄張祜》詩注〔1〕。胡可先《杜牧研究叢稿·杜牧詩真偽考》以為此詩非杜牧之作。「汴水」原作「汴人」。

〔2〕愴（chuàng）然：悲傷的樣子。

〔3〕名花：名貴的花。發：特指開花。詩歌中最為普遍的用法。有時亦指樹木發芽。

〔4〕一道：數量詞。猶一片。用於景物。唐白居易《暮江吟》：「一道殘陽鋪水中，半江瑟瑟半江紅。」檣：船上的桅杆。

【簡評】

長河行船，舟來棹去，聽聞詩人張祜的詩句，倍感憂傷；春風蕩漾，名花齊發，一葉蘭舟行駛在雲霧迷蒙的汴河上，風景秀麗。此詩前兩句言情，後兩句寫景，達到以樂景襯哀情的藝術效果。「柳煙」一語極妙，但凡沒有品賞過煙柳的人，斷然不會領略那輕紗深處的旖旎；感謝詩人，拋擲一支情絲，使人悟會那絕妙的靈境。

牧陪昭應盧郎中在江西宣州，佐今吏部沈公幕，罷府周歲，公宰昭應，牧在淮南縻職，敘舊成二十二韻，用以投寄〔1〕

燕雁〔2〕下揚州，涼風柳陌〔3〕愁。可憐千里夢，還是一年秋。宛水〔4〕環朱檻，章江〔5〕敞碧流。謬陪吾益友〔6〕，祗事我賢侯〔7〕。印組縈光馬〔8〕，鋒鋩看解牛〔9〕。井閭〔10〕安樂易，冠蓋愜依投〔11〕。政簡稀開閣〔12〕，功成每運籌〔13〕。送春經野塢，遲日上高樓。玉裂〔14〕歌聲斷，霞飄舞帶收。泥情〔15〕斜拂印，別臉〔16〕小低頭。日晚花枝爛，釭凝粉彩稠。未曾孤酩酊〔17〕，剩肯只淹留〔18〕。重德俄徵寵〔19〕，諸生苦宦遊〔20〕。分途之絕國〔21〕，灑淚拜行輈〔22〕。聚散真漂梗〔23〕，光陰極轉郵〔24〕。銘心徒歷歷，屈指盡悠悠〔25〕。君作烹鮮〔26〕用，誰膺仄席求〔27〕？卷懷能憤悱〔28〕，卒歲且優游〔29〕。去矣時難遇〔30〕，沽哉價莫酬〔31〕。滿枝為鼓吹〔32〕，衷甲〔33〕避戈矛。隋帝宮荒草，秦王土一丘〔34〕。相逢好大笑，除此總雲浮〔35〕。

【注釋】

〔1〕此詩作於大和八年（834）秋，時杜牧在牛僧孺淮南節度使幕。昭應：唐代縣名，今陝西西安臨潼區。盧郎中：盧弘正，唐代著名詩人盧綸之子。憲宗時期的進士，曾任地方節度府掌書記、監察御史、兵部郎中等職，官至兵部尚書。盧弘正執法嚴明，善於理財，能從嚴治軍，是唐中後期的著名賢臣。參見《歙州盧中丞見惠名醞》注〔1〕。沈公：沈傳師。詳見《張好好詩》注〔3〕。宰：縣令。淮南：指淮南節度使幕，治所在揚州。縻職：被官職牽制束縛；被職務上的事羈絆。

〔2〕燕雁：燕和雁都是候鳥，秋天從北方飛到南方過冬。

〔3〕涼風：初秋的風。柳陌：兩邊種著柳樹的道路。唐劉禹錫《踏歌詞》：「桃蹊柳陌好經過，燈下妝成月下歌。」

〔4〕宛水：即宛溪，在宣州。其源出安徽宣城縣東南嶧山，東北流為九曲河，折而西，繞城東，名宛溪。北流合句溪，又北流入當塗縣境，合於青弋江，由此出蕪湖入長江。

〔5〕章江：即章水，源出崇義縣聶都山，東北流至贛縣，與貢水合流為贛江。

〔6〕謬陪：陪同。益友：有益的朋友。此處指盧郎中。《論語·季氏》：「孔子曰：『益者三友，損者三友。友直，友諒，友多聞，益矣。友便辟，友善柔，友便佞，損矣。』」《晏子春秋·雜上十二》：「聖賢之君，皆有益友，無偷樂之臣。」

〔7〕祗事：恭敬地侍奉。賢侯：指沈傳師。

〔8〕印組：官印和繫印的絲帶。光馬：即「鞍馬光照塵」之意；馬肥碩健壯，馬鞍油光鋥亮到可以照見微小的灰塵。唐白居易《輕肥》：「意氣驕滿路，鞍馬光照塵。」

〔9〕鋒鋩：刀劍的尖端。解牛：《莊子·養生主》中講庖丁為文惠君解牛，刀在牛的筋骨之間遊刃有餘，牛分解完了，刀刃卻沒有損傷，受到文惠君的讚賞。此處用來稱讚沈傳師處理政事的能力。

〔10〕井閭：市井，閭里。泛指民間。古代二十五家為一閭。

〔11〕冠蓋：冠服車蓋。指官吏的服飾和車乘。冠，禮帽。蓋，車蓋。唐李白《古風》：「路逢鬥雞者，冠蓋何輝赫。」《史記·魏公子列傳》：「平原君使者冠蓋相屬於魏。」愜：愉快。依投：投靠，依附。

〔12〕政簡：政治措施簡明。開閣：漢代公孫弘由平民起身，數年之後任宰相，他集思廣益，建造客館，開東閣以延納賢人，傳為佳話。後來就用「開閣」指顯貴

　　的大臣禮賢下士。唐劉禹錫《答裴令公雪中詝白二十二與諸公不相訪之什》：
　　「玉樹瓊樓滿眼新，的知開閣待諸賓。」

〔13〕運籌：謀劃。

〔14〕玉裂：形容歌聲清脆動聽，如同美玉碎裂的聲響。

〔15〕泥情：執著的情意。泥，軟纏，執著。

〔16〕別臉：回轉過臉避人。別，扭轉，掉過去。

〔17〕孤酲酊：獨醉。

〔18〕剩：多。淹留：停留，滯留。只淹留，獨留。

〔19〕重德：大德，厚德。《漢書・車千秋傳》：「千秋居丞相位，謹厚有重德。每公卿
　　朝會，光（霍光）謂千秋曰：『始與君侯俱受先帝遺詔，今光治內，君侯治外，
　　宜有以教督，使光毋負天下。』千秋曰：『唯將軍留意，即天下幸甚。』終不肯
　　有所言。光以此重之。」徵（zhēng）寵：獲得恩寵，徵召入京。指沈傳師由宣
　　州入京任吏部侍郎。

〔20〕諸生：沈傳師幕下的幕僚。宦遊：詳見《赴京初入汴口曉景即事先寄兵部李郎
　　中》詩注〔12〕。

〔21〕「分途」句：分別到了極遙遠的地方。

〔22〕行輈（zhōu）：出行的車子。輈，車轅。

〔23〕真：比喻動詞，猶言似、好像。「真」與下句「極」對文義同。漂梗：隨水漂流
　　的桃梗，形容聚散無常。《戰國策・齊策三》載，蘇秦游說孟嘗君說：「今者臣
　　來，過於淄上，有土偶人與桃梗相與語。桃梗謂土偶人曰：『子西岸之土也，挺
　　子以為人，至歲八月，降雨下，淄水至，則汝殘矣。』土偶曰：『不然，吾西岸
　　之土也，土則復西岸耳。今子東國之桃梗也，刻削子以為人，降雨下，淄水至，
　　流子而去，則子漂漂者當何如耳？』」

〔24〕「光陰」句：形容時光飛逝，像郵亭傳遞文書那樣迅速。

〔25〕悠悠：久遠的樣子。

〔26〕烹鮮：即烹小鮮。原意為烹小魚。烹小魚不得亂攪動，老子認為治國不得擾民，
　　故以之作比喻。詩文中比喻治國之道，或用來比喻以優異的才能治理政事。《老
　　子》：「治大國如烹小鮮。」三國魏王弼注：「不擾也。」漢河上公注：「鮮，魚。
　　烹小鮮，不去腸，不去鱗，不敢撓，恐其靡也。」這裡指盧弘正為昭應令，治
　　理一縣有方。

〔27〕膺：承、受。仄席求：側席而坐以待賢良之士。指帝王虛心求賢。《漢書・陳湯

傳》：「湯曰：『臣聞楚有子玉得臣，文公為之仄席而坐。』」唐羅隱《送進士臧濆下第後歸池州》：「天子愛才雖仄席，諸生多病又沾襟。」

〔28〕卷懷：謂收心潛隱；隱退不仕。《論語・衛靈公》：「邦有道則仕，邦無道則可卷而懷之。」憤悱：憂憤，憤慨。

〔29〕卒歲：終年，全年。優游：悠閒自得。《詩・小雅・采菽》：「優哉游哉，亦是戾矣。」唐高適《奉酬睢陽路太守見贈之作》：「清淨能無事，優游即賦詩。」

〔30〕「去矣」句：謂好的時機失去了就再難遇到。

〔31〕沽：賣。《論語・子罕》：「子貢曰：『有美玉於斯，韞而藏諸？求善賈而沽諸？』子曰：『沽之哉，沽之哉！我待賈者也。』」酬：兌現，實現。

〔32〕滿枝：指鳥。鼓吹：西漢以來一種以簫笳鼓鐃合奏的軍隊中的樂曲，是在馬上吹奏的。漢班固《西都賦》：「棹女謳，鼓吹震，聲激越，謍厲天。」南朝齊孔稚珪門庭之內雜草叢生，中有蛙鳴，自謂可當「兩部鼓吹」；故此為蛙鳴的諧稱。

〔33〕衷甲：衣服裏面穿著鎧甲。《後漢書・董卓傳》：「卓入門，肅以戟刺之，卓衷甲不入，傷臂墮車。」

〔34〕秦王：似指唐太宗李世民。或泛指，非實指。一丘：一座山丘，多指隱棲之地。此指墳墓。

〔35〕雲浮：浮雲，此喻不值得關心與重視的事。《論語・述而》：「不義而富且貴，於我如浮雲。」

【簡評】

　　這首長詩是瞭解杜牧在沈傳師幕府生活以及與友人交往的重要篇章。詩歌讚頌了沈傳師的為政能力與政績、聲望，描繪了與友人縱酒高歌的歡快，以及沈傳師入京後幕府解散的情狀，抒發了感恩之心、思念之情。詩末「隋帝宮荒草」四句，寫出深沉的歷史感慨與參透歷史風雲變幻後的超脫、曠達。

卷　六

寓　言〔1〕

暖風遲日柳初含〔2〕，顧影看身又自慚。何事明朝獨惆悵〔3〕，杏花時節〔4〕在江南。

【注釋】

〔1〕寓言：有所寄託之詞。

〔2〕遲曰：即春日，因春天白天漸長，故稱。《詩·豳風·七月》：「春日遲遲，采蘩祁祁。」唐杜審言《渡湘江》：「遲日園林悲昔遊，今春花鳥作邊愁。」柳初含：柳芽初發。

〔3〕何事：為何，何故。明朝：指政治清明的時代。封建社會士大夫莫不稱當朝為明時、明代、聖世、明朝等，詩歌中用為當代的代稱。《三國志·魏·陳思王傳》引曹植《求自試表》：「志欲自效於明時，立功於聖世。」惆悵：失意的樣子。

〔4〕杏花時節：唐代進士試後，在曲江池畔的杏園歡宴，其時正是紅杏開花時節。

【簡評】

江南三月，風和日麗，柳葉初開，杏花競放，景色迷人。然風物雖好，究為客地，詩人顧影自憐，不免為春老江南、前途渺茫而獨自悵惘。以春色之美，反襯其心情孤寂，此其寓言之用意所在。

猿

月白煙青水暗流，孤猿銜〔1〕恨叫中秋。三聲欲斷疑腸斷〔2〕，饒〔3〕是少

年須白頭。

【注釋】

〔1〕銜：含。

〔2〕三聲：指猿鳴三聲。唐詩中常以此渲染悲切的氣氛、旅途愁苦，或藉以詠巫峽景色。北魏酈道元《水經注・江水》：「每至晴初霜旦，林寒澗肅，常有高猿長嘯，屬引淒異，空谷傳響，哀轉久絕。故漁者歌曰：『巴東三峽巫峽長，猿鳴三聲淚沾裳。』」又《世說新語・黜免》：「桓公入蜀，至三峽中，部伍中有得猨子者，其母緣岸哀號，行百餘里不去，遂跳上船，至便即絕。破視其腹中，腸皆寸寸斷。」

〔3〕饒：任憑，儘管。唐寒山《詩三百三首》：「縱你居犀角，饒君帶虎睛。」

【簡評】

詩句極寫猿聲的哀淒。首句先以明月、青煙、暗水烘托出一個淡遠、寂寥、淒清的環境氛圍。次句再以「孤」字顯出猿之處境，以「恨」字表現猿之內「情」，然後逼出「叫」字，至此，猿聲的哀淒不寫已出。後兩句又用聞者的感受作襯托。猿啼三聲，欲斷未斷，聽者已懷疑自己肝腸寸斷。此情此景，使不知憂愁的少年也經受不住而愁白了頭。猿聲之哀淒確實撼人心魄。

懷　歸〔1〕

塵埃終日滿窗前，水態雲容思浩然〔2〕。爭得〔3〕便歸湘浦去，卻持竿上釣魚船。

【注釋】

〔1〕《全唐詩重出誤收考》謂「張金海認為詩中有『爭得便歸湘浦去』，表明作者家居瀟湘，杜牧京兆萬年人，不應寫懷歸瀟湘的詩，另尚有《別懷》《旅宿》《旅情》《憶歸》四首，亦非杜牧作。見《武漢大學學報》一九八二年第二期」。

〔2〕浩然：思念深遠的樣子。《孟子・公孫丑下》：「予然後浩然有歸志。」趙岐注：「浩然，心浩浩然有遠志也。」唐韋莊《建昌渡暝吟》：「月照臨官渡，鄉情獨浩然。」

〔3〕爭得：怎得，怎能。唐姚合《早春山居寄城中知己》：「雖有眼前詩酒興，邀遊爭得稱閒心。」

【簡評】

窗前終日塵埃，更思浩然水際，如得歸去湘浦，卻持竿上釣船。見百無聊賴情狀，抒發歸隱之思。

邊上晚秋〔1〕

黑山〔2〕南面更無州，馬放平沙夜不收〔3〕。風送孤城臨晚角〔4〕，一聲聲入客心愁。

【注釋】

〔1〕邊上：邊境，邊疆。唐耿湋《送河中張胄曹往太原計會回》：「遙聽邊上信，遠計朔南程。」邊上亦指居延、邊塞，作者曾到此。另有《邊上聞胡笳》可參看。

〔2〕黑山：黑山有多處。此或指在今陝西榆林市南，有黑水流經其下之黑山。《方輿紀要》卷六一榆林鎮：黑山「在鎮南十里。水草甘美。……山下黑水出焉」。

〔3〕平沙：平坦廣闊的沙地。古詩詞中它往往與落雁古道聯繫一起，來形容視野的廣闊。唐張仲素《塞下曲》：「朔雪飄飄開雁門，平沙歷亂轉蓬根。」收：趕回馬廄。

〔4〕孤城：邊遠孤立的城寨。唐王昌齡《從軍行》：「青海長雲暗雪山，孤城遙望玉門關。」晚角：駐防士兵的號角；即吹鳴報時的畫角聲。常用於描寫征戰之作。

【簡評】

這是一首邊塞詩。一二句寫自然之景，描繪了邊疆的苦寒。黑山之南已無州縣，一片曠野，荒無人煙，所牧之馬夜不歸廄，放於平沙之上。三四句見景生情。寫孤城寒風，晚角嗚嗚，角聲淒苦，聲聲喚起客子思鄉的愁緒；從而進一步烘托了戍守邊疆的將領、戰士們內心的淒苦。詩歌語句淺顯明白，而情感質樸深厚。

傷友人悼吹簫妓

玉簫聲斷沒流年〔1〕，滿目春愁隴樹〔2〕煙。豔質已隨雲雨〔3〕散，鳳樓〔4〕空鎖月明天。

【注釋】

〔1〕玉簫：樂器簫的美稱。唐于鵠《公子行》：「玉簫金管迎歸院，錦袖紅妝擁上樓。」流年：年光如流水過得很快。

〔2〕隴樹：丘壟上的樹木。

〔3〕豔質：美豔之資質。此指佳人，吹簫妓。唐李華《詠史十一首》：「豔質誠可重，淫風如禮何。」雲雨：戰國宋玉《高唐賦》述楚王夢遇神女，巫山神女自稱「旦為朝雲，暮為行雨」。後因以雲雨喻帝王豔遇或男女幽合。參見《潤州二首》詩注〔10〕。

〔4〕鳳樓：婦女居處的美稱。此指吹簫妓所居樓。南朝陳江總《簫史曲》：「弄玉秦家女，簫史仙處童。來時兔月照，去後鳳樓空。」江總詠弄玉、簫史傳說，始稱其所居為鳳樓，後被沿用。唐詩中多詠公主宅院；也作鳳凰樓。

【簡評】

此為傷情感懷之作。所悼雖為妓女，情甚真切，無狎邪之意。

數年不聞玉簫聲，愁雲籠罩滿目春，然面對春景亦增愁容。雲雨煙霞豔質飄散，明月之下人去樓空，枉然慨歎。

雖然詩人只是友人與歌妓感情的旁觀者，但是全詩情景交融，一個「空」字道出了逝去戀人的那位友人心中無限的傷心落寞，可見其對吹簫妓用情至深。

訪許顏

門近寒溪窗近山，枕山流水日潺潺。長嫌世上浮雲客〔1〕，老向塵中不解顏〔2〕。

【注釋】

〔1〕浮雲客：喻指追逐富貴利祿之人。《論語·述而》：「不義而富且貴，於我如浮雲。」

〔2〕解顏：開顏歡笑。

【簡評】

此為羨慕歸隱之作。門近水，窗臨山，山光秀美水潺潺。背山面水，妙景清心。長嫌俗世浮雲之客，歸隱山川亦解愁顏。

春日古道傍作〔1〕

萬古榮華旦暮〔2〕齊，樓臺春盡草萋萋〔3〕。君看陌上〔4〕何人墓？旋化紅塵〔5〕送馬蹄。

【注釋】

〔1〕古道：古老的路徑。唐李白《尋雍尊師隱居》：「撥雲尋古道，倚石聽流泉。」

〔2〕旦暮：從早到晚，表示時間很短。

〔3〕萋萋：草木茂盛的樣子。

〔4〕陌上：指田間，田間小路，南北方向叫作「阡」，東西走向叫作「陌」。陌上，
還代表一種態度，就是立於田野，心有寧靜，稱為陌上觀。

〔5〕旋：副詞，相當於已。旋化紅塵，謂已化紅塵。紅塵：鬧市的飛塵。形容繁華；
也指繁華熱鬧的地方。《文選・班固・西都賦》：「闐城溢郭，旁流百廛，紅塵四
合，煙雲相連。」指的就是這個世間，紛紛攘攘的世俗生活，來源於過去的土
路車馬過後揚起的塵土，借喻名利之路。唐劉禹錫《元和十年自朗州承召至京
戲贈看花諸君子》：「紫陌紅塵拂面來，無人不道看花回。」

【簡評】

　　此詩借景抒情，題目點明時間和地點。「春日」的生機盎然和「道傍」形
成了對比，表明了作者的情感。

　　首句引出作者對名利和金錢的感慨，為後文做鋪墊。說明了榮華富貴並不
能永遠擁有，這些身外之物，自古以來卻一直被人們所追求。第二句以俯視的
角度從樓臺上觀景。春天即將過去，令人懷有淡淡的哀傷，但「草萋萋」，仍
有一種生機盎然之感，表明應珍惜現在，珍惜美好時光。

　　三四句，詩人漫步在田野之間，看到了先人的墓碑不禁觸景生情。昔日的
昌盛與如今的破敗，令人感慨萬千。最後「紅塵」二字，點明了詩歌主旨，用
紅塵來借喻名利，含蓄委婉，語意高妙，並與首聯「榮華」形成對比；表明了
作者渴望建功立業，卻又志不得伸的抑鬱悲傷情感。

青　冢〔1〕

　　青冢前頭隴水〔2〕流，燕支山〔3〕上暮雲秋。蛾眉一墜窮泉路〔4〕，夜夜孤
魂月下愁。

【注釋】

〔1〕青冢：漢王昭君墓。漢成帝時期，王昭君嫁給匈奴呼韓邪單于和親。其墓在
內蒙呼和浩特市南，蒙語名特木兒烏爾虎。相傳冢上草色常青，故名。冢，
墳墓。《大同府志》：「塞草皆白，惟此冢草青，故名。昭君死葬黑河岸，朝暮
有愁雲怨霧覆冢上。」唐杜甫《詠懷古蹟》：「一去紫臺連朔漠，獨留青冢向

黃昏。」

〔2〕前頭：面前，跟前。隴水：發源於六盤山南段隴山的河流，由渭水和崖水匯流
而成。唐李白《秋浦歌》：「青溪非隴水，翻作斷腸流。」

〔3〕燕支山：又作焉支山、胭脂山，在今甘肅省永昌縣西、山丹縣南。在匈奴境內，
此地盛產燕支草，故名。燕支草可做紅色的染料。匈奴失此山，作歌曰：「失我
燕支山，使我婦女無顏色。」燕支山既是邊防要地，又是草原牧場。詩歌中常
用燕支山代指胡地的山。唐李昂《從軍行》：「漢家未得燕支山，征戍年年沙朔
間。」

〔4〕蛾眉：蠶蛾觸鬚細長而彎曲，因以喻女子之長而美的眉毛；代指容貌嬌美的女
子。窮泉路：窮泉，即九泉，指地下。

【簡評】

這是一首歌詠王昭君的詩篇。昭君出塞雖然在政治外交上意義重大，可是
對於昭君來說，實屬不幸，歷代文人對其多表示同情，如杜甫《詠懷古蹟》。
此詩描繪昭君墳墓愁雲密布，用月下孤魂犯愁情景，抒寫了王昭君遠離故鄉的
淒苦，表達了詩人對王昭君不幸身世的同情。這其中也隱含著對君王無能的譏
諷和文人失意之感。詩歌籠罩著一種悲涼淒慘氣氛。

大夢上人自廬峰回〔1〕

行腳尋常〔2〕到寺稀，一枝藜杖〔3〕一禪衣。開門滿院空秋色，新向廬峰
過夏〔4〕歸。

【注釋】

〔1〕上人：僧人尊稱。廬峰：指江西廬山。

〔2〕行腳：指僧道周遊各地。尋常：常常，隨意。

〔3〕一枝：一根。藜杖：用藜木老莖製成之手杖。藜，一年生草本植物，莖直立，
嫩葉可吃。莖老後堅硬可做拐杖。

〔4〕過夏：避暑。此處指僧人度過夏天。

【簡評】

上人周遊各地回到寺中，行李服飾簡潔明朗。上人剛剛在廬山度過夏日，
他的到來，立刻使寺內秋高氣爽，明淨純化。

洛中二首〔1〕

　　柳動晴風拂路塵，年年宮闕鎖濃春〔2〕。一從翠輦無巡幸〔3〕，老卻蛾眉幾許〔4〕人？

　　風吹柳帶〔5〕搖晴綠，蝶繞花枝戀暖香。多把芳菲泛春酒〔6〕，直教愁色對愁腸。

【注釋】

〔1〕此詩作於開成元年（836）春。

〔2〕宮闕：宮殿。濃春：濃濃的春色。

〔3〕一從：自從。翠輦：用翠鳥的羽毛裝飾的帝王車駕。唐李賀《追賦畫江潭苑》：「行雲沾翠輦，今日似襄王。」無巡幸：此指皇帝不至洛陽。巡幸，皇帝視察駕臨。

〔4〕蛾眉：蠶蛾觸鬚細長而彎曲，因以喻女子之長而美的眉毛。唐劉玄平《京兆眉》：「新作蛾眉樣，誰將月裏同。」唐詩中多指女子容貌之嬌美，作為美人的代稱。此處指洛陽皇宮之宮女。幾許：多少。《古詩十九首·迢迢牽牛星》：「河漢清且淺，相去復幾許？盈盈一水間，脈脈不得語。」

〔5〕柳帶：柳枝細柔如帶。

〔6〕芳菲：謂芳香鮮美的花草。唐賀知章《採蓮曲》：「莫言春度芳菲盡，別有中流採芰荷。」泛：指飲酒。唐韋應物《效陶彭澤》：「掇英泛濁醪，日入會田家。」春酒：冬季釀製，及春而成，故稱春酒。也叫凍醪。《詩·豳風·七月》：「為此春酒，以介眉壽。」唐岑參《首春渭西郊行呈藍田張二主簿》：「聞道輞川多勝事，玉壺春酒正堪攜。」

【簡評】

　　此詩描繪了洛陽景色。詩人寫美好春光中的惆悵，「柳動晴風」「搖晴綠」，用擬人手法，將風中柳樹寫得婀娜多姿，柳樹是如此歡快，可是人卻哀愁萬般。

　　第一首寫宮怨。首句寫宮外之景，二句寫宮內之景。詩人將宮外「柳動晴風」的盎然春意和蓬勃的生活樂趣與宮內濃春空鎖的寂寞景象相對照，極寫宮女們幽閉深宮的苦悶。接下來詩人又進一步設想到，君王不來洛陽巡幸的話，不知將有多少美麗的宮女要白白地年老色衰，葬送掉自己的青春。詩中充滿了對宮女們的同情和憐憫。

　　第二首寫遊人之苦，蝶飛燕舞，手把鮮花，美酒在側，本應歡欣鼓舞，可

是遊人連連叫苦、不住地說愁。眼前的洛陽是那麼美好，而詩人的心中卻是那麼淒苦。

邊上聞胡笳〔1〕三首

何處吹笳薄暮天〔2〕？塞垣高鳥沒狼煙〔3〕。遊人一聽頭堪白，蘇武爭禁〔4〕十九年。

海路〔5〕無塵邊草新，榮枯不見綠楊春。白沙〔6〕日暮愁雲起，獨感離鄉萬里人。

胡雛〔7〕吹笛上高臺，寒雁驚飛去不回。盡日春風吹不散，只因分付〔8〕客愁來。

【注釋】

〔1〕邊上：邊塞上；此指居延城（今甘肅酒泉一帶）。胡笳：我國古代北方少數民族用的管樂器。最初是吹卷著的蘆葉以娛樂，後來把蘆葉製成的哨插入了竹管中，遂成為管制的雙簧樂器。傳說由漢張騫從西域傳入，其音悲涼。武帝時李延年因其曲造新聲二十八解，以為武樂。後用作軍樂。有著名的《胡笳十八拍》，音樂委婉，悲傷，撕裂肝腸。唐顧況《劉禪奴彈琵琶歌》：「明妃愁中漢使回，蔡琰愁處胡笳哀。」

〔2〕薄暮天：傍晚；將近黃昏的時候。唐韓愈《感春》：「清晨輝輝燭霞日，薄暮耿耿和煙埃。」

〔3〕塞垣（yuán）：邊塞的城牆；邊境地帶。垣，矮小的牆。高鳥：高飛的鳥兒。沒：遮沒。狼煙：古代邊塞上報警的燧煙。燃狼糞之煙相傳直上而不散，故軍事上作為報警信號。

〔4〕遊人：指從內地到這裡的人。一聽：一經聽到。蘇武：字子卿，杜陵（今陝西西安）人，是西漢盡忠守節的著名人物。武帝時出使匈奴，被拘禁。雖經百般威脅利誘，終不屈服。徙至北海（今俄羅斯貝加爾湖）牧羊，歷時十九年，至昭帝時方歸朝。傳見《漢書》卷五四。爭禁：怎麼經受得起。爭，怎麼，怎能。參見《杜秋娘詩》注〔63〕。

〔5〕海路：沙漠中的道路。海，此指瀚海，即沙漠。

〔6〕白沙：白色的沙。唐李白《送蕭三十一之魯中兼問稚子伯禽》：「六月南風吹白沙，吳牛喘月氣成霞。」

〔7〕胡雛：胡兒，年輕的胡人。

〔8〕分付：交付；寄意；寄託。唐王昌齡《聽流人水調子》：「孤舟微月對楓林，分
　　付鳴箏與客心。」

【簡評】

　　這是一組邊塞詩。通過描寫邊塞風光及聽到胡笳的感觸，抒寫了遊人思鄉
離別之苦。詩人以雄健的筆力描繪了邊塞的荒漠景象，並抒發了憂時傷民的感
情。與盛唐的高適、岑參諸人的邊塞詩相比，這首詩雖不失雄渾之韻，但有著
更多的哀婉、悲愴。此時代使然。

　　詩的起句詩人抓住了佇立荒原時的獨特感受，只是寫人的所聞，暮色中
傳來嗚嗚咽咽的胡笳聲。此時人的聽覺、視覺，因邊塞之夜的空曠、幽靜而
變得格外敏銳。「塞垣」句訴諸視覺：幾隻受驚的宿鳥從古城牆上撲喇喇地飛
起。邊事吃緊、戍人不眠，那一道報警的狼煙更使邊塞之夜籠罩著緊迫氣氛。
這兩句景色描寫，用寓情於景的手法，進一步抒發作者的愁苦。邊塞之夜的
胡笳聲，「遊人一聽頭堪白」，極具誇張；可見那如泣如訴的笳聲中包含著多
少哀痛、多少血淚！末句用蘇武事入典，將詩人的憂慮又推進一層。詩人借
詠蘇武事，將他憂民的情懷表達出來。值得注意的是「爭禁」一詞，清人沈
德潛曾極贊其「妙」。妙在這一反問句，寫出了邊塞百姓苦痛之難以忍受和盼
望朝廷重整邊防心情之迫切。詩人的滿懷悲愴之氣也通過這一問句，淋漓盡
致地抒發出來。

　　第二首前兩句用了對偶的修辭，體現了語言的節奏美，描寫了春天萬物重
生的活潑景象。「新」「春」採用反襯的手法，以樂景襯托哀情，更突出詩人的
愁苦。後兩句筆鋒一轉，由樂景寫回了哀情，採用直接抒情的方式，運用了比
喻的修辭，形象生動描寫了詩人內心「愁」的程度。尾句寫出了愁苦的原因，
「獨」字也體現了詩人的寂寞與孤獨。

　　第三首前兩句描寫，後兩句抒情。「高臺」描繪荒漠、邊塞中的一種荒
涼、孤寂的景象，寓情於景，體現作者內心的孤寂。「寒雁」句描寫在本來
就荒涼寒冷的異鄉，連大雁都不願停留，而只留下詩人一人，更體現了詩人
的孤寂；為抒發他濃濃的思鄉之情奠定基礎。「春風吹不散」，以誇張手法表
現了一種惆悵的心情，化抽象為形象。末句是直接抒情，「客」字表明作者
身在異鄉，用胡笳的淒涼曲調，抒發了他的思鄉之情。

　　這三首詩表現了詩人內心的愁苦、身處他鄉的痛苦，離鄉的痛苦也一步
步加深，思鄉之情也一步步明朗。處於人生暮年的詩人，慨歎時間的流逝，

用了反襯、用典等手法抒發思鄉之苦。「愁」字為本詩的主基調，詩中兩次出現「暮」字，「高鳥」「萬里人」「胡雛」「寒雁」等多個意象無不體現愁的濃重，難以排遣。除了情感的深刻以外，詩人清新秀麗的語言自然也跳躍其間。

春日寄許渾先輩〔1〕

薊〔2〕北雁初去，湘南春又歸。水流滄海急，人到白頭稀。塞路盡何處？我愁當落暉〔3〕。終須接鴛鷺〔4〕，霄漢〔5〕共高飛。

【注釋】

〔1〕許渾：字用晦，大和年間進士，唐代著名詩人。參見《許七侍御棄官東歸，瀟灑江南，頗聞自適，高秋企望，題詩寄贈十韻》注〔1〕。先輩：唐代進士互相推敬稱先輩。

〔2〕薊：地名，故地在今北京市西南。

〔3〕落暉：夕陽餘暉；人生遲暮的象徵。

〔4〕鴛鷺：此詩以「接鴛鷺」喻指同列朝班。參見《送劉三復郎中赴闕》詩注〔4〕。

〔5〕霄漢：天空極高處。因以喻朝廷。霄，雲；漢，天河。

【簡評】

杜牧、許渾皆為晚唐名家，二人交往的友誼較深，在近體詩創作方面，有著相近之旨趣。長慶四年，許渾北遊塞上，有《孤雁》詩寄杜牧：「昔年雙頡頏，池上靄春暉。霄漢力猶怯，稻粱心已違。蘆洲寒獨宿，榆塞夜孤飛。不及營巢燕，西風相伴歸。」次年杜牧作《春日寄許渾先輩》。詩中可見二人的知己之情。

許渾詩同情失群的孤雁，體物曲盡其妙，同時又融注了自己的思想感情，堪稱佳絕。杜牧詩從感慨人生經歷著筆，人生如雁冬去春歸，滄海桑田老之將至，碌碌無為人生遲暮，更望同列朝班比翼齊飛。二詩內容上均表達了作者對家鄉的思念以及自己長年漂泊，流離他鄉的孤獨之苦，以及不墜青雲之志的高遠追求。

經閶闔城〔1〕

遺蹤委衰草〔2〕，行客思悠悠〔3〕。昔日人〔4〕何處？終年水自流。孤煙村戍〔5〕遠，亂雨海門〔6〕秋。吟罷獨歸去，煙雲盡慘愁〔7〕。

【注釋】

〔1〕閶闔城：春秋時吳王闔閭所築城，即古蘇州。參見《悲吳王城》詩注〔1〕。

〔2〕遺蹤：遺跡，陳跡。西晉潘岳《西征賦》：「眺華嶽之陰崖，觀高掌之遺蹤。」
　　委：捨棄。衰草：枯草。

〔3〕行客：過客，旅客。即指作者自己。悠悠：憂傷的樣子。

〔4〕人：指伍子胥。伍子胥，楚國人，因受讒害，逃至吳國，成為吳王闔閭的重臣，
　　後因夫差聽信讒言賜死於他，他的屍體被投入河中。

〔5〕村戍：村子裏的守衛之所。唐賈島《宿孤館》：「落日投村戍，愁生為客途。」

〔6〕海門：河流的入海口。唐韋應物《賦得暮雨送李冑》：「海門深不見，浦樹遠含
　　滋。」參見《寄題甘露寺北軒》詩注〔6〕。

〔7〕慘愁：極度愁苦。

【簡評】

　　這是一首情韻悠長的懷古詠史詩，抒發了滄海桑田、萬事皆空的深沉感受。以淒冷景色、巨大反差，寫出歷史感慨；意在諷喻現實，抒發對國家及自己前途的濃重愁苦之情。

　　全詩以「遺蹤委衰草」起興開篇，寫往昔吳王盛時的蹤跡已經不見了，只有一片衰草；往日的帝王英雄與美女佳麗，也消失殆盡，無影無蹤，只留下孤煙嫋嫋，亂雨紛飛。失落的詩人，在荒蕪中思慕著久遠的不屬於自己的朝代，與當下社會日漸疏離。自古詩篇中描述的勝蹟與偉業最終不過一縷青煙，幾處荒草。

　　首聯交代了詩人的觀景視角及沉思，與後文的發問、轉眼看水、遠眺孤村，構成了順暢的行文次序，讀來流暢，景物、思索轉換自然。頷聯以含蓄發問道出了心中之愁：愁思像不絕的流水一般沉重而悠長，難以排遣；獨自流淌的水又好像是自己懷才不遇，二者都是孤獨的。頸聯寫景，「亂雨」句更是將心中無形的心情形象地、真切地表現了出來，詩人的愁苦盡在紛亂的雨點中得以反射。尾聯寫愁苦仍舊如初，體現了詩人對現實的不滿和鬱悶。全詩在「慘愁」的氛圍中結束，留給讀者以綿延的悲傷。同時作者精妙傳神的抒情和巧妙的詩歌構思得以完美體現。

并州道中〔1〕

　　行役我方〔2〕倦，苦吟〔3〕誰復聞。戍樓〔4〕春帶雪，邊角〔5〕暮吹雲。極目〔6〕無人跡，回頭送雁群。如何遣公子，高臥〔7〕醉醺醺。

【注釋】

〔1〕并州：唐州名，治所在今山西太原。

〔2〕行役：服兵役、勞役或因為公務而外出跋涉。《詩·魏風·陟岵》：「嗟！予子行役，夙夜無已。」方：已經。副詞。

〔3〕苦吟：作詩苦心推敲吟詠。唐馮贄《雲仙雜記·苦吟》：「孟浩然眉毫盡落，裴佑袖手，衣袖至穿，王維至走入醋甕，皆苦吟者也。」

〔4〕戍樓：邊防軍用來瞭望的城樓。南朝梁蕭繹《登堤望水》：「旅泊依村樹，江槎擁戍摟。」

〔5〕邊角：邊地畫角。

〔6〕極目：盡目力之所及；用盡目力遠眺。極，盡，全。唐杜甫《自京赴奉先縣詠懷五百字》：「群水從西下，極目高崒兀。」

〔7〕高臥：悠閒地躺著。《晉書·陶潛傳》：「嘗言夏月虛閒，高臥北窗之下，清風颯至，自謂羲皇上人。」

【簡評】

這是一首行旅詩，描繪了并州風土及春寒料峭、荒涼淒苦的景象，抒發了游子思念家鄉的濃鬱情感。并州並非一個荒蕪之地，但是行途中卻是「極目無人跡，回頭送雁群」，只有大雁在空際飛翔，似乎有些生機。詩歌直抒胸臆，意境開闊，悲涼豪放。

別　懷 〔1〕

相別徒〔2〕成泣，經過總是空。勞生〔3〕慣離別，夜夢苦西東。去路三湘〔4〕浪，歸程一片風。他年寄消息〔5〕，書在鯉魚中〔6〕。

【注釋】

〔1〕張金海認為此詩非杜牧作。見《懷歸》詩注〔1〕。別懷：惜別的情懷。

〔2〕徒：步行。

〔3〕勞生：指辛苦勞累的生活。《莊子·大宗師》：「夫大塊載我以形，勞我以生，佚我以老，息我以死。」唐駱賓王《海曲書情》：「薄遊倦千里，勞生負百年。」

〔4〕三湘：湖南省的別稱。「三湘四水」代指湖南。其中「四水」是指湘江、資江、沅江、澧水四條河流，這基本取得了共識。但對「三湘」一詞的理解卻各有不同，均指以湘水為中心的三條水名。一說湘水會漓水為漓湘，會瀟水為瀟湘，會蒸水為蒸湘；一說湘水會瀟水為瀟湘，會資水為資湘，會沅水為沅湘。但

古人詩文中的三湘，多泛指湘江流域及洞庭湖地區。唐李白《江夏使君叔席
上贈史郎中》：「昔放三湘去，今還萬死餘。」

〔5〕他年：以後，將來。消息：音訊，信息。

〔6〕「書在」句：指鯉魚傳書的故事。鯉魚：古代書信的代稱。詳見《春思》詩注
〔3〕。

【簡評】

此詩寫詩人遠離故土，作客他鄉，孤獨寂寞，思鄉念親，表達了對故鄉的
留戀之情。全詩語言精巧，含思婉轉，情感質樸而深刻，哀婉卻寬廣無窮。

首聯開宗明義，直抒胸臆，在離別之時邊走邊哭泣，相別的難捨難分與
憂愁哀傷直接表現出來，為全詩奠定了哀傷的感情基調。「空」字引發了詩人
對人生的喟歎，情感萬頭千緒，盛世已經遠去，猶如香塵飄散、雲煙過眼，
生不逢時的無奈與空虛之感自然地襲上心頭。「空」前又飾一「總」字，增強
語氣，倍顯濃濃的感情色彩。頷聯是說作者辛苦勞累地生活著，離別已成為
常事，「勞」「苦」則體現出作者對四處幕僚生活的艱辛與不快。「西東」體現
出長期漂泊在外的無依之感。虛實結合，無論在現實還是在夢中都無法擺脫
別離之苦痛。

頸聯意思更進一層，離開故土踏上征程，運用比喻的修辭，這路就像三
湘的浪花一樣洶湧起伏，生動形象地表現了路途的坎坷與艱險。作者對自己
的前途感到迷茫和不知所措，為自己無法施展平生抱負而憂憤，這一切無不
包容其中，言簡而意深，含蓄而沉鬱。尾聯構思巧妙，運用典故表達作者長
期的思念之情，點明主旨。

漁　父

白髮滄浪〔1〕上，全忘是與非。秋潭垂釣去，夜月叩船〔2〕歸。煙影侵蘆
岸，潮痕〔3〕在竹扉。終年狎鷗鳥，來去且無機〔4〕。

【注釋】

〔1〕滄浪：青綠色的波浪。戰國屈原《漁父》：「漁父莞爾而笑，鼓枻而去，乃歌曰：
　　　『滄浪之水清兮，可以濯吾纓。滄浪之水濁兮，可以濯吾足。』」後將濯纓滄浪
　　　指代隱居。

〔2〕叩船：敲擊船隻。

〔3〕潮痕：潮水留下的痕跡。

〔4〕「終年」二句：謂終年和鷗鳥親近，沒有不良的動機。比喻淡泊隱居，不以世事為懷。唐詩中多詠超逸出世的生活情趣。狎：親近。無機：沒有機心。《列子·黃帝》：「海上之人有好漚鳥者，每旦之海上，從漚鳥遊，漚鳥之至者百數而不止。其父曰：『吾聞漚鳥皆從汝遊，汝取來，吾玩之。』明日至海上，漚鳥舞而不下也。」按漚鳥同鷗鳥。

【簡評】

這是一首人物讚歌，也是化用前人典故的篇章。戰國時期屈原的《漁父》中出現一個世外高人——漁父，自此「漁父」成為歷代文人詩歌吟詠的對象。詩運用典故和景物描寫，描繪了一個忘懷得失榮辱、有天然機趣毫無人間世故與官場惡習的隱者形象，表達了詩人的隱逸傾向和人生理想。這個超脫曠放、無拘無束的形象，也是古代文人心中的偶像之一。

秋 夢

寒空動高吹，月色滿清砧〔1〕。殘夢夜魂斷，美人邊思〔2〕深。孤鴻秋出塞，一葉〔3〕暗辭林。又寄征衣〔4〕去，迢迢〔5〕天外心。

【注釋】

〔1〕砧：搗衣石。

〔2〕邊思：對戍邊人的思念。

〔3〕一葉：《淮南子·說山訓》：「以小明大，見一葉落而知歲之將暮，睹瓶中之冰而知天下之寒。」意謂看見一片落葉，就知道秋天來臨。比喻由小見大，由細微的跡象，就能推知事物發展變化的趨勢。唐人據《淮南子》語意引申為「一葉知秋」，在詩文中常以「一葉秋」或「一葉」表示秋令。本詩以一葉辭林切「秋」夢。唐李郢《早秋書懷》：「高梧一葉墜涼天，宋玉悲秋淚灑然。」

〔4〕征衣：從軍遠行的衣服。

〔5〕迢迢：遙遠。

【簡評】

此詩描寫了一個帶有濃濃之情的思婦形象，表達了寂寞相思之苦的情感，藉此含蓄地表達了詩人憂憤的情懷。體現了在那個社會動盪、戰爭頻繁的晚唐時代，百姓生活在戰亂時期的痛苦及詩人祈願百姓生活安定國家和平的期望。

　　首聯寫秋夜高空淒清的聲音和搗衣砧上清冷的月色，營造了清冷卻又高遠的意境，為全詩定下了感情基調。「動」「吹」二字以動襯靜，突顯了夜晚的靜謐，寫出了女子的孤獨之感。「月」字用以寄託了女子對丈夫的思念之情。在詩歌中，「砧」字往往表達了思婦對征人戍邊的思念之情。此聯通過夜景描寫，體現了女子的寂寞孤獨，為下文做鋪墊。頷聯描寫女子夢醒思夫，直接抒發了對丈夫的思念，唯有在清冷的秋夜中體味深沉的孤獨與痛苦。「殘」「斷」二字刻畫出女子夢醒時的惆悵。頸聯描寫了孤鴻出塞和一葉辭林的景象。運用比興手法抒寫了思婦在秋夢中赴邊，探望自己遠戍邊關的丈夫的深情。用「孤鴻」「一葉」比喻征人戍邊的孤獨，「出塞」「辭林」點明了女子思念丈夫的緣由。尾聯描寫女子為遠在塞外征戍丈夫又寄征衣，寄寓了無限思念。「又」字寫征人久去不歸，「迢迢」表現思婦與征人相隔的距離遙遠。

　　此詩雖寫了思婦的孤枕之苦，但並沒有流露出悲戚哀怨的情感，詩人借思婦委婉地流露出自己的憂國之思。詩貴含蓄蘊藉，作者將自己的愛國思想灌注到少婦思邊的詩句中，擺脫了一般閨怨詩的俗套，具有撞人心扉的藝術力量。

早秋客舍〔1〕

　　風吹一片葉〔2〕，萬物已驚秋。獨夜他鄉淚，年年為客愁。別離何處盡，搖落〔3〕幾時休？不及磻溪叟〔4〕，身閒長自由。

【注釋】

〔1〕吳在慶《杜牧集繫年校注》認為此詩恐非杜牧作。客舍（kè shè）：指旅館。

〔2〕一片葉：詳見《秋夢》詩注〔3〕。這裡拆用一葉驚秋，點明「早秋」。

〔3〕搖落：秋天草木凋零；喻指淪落、飄零。唐李商隱《搖落》：「搖落傷年日，羈留念遠心。」

〔4〕不及：不如。唐魚玄機《聞李端公垂釣回寄贈》：「自慚不及鴛鴦侶，猶得雙雙近釣磯。」磻溪：在陝西寶雞東南，源出南山。北流入渭，一名璜河。相傳呂尚在磻溪垂釣而遇周文王。後因以磻溪代指姜太公呂尚，並常用作詠君臣遇合的典故。多見於隱逸、詠史之詩。《宋書·符瑞志》：周文王「至於磻溪之水，呂尚釣於涯，王下趨拜曰：『望公七年，乃今年光景於斯。』尚立變名答曰：『望釣得玉璜，其文要曰：姬受命，昌來提，撰爾雒鈐報在齊。』」唐黃滔《題陳山人居》：「誰能惆悵磻溪事，今古悠悠不再逢。」

【簡評】

　　此詩表達了詩人濃濃的鄉愁。首聯的「驚」、頷聯的「獨」表現了作者深深的孤獨感和淒涼感。頷聯的「愁」字是全詩的詩眼，整首詩圍繞「愁」字展開。頸聯「何處」「幾時」表現了詩人深深的無奈和期盼。尾聯通過對自在釣翁的描寫，流露出作者的羨慕之情。

逢故人〔1〕

　　故交相見稀，相見倍依依〔2〕。塵路〔3〕事不盡，雲岩〔4〕閒好歸。投人銷壯志，徇俗變真機〔5〕。又落他鄉淚，風前一滿衣。

【注釋】

〔1〕吳在慶《杜牧集繫年校注》認為此詩恐非杜牧作。

〔2〕依依：留戀，不忍分離；依戀不捨的樣子。唐劉商《胡笳十八拍》：「淚痕滿面對殘陽，終日依依向南北。」

〔3〕塵路：布滿塵土的道路；喻指塵俗之路。

〔4〕雲岩：雲霧繚繞的山峰；高峻之山。唐王丘《詠史》：「雲岩響金奏，空水灩朱顏。」高適《同群公題中山寺》：「平原十里外，稍稍雲岩深。」隱居者多居於深山中，故此處用以指隱居之處。

〔5〕投人：指投謁達官貴人。銷：銷磨。徇俗：從俗。徇，依從。變：改變；轉變。真機：謂純真本性。

【簡評】

　　身在他鄉，知己難遇，所以相見時亦倍加珍惜。奔波於塵俗之路，干謁於達官顯貴之間；壯志銷磨，純真本性亦已轉變。詩人感慨萬千，臨風而立，又在他鄉落淚，沾滿衣裳。

　　他鄉，異客，人的一生都在漂泊。在他鄉思吾鄉，在他鄉流吾淚，其實，在哪裏都一樣。晨看朝陽起，暮觀落日息，人生路長，且把我心安放妥當。

秋晚江上遣懷〔1〕

　　孤舟天際外，去路望中賒〔2〕。貧病遠行客，夢魂多在家。蟬吟秋色樹，鴉噪〔3〕夕陽沙。不擬徹雙鬢〔4〕，他方擲歲華〔5〕。

【注釋】

〔1〕吳在慶《杜牧集繫年校注》云，此詩有「貧病遠行客，夢魂多在家」「不擬徹雙

鬢，他方擲歲華」句，顯然為年老大而貧病者之語，與杜牧之生平經歷顯然不
同，故詩恐非杜牧之作。

〔2〕孤舟，參見《新定途中》詩注〔3〕。賒：遙遠。唐呂巖《七言》：「常憂白日光
　　　陰促，每恨青天道路賒。」

〔3〕吟：鳴，啼。噪：喧鬧嘈雜。

〔4〕不擬：不料。徹雙鬢：指雙鬢均白。徹，通、達意。

〔5〕他方：異鄉。擲歲華：拋棄掉美好年華。

【簡評】

　　這是一首秋夜抒懷的詩，詩人在一個秋天的夜晚，夜宿孤舟，表達了遠離
故鄉，蹉跎歲月的感慨，以及對現實處境的不滿。全詩以悲懷起興，以自求振
拔結束；中間兩聯，對仗自然，語言清新灑落，可見詩人風格之一斑。詩中所
表達的情意，對當時懷才未遇的志士來說，有普遍的意義。

　　詩中寫到了秋晚的江上呈現的景象：蟬鳴、秋樹、鴉叫、夕陽、沙灘，
全詩表達了詩人思鄉之情。特別是「蟬吟」二句，寫羈旅異鄉所見秋晚蕭瑟
景色，樹上秋蟬悲鳴，沙邊寒鴉噪晚，真有「夕陽西下，斷腸人在天涯」之
感。

長安夜月

　　寒光垂〔1〕靜夜，皓彩滿重城〔2〕。萬國〔3〕盡分照，誰家無此明。古槐〔4〕
疏影薄，仙桂動秋聲〔5〕。獨有長門〔6〕裏，蛾眉〔7〕對曉晴。

【注釋】

〔1〕寒光：清冷的月光。《木蘭辭》：「朔氣傳金柝，寒光照鐵衣。」垂：籠罩。

〔2〕皓彩：皎潔的月光。重城：指宮城、都城。這裡指長安。唐李白《鼓吹入朝
　　　曲》：「捶鐘速嚴妝，伐鼓啟重城。」

〔3〕萬國：天下。《周易·乾卦》：「首出庶物，萬國咸寧。」參見《華清宮絕句三首》
　　　詩注〔9〕。

〔4〕古槐：古老的槐樹。唐汪遵《又過楊相宅》：「才到青霄卻平地，門對古槐空寂
　　　寥。」

〔5〕仙桂：傳說月亮之中有桂樹，所以稱「仙桂」。唐段成式《西陽雜俎·天咫》：
　　　「舊言月中有桂、有蟾蜍，故異書言月桂高五百丈，下有一人常斫之，樹創隨
　　　合。」秋聲：秋天到來時自然界的風聲、落葉聲、蟲鳥聲等各種聲音。南北朝

庾信《周譙國公夫人步陸孤氏墓誌銘》:「樹樹秋聲,山山寒色。」

〔6〕長門:漢代長安宮名,這裡指長安的皇宮。漢武帝陳皇后失寵後居此。詳見《早雁》詩注〔3〕。

〔7〕蛾眉:代指宮中的女子。參見《洛中二首》詩注〔4〕。蛾眉亦用以比喻月牙兒。

【簡評】

這是一首寫景詩,又是一篇宮詞。詩歌描繪了長安皎潔美好的夜色,含蓄委婉地抒發了宮女的幽怨之情。詩歌採用了對比反襯的手法,寫月亮公正無私,照亮每一個角落,「萬國盡分照,誰家無此明」,而君王卻是如此偏心,宮中女子一夜未眠,直至天亮,無聊地看著太陽升起。寫夜景卻說「蛾眉對曉晴」,一方面說明夜色美好,宮女賞月至天亮;另一方面也表明宮女失寵落寞。

雲

東西那有礙〔1〕,出處豈虛心。曉入洞庭〔2〕闊,暮歸巫峽〔3〕深。渡江隨鳥影,擁樹隔猿吟。莫隱高唐〔4〕去,枯苗待作霖〔5〕。

【注釋】

〔1〕東西:有奔走或流亡義,此喻指雲之漂浮。礙:障礙。

〔2〕洞庭:湖泊名。在湖南省北部,長江南岸。湖中小山甚多,以君山為最著名。在唐代是由京師赴南海必經之路。洞庭湖浩瀚迂迴,山巒突兀,其最大的特點便是湖外有湖,湖中有山,漁帆點點,蘆葉青青,水天一色,鷗鷺翔飛。宋代范仲淹《岳陽樓記》,對洞庭湖變化多端的風光,描繪得淋漓盡至,膾炙人口。洞庭湖的氣勢雄偉磅礡,洞庭湖的月色柔和瑰麗。即使是在陰晦沉霞的天氣,也給人別致、謫秘的感覺,激起人們的遊興。碧波萬頃的洞庭湖不愧為「天下第一水」。唐劉長卿《卻赴南邑留別蘇臺知己》:「猿聲湘水靜,草色洞庭寬。」

〔3〕巫峽:長江三峽之一。在湖北巴東縣西,與四川巫山縣接界,因巫山得名。巫峽秋景蕭森。

〔4〕高唐:楚國臺觀名。戰國宋玉《高唐賦·序》記作者與楚襄王遊於雲夢之臺,往高唐之觀,其上獨有雲氣。傳說楚襄王遊於此,夢見巫山神女。參見《潤州二首》詩注〔10〕。

〔5〕霖:甘雨。《書·說命上》載殷高宗命傅說為相之詞:「若歲大旱,用汝作霖雨。」

【簡評】

　　此詩寫雲寓意深遠，全文無雲，卻寫盡了雲的特性。詩人寫雲即在寫自己，託物言志，借雲的自由東西、飄於湖山之間、可化而為雨等特點，展現詩人的自由不羈、自信灑脫，表達渴望得到重用、濟世有為的願望。雲漂泊不定，就如作者，不知何處是歸途。

　　詩的前兩句寫出了雲的縹緲不定和桀驁不馴的特點，彷彿作者的性格，自由奔放、毫不隱晦，所以作者用「那有礙」和「豈虛心」的反問句，更加突出地表現了雲的飄逸和奔放。「曉入」二句從時間和空間跨度上，展現了雲的來去無蹤和神秘莫測，再用「深」和「闊」表現雲對環境的影響，不僅很對仗，而且動作描繪擬人化，刻畫生動，簡明扼要。

　　「渡江」二句用了鳥和猿兩個動作敏捷的動物，再加上兩個動態的詞彙「隨」和「隔」，更加表現了雲的虛幻、隱逸的特點，從多層面和立體的視角展示雲的姿態萬千和豐富的情趣，讓讀者的思維也跟著作者的畫筆上下高低、前後左右地跳躍。最後兩句用典故，表示雲的重要，同時也用「枯苗待作霖」，表達詩人懷才不遇、盼望明主的心理。

　　文人墨客們大多喜歡在詩詞中描寫雲，比如晉陶淵明《停雲》詩描寫自己的田園生活：「停雲靄靄，時雨濛濛……翩翩飛鳥，息我庭柯。」唐李白在《夢遊天姥吟留別》中曾寫雲的作用：「雲青青兮欲雨，水澹澹兮生煙。霓為衣兮風為馬，雲之君兮紛紛而來下。」唐王維也在《送別》詩裏用雲來表達內心的感慨：「君言不得意，歸臥南山陲。但去莫復問，白雲無盡時。」唐王勃也在《滕王閣序》裏描寫了一種禪意的雲：「閒雲潭影日悠悠，物換星移幾度秋。」

春　懷

　　年光〔1〕何太急，倏忽又青春〔2〕。明月誰家主，江山暗換〔3〕人。鶯花潛運老〔4〕，榮樂〔5〕漸成塵。遙憶朱門柳〔6〕，別離應更頻。

【注釋】

　　〔1〕年光：歲月，時光。南朝陳徐陵《答李顒之書》：「年光道盡，觸目崩心。扶心含毫，諸不申具。」

　　〔2〕倏忽：頃刻，轉眼之間。青春：春天；春季。因為春天草木生長茂盛，顏色青綠，所以稱青春。《楚辭·大招》：「青春受謝，白日昭只。」

　　〔3〕暗換：不知不覺地變換。唐白居易《答尉遲少監水閣重宴》：「雞黍重回千里駕，

林園暗換四年春。」

〔4〕鶯花：鶯鳥啼叫，鮮花盛開，泛指春天的景色。唐杜甫《陪李梓州等曰使君登惠義寺》：「鶯花隨世界，樓閣倚山巔。」潛：悄悄地；秘密地。運老：變老。

〔5〕榮樂：榮華與逸樂。三國魏曹丕《典論·論文》：「年壽有時而盡，榮樂止乎其身。」

〔6〕朱門：紅漆門。詳見《冬至日寄小侄阿宜》詩注〔17〕。朱門柳，借代家鄉門前的柳樹。古人有折柳送別的習俗。參見《柳長句》詩注〔7〕。

【簡評】

這是一首感慨春光閃逝的惜春抒懷之作。詩人的生活和仕途充滿了太多的遺憾和悲傷，世事艱難、身世飄零、青春不再，但是志向仍在。

春天本應令人欣喜，可是詩人卻寫盡了無窮哀歎。開篇以一反問，直抒胸臆，抒發了自己對已逝青春的無限感慨。「明月」二句寫出物是人非的感慨，一個「暗」字突出了這種變化在不知不覺中發生。「鶯花」二句凸顯了世事無常。「鶯」「花」本是歡樂的意象。在這裡卻被作者化用為時間的使者，不知不覺老之將至。榮華富貴、享樂安逸，似乎也如塵土飛揚。詩人感悟到淡泊名利、豁然開朗。尾聯忽然憶起遙遠的家鄉，人世間親人的遠行，又給春天增加了一絲悽楚。結句「別離」和「朱門柳」對照，「頻」字既突出詩人離家之遠，又寫出思家之切。痛惜、哀歎，正表明詩人對於美好景象的喜愛與執著。

逢故人

年年不相見，相見卻成悲。教我淚如霰〔1〕，嗟君髮似絲〔2〕。正傷攜手〔3〕處，況值〔4〕落花時。莫惜今宵醉，人間忽忽〔5〕期。

【注釋】

〔1〕霰：天空中降落的白色不透明的小冰粒。俗稱米雪。

〔2〕髮似絲：頭髮像蠶絲一樣，意思是頭髮已經白了。

〔3〕攜手：歡聚、相逢的意思。

〔4〕況值：何況趕上。

〔5〕人間：人世間。忽忽：時光飛快逝去的樣子。《楚辭·離騷》：「欲少留此靈瑣兮，日忽忽兮其將暮。」

【簡評】

　　這是一首別致的述懷詩。「年年不相見」，如今相逢，本應是欣喜萬分，詩歌卻寫出相逢後的淒苦悲涼，不由得淚落漣漣。「相見卻成悲」，寫出歷經塵世侵擾、人生不算順利的故人相逢時刻的特有情感。流淚之際，抬頭一看，老朋友頭髮已經白了，真是讓人感慨唏噓。此時，只見落花飄零，兩人只好借酒消愁。

閑　題

　　男兒所在即為家，百鎰黃金〔1〕一朵花。借問〔2〕春風何處好？綠楊深巷馬頭斜。

【注釋】

〔1〕百鎰：指錢多。鎰是古代黃金的計量單位，二十兩為一鎰，一說二十四兩為一鎰。三國魏阮籍《詠懷》之八：「黃金百溢盡，資用常苦多。」

〔2〕借問：詢問；請問。詩歌中此類設問詞，下句往往自答。唐白居易《輟歌詞》：「借問送者誰，妻子與兄弟。」

【簡評】

　　這是一首描寫少年遊俠生活的篇章。詩歌以熱情洋溢的語言，描寫遊俠四海為家、千金一擲的豪奢生活。如此遊俠生活，真是狂放不羈，浪漫瀟灑。這或許就是詩人心目中曾經崇尚的一個場景。從中可以瞭解到詩人的放蕩不羈和瀟灑恣意。

金谷園〔1〕

　　繁華事散逐香塵〔2〕，流水〔3〕無情草自春。日暮東風怨啼鳥〔4〕，落花猶似墮樓人〔5〕。

【注釋】

〔1〕此詩作於開成二年（837）春，時杜牧為監察御史，分司東都。金谷園：在河南洛陽市西北金谷澗，石崇有別墅在此。有水流經此地，謂之金穀水。晉太康中石崇建園於此，即世傳之金谷園。石崇，字季倫，小字齊奴，南皮（今河北南皮）人。歷任散騎常侍、青州刺史等職。嘗劫遠使商客，而致豪富。與貴戚王愷、羊繡以豪侈相尚，與潘岳、陸機等附賈后、賈謐，時號金谷二十四友。永康元年（300），趙王司馬倫廢殺賈后，石崇被免官。又為孫秀所譖，被殺。

〔2〕「繁華」句：謂金谷園當年之繁華盛事已隨香塵而消散無跡。唐李清《詠石季倫》：「金谷繁華石季倫，只能謀富不謀身。」香塵：香料粉末，芳香之塵。西晉石崇窮奢極欲，揮霍無度，教練舞妓步法，以沉香為末鋪象床上，令所愛在上舞蹈，無跡者賞賜珍珠，有跡者令其節食減肥。晉王嘉《拾遺記》卷九：「（石崇）使數十人各含異香，行而語笑，則口氣從風而颺。又屑沉水之香，如塵末，布象床上，使所愛者踐之，無跡者賜以真珠百琲。」

〔3〕流水：指金穀水。《水經注·穀水注》：「穀水又東，左會金穀水，水出大白原，東南流歷金谷，謂之金水。東南流，經晉衛尉卿石崇之故居也。」

〔4〕東風：春風。啼鳥：鳴叫之鳥。

〔5〕落花：落花是一種自然現象，自然規律，但在古詩歌中卻賦予了它們以情感和生命。「落花」的意象，往往代表生命的短暫，惜春、傷時的惆悵和對於死亡的焦慮、憂傷。墮樓人：謂石崇的愛妾綠珠。詳見《題桃花夫人廟》詩注〔5〕。後代詩人常用「金穀草生」一類話語來表達由興旺到衰落。宋程俱《夜半聞橫管》：「金穀草生無限思，樓邊斜月為誰明？」

【簡評】

此詩詠懷古蹟，作傷春之怨。諷刺了石崇奢侈荒淫的生活，抒發了世事無常、往事如煙的感慨；描繪出晚唐社會的一幅色彩鮮明的圖畫。金谷之繁盛，伴隨香塵而逐散，流水無情，碧草自春。風吹花落，猶云隱指綠珠玉女，感此傷懷，既使啼鳥也要怨恨東風了。此詩對金谷園的荒涼不勝感慨，對綠珠之不幸命運深表同情。

一二句景中有事，三四句事中有景，頗得情景融攝之妙。金谷園是詩歌創作中歌詠最多的題材之一。唐張繼《金谷園》詩云：「老盡名花春不管，年年啼鳥怨東風。」杜牧此詩三四句即由此變化而來，借暮春景色而詠古抒懷，以「落花」喻「墮樓人」較張詩更精切神妙，含悠然不盡之致。詩中「落花」句喻意最稱精切，哀感頑豔，婉曲見意。俞陛雲《詩境淺說續編》云：「前三句景中有情，皆含憑弔蒼涼之思。四句以花喻人，以落花喻墜樓人，傷春感昔，即物興懷，是人是花，合成一淒迷之境。」

全詩情景交融，深沉的感慨全部寄寓於暮春景色之中，並且巧妙地把歷史典故和景物描寫結合起來，創造出深遠的意境。詩歌以悽楚的景象、對比反襯的手法，抒寫思古之幽情。一般懷古抒情的絕句，都是前兩句寫景，後兩句抒情。這首詩則是句句寫景，景中寓情，四句蟬聯而下，渾然一體。

重登科〔1〕

　　星漢離宮月出輪，滿街含笑綺羅〔2〕春。花前每被青娥〔3〕問，何事〔4〕重來只一人？

【注釋】

　　〔1〕此詩《全唐詩》卷五一六又作何扶詩。詩題為《寄舊同年》。詩云：「金榜題名墨尚新，今年依舊去年春。花間每被紅妝問，何事重來只一人。」

　　〔2〕含笑：面帶笑容。綺羅：指穿著綺羅之女子。

　　〔3〕青娥：少女。江淹《水上神女賦》：「青娥羞豔，素女慚光。」

　　〔4〕何事：為什麼。

【簡評】

　　此詩寫詩人一年兩中科第的自得心情。

　　參見《及第後寄長安故人》《贈終南蘭若僧》詩注、簡評。

遊　邊

　　黃沙連海〔1〕路無塵，邊草長枯不見春。日暮拂雲堆〔2〕下過，馬前逢著射雕人〔3〕。

【注釋】

　　〔1〕海：瀚海，即沙漠。

　　〔2〕拂雲堆：詳見《題木蘭廟》詩注〔3〕。

　　〔3〕射雕人：善射者。詳見《東兵長句十韻》注〔15〕。

【簡評】

　　詩寫於初夏，邊草尚未返青，或是初夏漠北的春天來的很晚。傍晚詩人悠閒的騎馬走過中受降城，欣賞著茫茫黃沙，這時候矯健的射雕騎手前來問候。

　　此詩當寫於上黨高原。「黃沙連海」渲染出蕭瑟淒涼的氣氛。「拂雲堆」形容上黨高原山很高。描繪出孤城的慘淡之氣。這裡的「邊」指與河北割據勢力接觸的上黨、太原、忻州等地區。

　　晚唐李宣遠《并州路》云：「秋日并州路，黃榆落故關。孤城吹角罷，數騎射雕還。」與上詩詩意相通，上詩似乎受其影響。

將赴池州道中作〔1〕

青陽雲水〔2〕去年尋，黃絹歌詩〔3〕出翰林。投轄〔4〕暫停留酒客，絳帷〔5〕斜繫滿松陰。妖人〔6〕笑我不相問，道者應知歸路心。南去南來盡鄉國，月明秋水只沉沉〔7〕。

【注釋】

〔1〕吳在慶《杜牧疑偽詩考辨》認為此詩非杜牧作。池州：治所在今安徽貴池。

〔2〕青陽：池州屬縣，今屬安徽。雲水：白雲流水。

〔3〕黃絹歌詩：絕妙的詩歌。東漢人邯鄲淳曾為孝女曹娥撰碑文，蔡邕於碑文後題寫「黃絹幼婦，外孫齏臼」八個字，意為「絕妙好辭」的隱語。後因用作稱美詩文佳作的典故。《世說新語‧捷悟》：「魏武嘗過曹娥碑下，楊脩從。碑背上見題作『黃絹幼婦，外孫齏臼』八字。魏武謂脩曰：『解不？』答曰：『解。』……脩曰：『黃絹，色絲也，於字為絕。幼婦，少女也，於字為妙。外孫，女子也，於字為好。齏臼，受辛也，於字為辭。所謂絕妙好辭也。』」唐薛存誠《御製段太尉碑》：「雅詞黃絹妙，渥澤紫泥分。」唐許渾《甘露寺感事貽同志》：「青山盡日尋黃絹，滄海經年夢絳沙。」翰林：唐時有翰林院，安置文學詞臣，其官員稱為翰林。

〔4〕投轄：西漢校尉陳遵，嗜酒，每大宴賓客，則把客人車軸兩端插銷拔下，投入井中，以留客使其不能離去。轄，插入車軸兩端孔穴以固定車輪之銷釘。《漢書‧陳遵傳》：「遵嗜酒，每大飲，賓客滿堂，輒關門，取賓客車轄投井中，雖有急，終不得去。」唐人飲宴之詩多以此作好客留賓的典故。唐駱賓王《帝京篇》：「陸賈分金將燕喜，陳遵投轄正留賓。」唐王灣《晚春詣蘇州敬贈武員外》：「意深投轄盛，才重接筵光。」

〔5〕絳帷：紅色車帷。漢代刺史用「傳車驂駕垂赤帷裳」，後遂以絳帷代指刺史。

〔6〕妖人：美麗女子。

〔7〕鄉國：故國；家鄉。沉沉：深邃、渺茫無際的樣子。

【簡評】

詩寫赴池州路上所見所感。因文采出眾進入翰林，卻無暇欣賞風景如畫的行雲流水；雖公務在身，卻被好客的主人留下宴飲。匆匆趕路，顧不上美麗女子的問詢，歸心似箭的心情誰人能解；望著渺茫無際的秋水，南來北往時刻思念著家鄉故里。

隋宮春〔1〕

龍舟東下事成空〔2〕，蔓草萋萋滿故宮〔3〕。亡國亡家為顏色〔4〕，露桃猶自〔5〕恨春風。

【注釋】

〔1〕隋宮：即隋苑。隋煬帝時建，故址在今江蘇揚州西北。

〔2〕「龍舟」句：指隋煬帝多次乘龍舟遊幸江都，荒疏朝政事。煬帝曾開運河，並於大業十二年（616）南巡至江都，沉湎酒色，無意於北歸。十四年（618）為禁軍將領宇文化及等縊殺於宮中。事見《隋書·煬帝紀》。龍舟：帝王所乘的大船。《穆天子傳》：「天子乘鳥舟龍浮於大沼。」注：「龍下有『舟』字。舟皆以龍鳥為形制。」

〔3〕蔓（màn）草：生有長蔓（wàn）能攀爬的野草。《詩·鄭風·野有蔓草》：「野有蔓草，零露漙兮。」萋萋：草木茂盛的樣子。《詩·周南·葛覃》：「葛之覃兮，施于中谷，維葉萋萋。」故宮：隋煬帝在東都洛陽建造的宮殿。

〔4〕顏色：美色，姿色，容貌。晉陸機《擬青青河畔草》：「粲粲妖容姿，灼灼美顏色。」

〔5〕露桃：桃樹，桃花。《樂府詩集·相和歌辭三·雞鳴》：「桃生露井上，李樹生桃旁。蟲來齧桃根，李樹代桃僵。樹木身相代，兄弟還相忘？」後來就用「露桃」指桃樹或桃花。唐顧況《瑤草春》：「露桃穠李自成蹊，流水終天不向西。」猶自：連詞，猶言尚且。

【簡評】

這是一首懷古詠史詩。詩人追憶隋煬帝乘坐龍舟下江南的場面，諷刺了隋煬帝荒淫誤國，雖然當年驕奢淫逸、華麗豪奢到荒唐地步，可是如今萬事成空，只有野草萋萋，桃花依舊在風中綻放。詩人對君王的評價直言直語，毫不避諱，又用無情景物作襯托，暗寓諷刺。詩人在反思歷史的同時，也表達了自己對國家興亡問題的看法，在詩人看來，帝王的荒淫無度是國家敗亡的主要原因。

蠻中醉〔1〕

瘴塞蠻江入洞流〔2〕，人家多在竹棚頭〔3〕。青山海上無城郭，唯見松牌出象州〔4〕。

【注釋】

〔1〕《全唐詩》卷五二五題下校:「一作張籍詩」。杜牧行跡未嘗至嶺南,此應為張籍詩。

〔2〕洞:南方少數民族居地,似北方的村落。

〔3〕竹棚頭:用竹搭起的棚屋。因南方潮濕多蛇,故架竹棚而居。

〔4〕象州:州名。隋開皇十一年置,治所在桂林縣,以象山為州名。唐大曆十一年移治陽壽縣(今廣西象州縣)。

【簡評】

詩寫西南邊陲的風光及習俗。瘴氣縈繞的水流在村落間流淌,人家都居住在竹棚裏。山水間見不到城郭,只有從松木刻的牌上知道,這地方叫象州。詩描繪了少數民族地區的地形和居住特點,別開生面。又採用俯視的角度,鳥瞰蠻州,狀景歷歷在目。

千年古郡象州,滔滔柳江繞城而過。北來浪急,南去舟遠。

到了唐代,一些功績顯赫的政治家、軍事家,因各種原因謫貶嶺南流至象州,給尚處於蠻荒之地的象州帶來了盛唐聲韻,對象州的文化啟蒙、發展起到了極大的促進作用。其中,最為有名的是唐高宗時的宰相柳奭和同時期的右威衛大將軍「白袍將軍」薛仁貴。柳宗元任柳州刺史時多次巡臨象州,除遊歷采風外,是否也表示了柳宗元對曾伯祖柳奭的追緬懷念之情?

江山代有才人出。象州文化底蘊深厚,源於非本土文化的多方滲入。唐以後象州歷朝都出現了各領風騷數十年至數百年的文化宗師,究其源頭,唐聲開啟之功,永遠也無法否認。

寓　題

把酒直須判〔1〕酩酊,逢花莫惜暫淹留〔2〕。假如三萬六千日〔3〕,半是悲哀半是愁。

【注釋】

〔1〕把酒:手持酒杯。直須:應當。判:副詞;聽任、任從之意。此言端起酒杯只應任從一醉。唐元稹《酬友封話舊敘懷十二韻》:「身名判作夢,杯盞莫相留。」

〔2〕淹留:停留,滯留。

〔3〕假如:即使,縱使。三萬六千日:人生百年約計日數。

【簡評】

　　每天忙忙碌碌，時間久了，就會產生一種煩躁的情緒。沒有人不浸在生活的愁苦裏，與其一日日地捱延，如此眉頭緊皺，心亂如麻，不如找個機會徹底地釋放一下。詩人希望奮發有為，而現實卻真的無可奈何。他寫下此詩，以抒發內心的極度不平。

　　愁是一種心境，愁情也極為深廣，它易生、持續、反覆、纏綿、難以排解。詩人也是凡人，自然離不開煩惱的糾纏，也擺脫不掉鬱悶的狂轟濫炸。無奈之舉，最好的辦法就是一醉方休，酒中有真意，酒醉可忘憂，醉夢好還家。詩人眼前彷彿出現了故鄉的那輪玉盤，清輝淡雅，可掬可捧，難以忘懷。詩人一乾而盡，一醉方休；一杯接一杯，管他明天是晴還是雨，也不必過問他人眼中是譏諷還是憐憫，我且痛飲三百杯，再去鏡中賞花，水中撈月。詩人自斟自飲，又自言自語，然後再仰天放聲大笑。

　　人生何其短，歲月何悠長，空活一百年，不過臭皮囊。詩人且歌且吟，心中開闊了很多，胸口也不再感到煩悶。人生像一幅畫，該多一些亮麗的色彩，少一些灰色的基調。雖然你不一定贊成生活「半是悲哀半是愁」，今日有酒今日醉。但他又說，「逢花莫惜暫淹留」，這句話沒錯，我們應該多一些昂然的吟唱，少一些哀婉的詠歎。

送趙十二赴舉〔1〕

　　省事卻因多事力，無心翻〔2〕似有心來。秋風郡閣殘花在，別後何人更一杯〔3〕？

【注釋】

　　〔1〕趙十二：名未詳。

　　〔2〕翻：反而，卻。唐權德輿《薄命篇》：「寧知燕趙娉婷子，翻嫁幽并遊俠兒。」

　　〔3〕一杯：表數量。多用於酒、水。此處特指酒。

【簡評】

　　送人赴舉，多以昂揚腔調給予勸勉。此詩一反常態，有心無心，不溫不火，平時的努力已成竹在心；秋風落葉，路途遙遠，朋稀友寡，請盡情暢飲吧。大有「勸君更盡一杯酒，西出陽關無故人」（王維《送元二使安西》）的意蘊。對赴舉友人關切的真摯情感蘊含其中。

偶呈鄭先輩〔1〕

不語亭亭儼薄妝〔2〕，畫裙雙鳳鬱金香〔3〕。西京〔4〕才子旁看取，何似喬家那窈娘〔5〕。

【注釋】

〔1〕先輩：唐代應試舉子稱呼已及第的人；又是進士出身的人互相推敬的稱呼。

〔2〕亭亭：形容人高潔而風姿優美。唐孟郊《巫山高》：「但飛蕭蕭雨，中有亭亭魂。」儼：矜持莊重貌。薄妝：淡妝。亦作「薄裝」。戰國楚宋玉《神女賦》序：「嫷被服，倪薄裝，沐蘭澤，含若芳。」南朝梁沈約《麗人賦》：「垂羅曳錦，鳴瑤動翠；來脫薄妝，去留餘膩。」唐王維《扶南曲歌詞五首》：「入春輕衣好，半夜薄妝成。」

〔3〕畫裙：繡飾華麗的裙子。唐施肩吾《代征婦怨》：「畫裙多淚鴛鴦濕，雲鬢慵梳玳瑁垂。」雙鳳：一對鳳凰。唐蘇頲《侍宴安樂公主山莊應制詩》：「簫鼓宸遊陪宴日，和鳴雙鳳喜來儀。」鬱金香：香草名。多年生草本植物，花色鮮紅。《唐會要》卷一百《雜錄》：「伽昆國獻鬱金香，葉似麥門冬，九月花開，狀如芙蓉，其色紫碧，香聞數十步，華而不實。欲種取其根。」

〔4〕西京：指長安。漢都長安，東漢遷都洛陽，以長安在西，稱西京，稱洛陽為東京。唐都長安，天寶元年曰西京，至德二載曰中京，上元二年復曰西京。見《新唐書·地理志》。唐元稹《仁風李著作園醉後寄李十》：「卻笑西京李員外，五更騎馬趁朝時。」

〔5〕何似：猶言何如，「比……怎麼樣」的意思。一般用於句首。此句言比起窈娘怎麼樣。窈娘：初唐詩人喬知之侍婢名。《本事詩·情感第一》：「唐武后時，左司郎中喬知之有婢名窈娘，藝色為當時第一。知之寵愛，為之不婚。武延嗣聞之，求一見，勢不可抑。既見，即留，無復還理。知之痛憤成疾，因為詩，寫以縑素，厚賂守以達。窈娘得詩悲惋，結於裙帶，赴井而死。」

【簡評】

詩謂：少女穿著美麗的彩裙，頭插鳳釵，施整齊的淡妝，香氣馥郁，亭亭而立，沉思不語。來自長安的才子從旁看去，怎麼長的這麼像喬家的窈窕嬌娘呢？

此詩稱美鄭先輩，人品高潔，風姿綽約，矜持莊重，儼然以絕世美人譽之。「不語」二句淡雅婀娜。末二句語句極為俏皮，以才子之口，極贊其貌比窈娘。此詩偶然書之，既有讚譽，又寓調侃之意。

子　規〔1〕

　　蜀地曾聞子規鳥〔2〕，宣城又見杜鵑花〔3〕。一叫一回〔4〕腸一斷，三春三月憶三巴〔5〕。

【注釋】

〔1〕此詩又見李白集，詩題《宣城見杜鵑花》。古今學者多認為是李白詩。

〔2〕子規：一名杜鵑，蜀地最多，春暮而鳴，聲音悲淒。詳見《杜鵑》詩注〔2〕。

〔3〕杜鵑花：又名映山紅、紅躑躅，每年夏曆二三月中杜鵑啼時花盛開，故名杜鵑花。此花在唐時極受珍視，在宮廷中竟以之敕賜。參見宋洪邁《容齋隨筆》卷十。

〔4〕回：牽動。唐王建《送張籍歸江東》：「君詩發大雅，正氣我迴腸。」

〔5〕三春：指春季。三巴：東漢末年，益州牧劉璋置巴郡、巴東、巴西三郡，時稱三巴。相當於今四川奉節以西，嘉陵江、綦江流域以東大部地區。

【簡評】

　　此詩感物起興。前二句，形成自然的對仗，從地理和時間兩個方面的對比和聯結中，視聽並置，真實地再現了觸動鄉思的過程。後兩句承上，進一步渲染濃重的鄉思。「憶三巴」則突現了思鄉的主題，把杜鵑花開、子規悲啼和詩人的斷腸之痛融於一體，以一片蒼茫無涯的愁思將全詩籠罩了起來。「一」「三」兩個字各自串連起來，紆結縈回，使人感到鄉思襲來時無比的悲切傷痛。特別是「一」與「三」三次反覆，按理在近體詩中是禁忌的，但詩人卻寫得神韻天然，足見詩人駕馭語言的高超能力。全詩通篇對仗，結構上前呼後應，渾然一體，運用多種修辭手法，達到情景交融的效果。

江　樓〔1〕

　　獨酌芳春酒，登樓已半醺〔2〕。誰驚一行雁，衝斷過江雲。

【注釋】

〔1〕此詩《樊川文集》不載，北宋田槩編《樊川別集》時補入。《全唐詩》卷四六又作韋承慶詩。

〔2〕登樓：古時習慣，作客外地，往往登高眺望故鄉。醺（xūn）：微醉。唐詩中描寫飲酒的一般順序，首先是「飲」，其次是「醺」，再次是「酣」（酒喝得暢快淋漓，盡興後濃睡狀），第四是「醒」，第五是「酲」（酒醒後氣困意乏如病態），

第六是「酺酒」，第七是「醉」（過度飲酒，神志不清）。唐人的酒德值得稱道。唐人喜酒，熱衷買醉的人很多，卻並不見野蠻粗俗的酒風。唐詩中的酒，顯得分外可愛、親切、率真、雅致，處處透著詩人名士的風流態度。

【簡評】

詩寫江樓之景，比喻孤客飄零的情懷。詩人在江樓獨酌、酒已半醺之時，突然見到江上的一行歸雁，正衝破江上的雲層向北飛去。詩到此戛然而止，頗能引人思索。蓋詩人見到歸雁，觸動鄉心無限。對此歸雁，他人不注意，而詩人卻傾注於深情也。此詩因雁寫懷，有寥落之思。

此詩以比興手法寫孤寂，寓鄉思，頗為後人讚賞。黃叔燦《唐詩箋注》曰：「獨酌傷春，登樓自遣，忽驚斷雁，又觸愁腸，神隨遠望，情緒彌深。只以『獨酌』二字領起，妙！」胡本淵《唐詩近體》云：「『驚』字、『斷』字俱煉，亦有含蓄。」俞陛雲《詩境淺說續編》云：「以『獨酌』二字開篇，知其後二句之驚寒斷雁，乃喻獨客之飄零。趙嘏《寒塘》詩云：『曉發梳臨水，寒塘坐見秋。鄉心正無限，一雁過南樓。』則明言見雁而動鄉心。此二詩皆因雁寫懷，而有寥落之思也。」

旅　宿 [1]

旅館無良伴 [2]，凝情自悄然 [3]。寒燈思舊事 [4]，斷雁警 [5] 愁眠。遠夢歸侵曉 [6]，家書到隔年。湘江好煙月 [7]，門 [8] 繫釣魚船。

【注釋】

〔1〕吳在慶《杜牧集繫年校注》云：此詩有「湘江好煙月，門繫釣魚船」句，則作者家鄉在湘江畔，與杜牧生平不合，詩非杜牧作。參見《懷歸》詩注〔1〕。

〔2〕良伴：好朋友。

〔3〕凝情：神情專注，精力集中。自悄然：獨自黯然。自，副詞，猶言獨、獨自。悄然，憂鬱、憂愁的樣子。唐白居易《長恨歌》：「夕殿螢飛思悄然，孤燈挑盡未成眠。」

〔4〕寒燈：昏冷的燈火。這裡指倚在寒燈下面。思舊事：思念往事。

〔5〕斷雁：離群之雁，這裡指失群孤雁的鳴叫聲。亦稱「斷鴻」。警：驚醒。

〔6〕遠夢歸：意謂做夢做到侵曉時，才是歸家之夢，家遠夢亦遠，恨夢歸之時也甚短暫，與下句家書隔年方到，恨時間之久，相對而更增煩愁。侵曉：天將亮的時候。侵，接近；曉，天明。

〔7〕煙月：幽靜美麗的景色。

〔8〕門：門前。

【簡評】

　　這首詩是久旅他鄉懷歸之作。詩寫得感情細膩，風格質樸，含蓄蘊藉，真切動人。抒發了一種難於排解的淒苦的思鄉之情。

　　首聯破題，開門見山，點明情境，「無良伴」言旅宿之孤獨，「自悄然」言旅館之寂靜。著「凝情」二字，神態自出。此時之情懷，蓋有孤獨、寂寞、苦悶、憂愁、感傷等。羈旅思鄉之情如怒濤排壑，劈空而來，將詩人的思念之情寫到極致。頷聯融情於景，細緻地描繪出了一幅寒夜孤客思鄉圖景。「思」「警」二字極富鍊字工夫。燈不能思，卻要寒夜愁思陳年舊事，物尤如此，人何以堪。由燈及人，顯然用意在人不在物。「警」字也極富情味。失群孤雁的鳴叫使羈旅之人深愁難眠。

　　頸聯極言鄉關的迢遠，表現滿懷的幽愁暗恨，語經千錘百鍊。用設想之詞，虛實結合，想像奇特，詩由寫景向抒情過渡，尾聯用清麗明快的色調繪出家鄉的美好風光，似乎從鄉愁中跳出，實則描寫了可望而不可即的夢想，內含的憂愁深長。尾聯用樂景反襯哀情。美景幽思、怨恨鄉愁、委實淒絕。除卻個中人，任何人也難以深味個中情。

　　全詩層層推進，寫景抒情具有獨到之處。因無良伴而悄然，因悄然而思鄉，因思鄉而夢歸。層層推進，順理成章。寒燈、斷雁，畫出了旅館的孤寂淒清。用夢境寫旅宿思愁哀怨，亦虛亦實，虛中寫實，以實襯虛的特點讀來迴腸盪氣。全詩結構嚴謹，層次分明，意境深遠，含蓄委婉。

杜　鵑〔1〕

　　杜宇〔2〕競何冤，年年叫蜀門〔3〕。至今銜積恨〔4〕，終古弔殘魂〔5〕。芳草迷腸結〔6〕，紅花染血痕〔7〕。山川盡春色，嗚咽復誰論？

【注釋】

　　〔1〕杜鵑：鳥名。又稱子規、望帝；又作子嶲、鵑鴂、催歸。

　　〔2〕杜宇：杜宇即杜鵑鳥，啼聲悲切。傳說，杜鵑為戰國時蜀王望帝杜宇魂魄所化。又說，聞杜鵑初鳴的人，將有傷別之事。參見《太平御覽‧揚雄‧蜀王本紀》、晉闞駰《十三州志》。《文選‧左思‧蜀都賦》：「碧出萇弘之血，鳥生杜宇之魄。」李膺《蜀志》：「望帝稱王於蜀，詩荊州有一人化，從井中生，名曰

鼈靈。於焚身死，屍反泝流，上至紋山之陽，忽復生。乃見望帝，立以為相。鼈靈乃鑿巫山開三峽，降邱宅土，民得陸居。望帝以其功高，禪位於鼈靈，號曰開明士。望帝修道，虞西山而隱，化為杜鵑鳥，亦曰子規。」《寰宇記》：「蜀之後主，名杜宇，號望帝，讓位鼈靈。望帝自選，後欲復位，不得，死化為鵑，每春月晝夜悲鳴，蜀人聞之曰：我望帝魂也。」《本草集解》：「杜鵑，春暮即鳴，鳴必北向，其聲哀而吻有血，至夏尤甚，徹夜不止。」此鳥蜀地最多。唐李商隱《井絡》：「堪歎故君成杜宇，可能先主是真龍。」唐李頻《過長江傷賈島》：「到得長江聞杜宇，想君魂魄也相隨。」

〔３〕蜀門：原為山名，即劍門山；在四川省劍閣縣北。因其山勢巍峨，道路險峻，素以「天下雄關」著稱。此處用以代稱蜀地。唐杜甫《木皮嶺》：「季冬攜童稚，辛苦赴蜀門。」

〔４〕銜積恨：懷著深深的怨恨。銜，懷著，含著。積恨，深恨，久恨。唐王勃《秋日遊蓮池序》：「秋者愁也，酌濁酒以蕩幽襟，志之所之，用清文而銷積恨。」

〔５〕殘魂：猶孤魂。

〔６〕腸結：喻指彎彎曲曲的小路。

〔７〕「紅花」句：杜鵑的嘴巴是紅色的，春暖花開鳴叫不停，其音哀切，所以古人以為杜鵑嘴上流的血把花都染紅了。

【簡評】

這是一首詠物懷古詩。詩人借用杜宇的歷史傳說，描寫了杜宇的冤屈；從望帝心中的怨恨入手，想追尋杜鵑年年哀啼的原因。作者託物言志，表達了自身對歷史的困惑和迷茫。另一方面以杜鵑自喻，借杜鵑抒發了自己的悲憤之情。

開篇二句，鋪陳直敘，面對杜鵑的種種傳說，直接對年復一年哀鳴不止的杜鵑提出疑問，展開想像。「竟」字加強了語氣，強調了冤屈之深；而「冤」字則引出下文，也是作者提問的重點，為全詩奠定了感情基調。頷聯仍是對杜鵑的描寫。「至今」「終古」表時間，「積」「殘」二字寫情感，這些彷彿都在訴說著那千古不滅的厚重的冤屈，更加深了杜鵑悲憤的感情形象。頸聯「芳草」「紅花」相互映襯，「迷」字暗示了作者的迷茫和愁怨。血染紅花，描寫了一個淒慘的氛圍，表現出杜鵑的不幸，同時暗喻自己。尾聯既表現了時間的流逝，又照應了首聯，使詩結構完整。

從首聯到尾聯，作者與杜鵑的形象和感情步步融合，情感不斷加深。最後

運用反問，直抒胸臆，悲憤之情達到頂峰。杜鵑在其間成為自我形象的象徵，亦可看作晚唐報國無門、鬱鬱孤哀的落寞志士形象的象徵。

聞 蟬

火雲初似滅〔1〕，曉角〔2〕欲微清。故國行千里，新蟬忽數聲。時行仍彷彿〔3〕，度日更分明〔4〕。不敢頻傾耳〔5〕，唯憂白髮生。

【注釋】

〔1〕火雲：日出時的紅雲；亦稱赤雲，形容夏天酷熱的氣候。滅：散去。唐王維《苦熱詩》：「赤日滿天地，火雲成山嶽。」

〔2〕曉角：報曉的號角。古代城池與駐軍的地方，都用角、鼓報告時間，指揮起居行止，故詩詞中屢見鼓角字樣。唐沈佺期《關山月》：「將軍聽曉角，戰馬欲南歸。」

〔3〕彷彿：隱約貌，似有若無的樣子。

〔4〕度日：過了一天。分明：明確，清楚。

〔5〕頻：屢次。傾耳：側耳聆聽。

【簡評】

此詩抒發的是由蟬鳴引發的濃鬱離鄉之愁。清晨，在遠赴他鄉的路途中，詩人忽然聽見了數聲蟬的叫聲，一路上隱隱約約，不時就能聽見。過了一天，蟬的叫聲更加分明了，他在感覺上更加確定，自己離目的地越來越近，而離故鄉越來越遠了；由此產生的傷感使得詩人不敢仔細去聽蟬鳴，唯恐鄉愁不可抑制，催生白髮。這首詩妙在伴隨蟬鳴的愈益清晰而產生的細微情感變化，「時行」二句，準確而細緻地描繪出隨著所在越來越向南，天氣越來越熱，蟬鳴越來越盛的情景。詩人的內心則隨蟬鳴經歷了從迷惑到清醒的過程，最終陷入了無限的憂愁和焦慮中。用筆之妙，愁緒之濃，使讀者不能不為之感染。

送友人

十載名兼利，人皆與命爭。青春〔1〕留不住，白髮自然生。夜雨滴鄉思，秋風從〔2〕別情。都門〔3〕五十里，馳馬逐雞聲。

【注釋】

〔1〕青春：指青年時期，年輕。

〔2〕從：跟著；伴隨。

〔3〕都門：京城城門。

【簡評】

　　這是一首抒情詩，表達了作者思鄉之情以及感慨時光易逝的情感。送別詩是唐詩中最為顯赫的家族之一，也是唐朝人重視友情的標誌。他們對於生命中每一個相遇的人，都用最真的心去對待，也用最乾淨的筆去記錄。

　　詩中絲毫沒有提起送別友人的具體場景，而是直抒胸臆，詩人不無沉痛的反思道：十年來，我在名利的欲海裏掙扎不休，與命運爭鬥不息。然而，我爭鬥的結果是什麼呢？青春不再，白髮悄然生長。此時此刻，聽著外面的夜雨和蕭瑟秋風，內心的孤寂瞬間匯成了海，思鄉之情也洶湧而來。

　　最後兩句是一處閒筆，也是妙筆。忽然，詩人想起白天時的場景：就在都門五十里之外，馬蹄得得聲，雞鳴喳喳聲，是那麼的真切，彷彿還在耳邊。在這裡，「馳馬逐雞聲」有著深刻的象徵意義，馬蹄聲象徵著男人們的夢想和奔波，逐雞聲則象徵著女人們的生活和日常，共同組成了人生百態。

　　詩人李白性格豪放，待人熱情，朋友也遍佈天下。在他留存的詩作中，送別詩佔了非常大的比重，大多寫得元氣滿滿、酣暢淋漓。其《送友人》：「青山橫北郭，白水繞東城。此地一為別，孤蓬萬里征。浮雲游子意，落日故人情。揮手自茲去，蕭蕭班馬鳴。」詩寫得新穎別致，不落俗套，有聲有色，氣韻生動；詩中既沒有早年的意氣風發，也沒有晚年時的激憤苦悶；畫面中既溫馨，又透著一股淡淡的哀愁和惆悵。

　　以上兩首同題詩相比，論名氣，李白詩人盡皆知；論深度，前一首則要沉重得多，寫法也截然不同，則要遠勝於李白；而在藝術上，兩首詩則是不分軒輊。

旅　情〔1〕

　　窗虛枕簟〔2〕涼，寢倦憶瀟湘〔3〕。山色幾時老？人心終日忙。松風半夜雨，簾月滿堂霜〔4〕。匹馬好歸去，江頭橘正香。

【注釋】

〔1〕吳在慶《杜牧集繫年校注》云：本詩有「憶瀟湘」及「匹馬好歸去，江頭橘正香」句，則作者家在湖湘一帶，與杜牧家京兆不合，詩非杜牧作。參見《懷歸》詩注〔1〕。

〔2〕枕簟：枕頭和竹席。簟（diàn），用細竹編成的涼席。唐杜甫《巳上人茅齋》：
　　　「枕簟入林僻，茶瓜留客遲。」詩詞作品中，枕簟一語可連用，可分用，也可
　　　以倒用。

〔3〕瀟湘：詳見《早春寄岳州李使君，李善棋愛酒，情地閒雅》詩注〔5〕。

〔4〕簾：竹簾。霜：月色。

【簡評】

　　客舍簟涼，思念家鄉。山河依舊，終日奔忙。松風夜雨，月色淒涼。願乘
快馬，趕赴故鄉。游子思歸迫切心情，躍然紙上。

曉　望

　　獨起望山色，水雞鳴蓼洲〔1〕。房星隨月曉〔2〕，楚木〔3〕向雲秋。曲渚疑
江盡，平沙〔4〕似浪浮。秦原〔5〕在何處？澤國碧悠悠〔6〕。

【注釋】

〔1〕水雞：水鳥名。《漢書・司馬相如傳上》：「煩鶩庸渠」唐顏師古注：「庸渠，即
　　　今之水雞也。」唐杜甫《閬水歌》：「巴童蕩槳欹側過，水雞銜魚來去飛。」仇
　　　兆鰲注引朱鶴齡曰：「嘗聞一蜀士云：『水雞，其狀如雄雞而短尾，好宿水田。』
　　　今川人呼為水雞翁。」蓼洲：在今江西南昌市西南。原有兩洲相併，水自中流，
　　　上有居民。

〔2〕房星：星名，即房宿；二十八宿之一。古時以之象徵天馬。《晉書・天文志上》：
　　　「房四星……亦曰天駟，為天馬，主車駕。」唐李賀《馬詩》之四：「此馬非凡
　　　馬，房星本是星。」王琦匯解引《瑞應圖》：「馬為房星之精。」月曉：天將亮。

〔3〕楚木：叢生之木。唐皎然《答黎士曹》：「楚木紛如麻，高松自孤直。」

〔4〕平沙：廣漠平坦的沙原；此指蓼洲邊的灘地。參見《邊上晚秋》詩注〔3〕。

〔5〕秦原：泛指陝西長安及附近地區。

〔6〕澤國：水鄉。悠悠：水流連綿不盡。

【簡評】

　　晨起遠望，只見山色蔥蘢，水鳥慵懶；即將破曉，房星還掛在天際；灌
木叢生，蔓延到遠方；江水曲折望不到盡頭，偶而出現片片灘地。秦原在何
處，我的家鄉在哪裏？面對連綿不盡的水流，在澤國水鄉之中，思鄉之情更
加濃鬱。仰觀、平視、遠眺，一切寂靜，唯有心中對故土的思念在躁動。

貽友人〔1〕

自是東西客〔1〕，逢人又送人。不應相見老，只是〔2〕別離頻。度日還知〔3〕暮，平生未識春。倘無遷谷〔4〕分，歸去養天真〔5〕。

【注釋】

〔1〕自是：只因，因為。東西客：指四處奔波之旅客。

〔2〕應：應該，應當。只是：仍是。唐徐鉉《離歌辭五首》：「莫驚容鬢改，只是舊時心。」

〔3〕知：知道，察覺。

〔4〕倘：同倘。遷谷：指進士及第或仕途升遷。《詩·小雅·伐木》：「伐木丁丁，鳥鳴嚶嚶。出自幽谷，遷于喬木。」自唐以來，常以嚶鳴出谷之鳥為黃鶯，唐人因以鶯遷、鶯鳴或鶯出谷表示仕圖遷升或遷居的頌詞。唐韓偓《病中聞復官二首》：「曾避暖池將浴鳳，卻同寒谷乍遷鶯。」

〔5〕天真：指自然真淳之本性。唐王維《偶然作六首》：「陶潛任天真，其性頗耽酒。」

【簡評】

詩人與友人各在東西，今日剛剛相逢又馬上就要送別，不是相見的時候老了，而是離別太頻繁了。這裡寫盡多少友人之間分別的苦楚。詩人一直都在仕途奔波，每日在公文忙碌中度過，從未因欣賞景色而忘記留意時間的腳步。從未真正用一顆閒適之心去觀察體會春天的美麗。

詩末告誡友人，若仕途不得意，便歸隱田園，怡養天性。涵養上天賦予的質樸自然的本性，不摻名利雜念。拋卻俗世羈絆，回歸田園山川，竹林飲酒，如晉陶淵明一樣：「少無適俗韻，性本愛丘山。」（《歸園田居》）如釋重負，去追求對自然和自由的熱愛。

人生，就是一場又一場的遇見，接著一場又一場的重逢，最後是人來人往的離別。驛路策馬，長亭短憩，一回眸，一駐足，可能就是一場相逢。其實，並不一定每一個相遇都是久別重逢。但請珍惜，請把每一個久別重逢，都當做初識的相遇。我們的一生又不何嘗在重複著遇見與分別呢？此事古難全，但願人長久，千里共嬋娟。

書　事〔1〕

自笑走紅塵〔2〕，流年〔3〕舊復新。東風半夜雨，南國萬家春。失計拋漁艇〔4〕，何門化涸鱗〔5〕？是誰添歲月，老卻暗投〔6〕人。

【注釋】

〔1〕吳在慶《杜牧集繫年校注》云：此詩作者乃老於場屋未第者，此與杜牧生平不合，詩非杜牧作。

〔2〕紅塵：佛家或道家稱人世為紅塵。

〔3〕流年：年光如流水過得很快。

〔4〕漁艇：漁船。

〔5〕化涸鱗：化，改變。涸鱗，涸轍之魚。涸，乾涸。喻指身陷困境，急待救援。《莊子》寓言用轍中鮒魚（鯽魚）比喻處於困境急待救援的人，諷刺答應以西江水相救者缺乏誠意。《莊子·外物》：「莊周家貧，故往貸粟於監河侯。監河侯曰：『諾。我將得邑金，將貸子三百金，可乎？』莊周忿然作色曰：『周昨來，有中道而呼者，周顧視車轍中，有鮒魚焉。周問之曰：鮒魚來，子何為者邪？對曰：我東海之波臣也，君豈有斗升之水而活我哉？周曰：諾。我且南遊吳越之王，激西江之水而迎子，可乎？鮒魚忿然作色曰：吾失我常與，我無所處。吾得斗升之水然活耳，君乃言此，曾不如早索我於枯魚之肆！』」唐駱賓王《疇昔篇》：「涸鱗去轍還遊海，幽禽釋網便翔空。」

〔6〕暗投：明珠暗投，用以比喻懷才不遇，屈居下位。《史記·魯仲連鄒陽列傳》：「臣聞明月之珠，夜光之璧，以暗投人於道路，人無不按劍相眄者。何則？無因而至前也。」鄒陽之語意在比喻布衣才士無人引薦，難為君主所用。詩歌中多活用此典抒發情懷。唐高適《送魏八》：「此路無知己，明珠莫暗投。」

【簡評】

　　此寫詩人對於人事的感喟。自以為人世很快意，歲月悠悠、年光如流水卻仍是老樣子。春日來臨，萬象更新，一派生機；然而飄蕩的生活，總是深陷困境，無以自拔。最終還是懷才不遇，屈居下位。既有時光匆匆的感歎，又有青春留下的遺憾。發抒了詩人的奮進與不甘。

別　鶴〔1〕

　　分飛〔2〕共所從，六翮〔3〕勢催風。聲斷碧雲外，影孤明月中。青田〔4〕歸遠路，丹桂〔5〕舊巢空。矯翼〔6〕知何處？天涯不可窮〔7〕。

【注釋】

〔1〕此詩見《全唐詩》卷二三。

〔2〕分飛：各自飛散。

〔3〕六翮：謂鳥類雙翅中的正羽。用以指鳥的兩翼。翮，羽莖，即羽毛上的翎管。《戰國策·楚策四》：「奮其六翮而凌清風，飄搖乎高翔。」唐白居易《詠拙》：「亦曾奮六翮，高飛到青雲。」

〔4〕青田：縣名，唐屬括州。治所即在今浙江青田縣。縣西北，有青田山，產胎化鶴。相傳青田產鶴，故名青田鶴。《初學記》卷三十引南朝宋鄭緝之《永嘉郡記》：「有沭沐溪，去青田九里。此中有一雙白鶴，年年生子，長大便去，只惟餘父母一雙在耳，精白可愛，多雲神仙所養。」唐陸龜蒙《送浙東德師侍御罷府西歸》：「詩懷白閣僧吟苦，俸買青田鶴價偏。」又，青田大鶴天是道教三十六洞天之一。浙江省青田縣西北四十里，有青田石門洞天，即此。《雲笈七籤》卷二七：「三十六小洞天，在諸名山之中，亦上仙所統治之處也……第三十青田山洞，周回四十五里，名曰青田大鶴天，在處州青田縣屬，傅真人治之。」

〔5〕丹桂：桂樹的一種，葉如柏，皮赤色。唐武元衡《玉泉寺與潤上人望秋山懷張少尹》：「況此綠岩晚，尚餘丹桂芳。」

〔6〕矯翼：舉翼高飛。

〔7〕窮：終極。

【簡評】

這是一首詠物詩，借喻詩人的情感，發抒慨歎：仙鶴分飛，雖然有奮六翮而凌清風之力，卻遭風催；雖能聲斷碧雲外，卻只能影孤明月中。路途遙遠，何時能夠蘭桂齊芳、顯貴發達；雖奮六翮，卻不能高飛到青雲；這是懷才不遇，還是忿忿不平，二者兼而有之。

晚　泊

帆濕去悠悠〔1〕，停橈〔2〕宿渡頭，亂煙迷野岸，獨鳥出中流。蓬雨延鄉夢，江風阻暮秋。倘〔3〕無身外事，甘老向扁舟〔4〕。

【注釋】

〔1〕悠悠：遙遠的樣子。

〔2〕停橈：停船。橈，船槳，此處指船。

〔3〕倘：同「倘」；倘若，如果。

〔4〕扁舟：《史記·貨殖列傳》記載春秋末年，范蠡辭別越王句踐，「弄扁舟浮與江湖」。後指歸隱江湖。唐李白《宣州謝朓樓餞別校書叔雲》：「人生在世不稱意，明朝散髮弄扁舟。」

【簡評】

　　傍晚時節，泊船岸邊，面對悠悠水面，思緒萬千。「亂煙」二句寫晚泊所見江上景色，暮靄迷蒙，歸鳥頓現，用「亂」「迷」「獨」「出」等字，正喻羈旅晚泊游子思鄉懷歸的悵惘心情。時值暮秋陰雨伴隨著江風，身處異鄉的遊人狀如秋蓬，孤帆之中卻夢魂牽繞著故鄉。尾聯流露出對歸隱生活的嚮往。濃濃鄉情與自在生活是詩人渴望的願景。

山　寺

　　峭壁引行徑，截溪開石門〔1〕。泉飛濺虛楹，雲起漲河軒〔2〕。隔水看來路，疏籬見定猿〔3〕。未閒難久住，歸去復何言。

【注釋】

　　〔1〕引：延伸。截：切斷；割斷。

　　〔2〕河軒：臨河長廊或亭軒之類建築物。

　　〔3〕定猿：安靜不動之猴子。定：猶言停、止息。

【簡評】

　　這是一首描寫山間寺廟的小詩。從峭壁延伸的小路，來到建在半山間的寺廟，一條小溪流過門前。泉水飛濺，恰似寺廟的廊柱；白雲繚繞，好像漲起的河水圍繞在亭軒長廊。隔水看著前來的道路，透過籬笆只見幾隻安靜不動的猴子。詩人因事纏身不能久住，只有回去慢慢體味。此詩景致幽美，動靜結合，幽思綿長。宋張道洽詩句「澹煙孤寺藏山崦，殘雪疏籬傍水涯。」（《梅花七律》）與此詩有異曲同工之妙。

早　行

　　垂鞭信馬行〔1〕，數里未雞鳴。林下帶殘夢，葉飛時忽驚。霜凝孤鶴迥，月曉遠山橫〔2〕。僮僕休辭險，時平路復平。

【注釋】

　　〔1〕信馬：任馬漫步行走而不加約制。唐岑參《西掖省即事》：「平明端笏陪鵷列，薄暮垂鞭信馬歸。」

　　〔2〕「霜凝」二句：謂曉月尚未落下，周圍的植被上凝著霜雪，只有孤鶴在天空飛翔，遠處的山峰看不清全貌。迥：高，遠。月曉：天將亮。

【簡評】

全詩寫旅途早行的景色，通過聽覺與視覺結合，動靜結合，描繪了一幅寂靜清冷的「早行」圖。此詩即事抒懷，通過鮮明的藝術形象，真切地反映旅人旅途的感受。

首聯寫起程所聞，睡意未消，信馬由韁，從聽覺上寫「早」。第二聯寫途中所見，是近景。因行程過早，殘夢若斷若續，樹葉飄飛驚醒續著殘夢的詩人，描寫十分真切。第三聯寫遠景。詩人清醒了，開始觀察路途景色。「月曉」「霜凝」言天色之早且寒，「孤鶴迴」「遠山橫」言行程之遠而險。這種情景，對於旅人來說，是會產生一種孤獨、寂寞之感的。前路漫漫，思緒紛亂，各種各樣的念頭也就油然而生。尾聯寫作者和僮僕的交流和行為。當僮僕抱怨路途艱險之時，詩人以近乎玩笑般的對話作結：「時平路復平」。當然，此「平」非彼「平」，只要社會太平，時局穩定，路途也就不遙遠、不艱險。其中暗喻了詩人對於時局的憂慮和擔心。

秋日偶題〔1〕

荷花兼柳葉，彼此不勝秋〔2〕。玉露滴初泣，金風〔3〕吹更愁。綠眉〔4〕甘棄墜，紅臉〔5〕恨飄流。歎息是游子，少年還白頭。

【注釋】

〔1〕偶題：偶然寫成。多用作詩題。

〔2〕兼：連詞；和，與。勝：能夠承擔或承受。

〔3〕玉露：晶瑩的露水。金風：指秋風。古代以五行配四時，秋屬金。玉露、金風，泛指秋天的景物。

〔4〕綠眉：代指柳葉，葉形如眉。

〔5〕紅臉：代指荷花，粉紅如臉。

【簡評】

詩人在秋風乍起的季節，把偶然進入視線的荷花、柳葉、露珠，觀察到它們的形態、動作，心有所感，加以藝術剪裁和點評，構成一幅色系清幽、情思蘊結的圖畫，畫意與詩情在妙筆下完美地融為一體。

首聯寫荷花與柳葉滿載憂愁，「不勝秋」更是表現出愁的程度之深。給荷花、柳葉賦予了人的情感，彷彿它們正滿載憂愁在秋風中哀歎。頷聯「玉露」晶瑩剔透，如泣如訴，被賦予了生動的形象。秋日微風吹拂，詩人的愁緒更

濃了幾分，側面反映出內心的愁苦、惆悵。「愁」字直言心情，奠定了全文情感的基調。

　　頸聯形象生動地表明對時光匆匆逝去的慨歎，對於人生的歎息。明寫秋日柳葉甘願墜落的景象，暗寓詩人的惆悵感慨之情。寫荷花不願在水中任意漂流，表現四處飄蕩遠離家鄉的悲傷之情，寫出了身在異域的思鄉之情。二句對仗工整，相互對應，給荷花、柳葉的形象賦予了生命，形象生動，也使詩人的愁思躍然紙上，寫出愁苦、傷感的原因與程度。將詩人的情感寄託在荷花、柳葉上，託物以言志。

　　最後兩句點明詩作的中心思想，表明了作者「游子」的身份；身在他鄉，抑鬱不得志，年少卻現白髮；寫出作者對時光匆匆流逝、自己卻無所作為的悲傷感歎。

　　全詩以簡短的篇幅、優美的韻律，通過寫景託物言志、寓情於景，情景交融，表達出作者深深的愁緒與對時光逝去的感慨。

憶　歸〔1〕

　　新城非故里，終日想柴扃〔2〕。興罷花還落，愁來酒欲醒。何人初發白，幾處亂山〔3〕青？遠憶湘江上，漁歌對月聽。

【注釋】

〔1〕吳在慶《杜牧集繫年校注》云：此詩有「終日想柴扃」「遠憶湘江上，漁歌對月聽」句，則作者故鄉在湘江畔，與杜牧生平不合，詩當非杜牧之作。參見《懷歸》詩注〔1〕。

〔2〕柴扃（jiōng）：柴門，指村舍。扃：本指門、門環，此處指門。

〔3〕亂山：高低不齊的群山。唐李涉《再宿武關》：「遠別秦城萬里遊，亂山高下入商州。」

【簡評】

　　身居新城，卻念故里的柴扉。見花落淚，酒醒愁來。群山綿延依舊蔥蔥，遊人鬢髮已露初白。仰望明月，耳畔漁歌迴響，思緒又回到湘江畔的故鄉。全詩充滿濃濃的鄉愁。見景生情，直抒胸臆。

黃州偶見作〔1〕

　　朔風高緊掠〔2〕河樓，白鼻騧郎白罽裘〔3〕。有個當壚〔4〕明似月，馬鞭斜

揖〔5〕笑回頭。

【注釋】

〔1〕此詩約在會昌二年至四年（842～844）秋間作，時杜牧任黃州刺史。

〔2〕掠：拂過。

〔3〕騧（guā）：身黃嘴黑之馬。白罽（jì）裘：白毛之皮衣。罽，一種毛織品。

〔4〕當壚：指當壚賣酒之女子。壚，酒店安放酒甕、酒罈之土臺。參見《郡齋獨酌》詩注〔11〕

〔5〕揖：拱手為禮。

【簡評】

唐代的賣酒女，思想開放，不顧陳規，為豐富人們的生活、繁榮市場作出了貢獻，受到時人的普遍讚揚。她們除了賣酒外，有時還要表演歌舞以招徠顧客。

詩人在路過黃州時，見到了這樣動人的一幕情景：當壚賣酒的女子像明月一樣美麗，光豔照人。讓詩人斜揖馬鞭，不禁頻頻回顧，不忍離去。

醉 倒

日晴空樂下仙雲〔1〕，俱在涼亭送使君〔2〕。莫辭一盞〔3〕即相請，還是三年更不聞。

【注釋】

〔1〕仙雲：仙人所駕之雲。唐韋渠牟《步虛詞十九首》：「仙雲在何處，彷彿滿空堂。」

〔2〕使君：對州郡長官的尊稱。

〔3〕一盞：表數量。猶一杯。用於酒。盞，杯盞。

【簡評】

這是一首別致的送別詩。使君的到來，猶如仙雲飄忽而至。閒言不敘，飲酒莫辭，更有那仙樂飄飄，多年不曾聽聞。此情此景，美了，醉了，詩人也飄飄欲仙。

酬許十三秀才兼依來韻〔1〕

多為裁詩〔2〕步竹軒，有時凝思〔3〕過朝昏。篇成敢道懷金璞〔4〕，吟苦唯

應似嶺猿〔5〕。迷興每慚花月夕〔6〕，寄愁長在別離魂。煩君把卷侵寒燭〔7〕，
麗句時傳畫戟門〔8〕。

【注釋】

〔1〕許十三：名未詳。依來韻：按照許秀才寄來的詩篇的韻腳作詩，即和詩。

〔2〕裁詩：作詩，推敲詩作。唐杜甫《江亭》：「故林歸未得，排悶強裁詩。」

〔3〕凝思：聚精會神地思考。

〔4〕金璞：金玉般的美好品質和思想。北齊魏收《枕中篇》：「遠於厥德不常，喪其
金璞。馳騖人世，鼓動流俗。」

〔5〕吟苦：吟詩之苦。嶺猿：山嶺上的猿猴。猿的叫聲哀苦，所以用來形容詩人的
苦吟。唯應：唯有，只有。

〔6〕迷興：沒有作詩的興致。花月夕：花好月圓的夜晚。

〔7〕把卷：指看書。或指持考卷，唐杜荀鶴《入關因別舍弟》：「莫愁寒族無人薦，
但願春官把卷看。」侵：近。寒燭：清冷的燭光。

〔8〕麗句：華美的詩句。畫戟：古兵器，即戟。因在戟柄上加彩畫或飾文，故又
稱畫戟。唐宋官制，官階三品以上公府門前可以列戟為儀飾，戟有定數，豎
於木架之上；出行時以為儀仗。後泛稱官府及顯貴之家門第為「畫戟門」。唐
白居易《夜歸》：「歸來未放笙歌散，畫戟門開蠟燭紅。」

【簡評】

　　這是一首和詩。前半部分寫的都是詩人刻苦吟詩的情景。為了寫出佳句
或推敲某一個字眼，詩人在竹軒裏不停地踱來踱去，凝眸苦想，或從朝至夕，
或通宵達旦，苦吟低唱，好似山嶺之猿。但是詩人還是心懷疑慮，不滿足自
己的成果，不敢妄自誇口寫得出色。接下來是解釋為什麼自己的詩沒有寫好。
因為思鄉之情時常困擾著他，所以即使在花好月圓的夜晚也常失去作詩的興
致，故所作不如人意。表面是申述理由，實則是在自謙。最後一句是對朋友
的客套話，希望兩人經常詩篇往來。全詩邏輯清晰，語言流暢易曉，沒有太
多的典故，但仍滲透著典雅之風。

後池泛舟送王十秀才

　　城日晚悠悠，絃歌〔1〕在碧流。夕風飄度曲〔2〕，煙嶼〔3〕隱行舟。問拍疑
新令〔4〕，憐香占彩毬〔5〕。當筵雖一醉，寧復緩離愁。

【注釋】

〔1〕悠悠：閒適貌。唐韓愈《南溪始泛三首》：「上去無得得，下來亦悠悠。」絃歌：用琴瑟伴奏而歌。

〔2〕夕風：晚風。度曲：唱曲；按譜歌唱。東漢張衡《西京賦》：「度曲未終，雲起雪飛，初若飄飄，後遂霏霏。」

〔3〕嶼：小島。

〔4〕拍：節拍；樂曲的段落。新令：新成之酒令。在一次行令過程中，必須具備兩個或兩個以上的酒令，前一令結束後，改換新令，緊接而行。疑：一作「擬」。

〔5〕彩毬：一種內填香料之彩色球。唐白居易《醉後贈人》：「香毬趁拍迴環匝，花醆拋巡取次飛。」香毬，用香料製成供拋擲玩弄的球。

【簡評】

　　杜牧有多首送王十的詩，此詩別有新意。晚宴送別，絃歌聲聲迴響在水面；聽著晚風中飄散著樂曲，小船隱約行駛在煙霧與小島之間；一邊草擬新的酒令，一邊玩耍爭搶著彩毬，氣氛熱烈；畫面景致優美，然而情感淒切。尾聯道出真情，這是借一醉而解千愁，將離愁別緒緩緩釋放。對友人依依不捨的內在情感，中心藏之。

書　情

　　誰家洛浦神〔1〕？十四五來〔2〕人。媚髮輕垂額，香衫軟著身。摘蓮紅袖濕，窺涤翠蛾頻〔3〕。飛鵲徒來往〔4〕，平陽公主〔5〕親。

【注釋】

〔1〕洛浦神：洛水女神宓妃。此泛指美女。

〔2〕來：用在數量詞後，表概數。

〔3〕翠蛾：指女子眉毛。頻：通顰。

〔4〕鵲：喜鵲。俗以為喜鵲叫聲為吉祥之兆。來往：來去，往返。

〔5〕平陽公主：漢景帝女陽信長公主嫁平陽侯曹壽，故稱平陽公主。詳見《出宮人二首》詩注〔6〕。此謂美女乃權勢家之親戚，不可接近。

【簡評】

　　此當為詩人為一鍾情女子的遣懷之作。全篇從年齡、身材、服飾、動作以及家世的高貴等，極寫女子的貌美可人。表達了一種恣狂般的愛戀。

詩中對少女美好姿態的描述，「媚髮輕垂」四句，對她的欣賞僅僅停留在視覺感官，從頭髮、額頭、衣著、動作、黛眉等方面對女子進行了審美欣賞，香軟曼妙。

兵部尚書席上作〔1〕

華堂今日綺筵〔2〕開，誰喚分司〔3〕御史來？偶發狂言驚滿座，三重粉面一時〔4〕回。

【注釋】

〔1〕此詩約作於大和末、開成初年（835～836），杜牧任監察御史分司東都時。最早見於唐孟棨《本事詩》，是一首朗吟於兵部尚書李司徒宴席上的即興之作。《本事詩・高逸》：「杜為御史，分務洛陽時，李司徒罷鎮閒居，聲伎豪華，為當時第一。洛中名士，咸謁見之。李乃大開筵席，當時朝客高流，無不臻赴。以杜持憲，不敢邀致。杜遣座客達意，願與斯會。李不得已，馳書。方對花獨酌，亦已酣暢，聞命遽來。時會中已飲酒，女奴百餘人，皆絕藝殊色。杜獨坐南向，瞪目注視，引滿三卮，問李雲：『聞有紫雲者，孰是？』李指示之。杜凝睇良久，曰：『名不虛傳，宜以見惠。』李俯而笑，諸妓亦皆回首破顏。杜又自飲三爵，朗吟而起曰：『華堂今日綺筵開，誰喚分司御史來？忽發狂言驚滿座，兩行紅粉一時回。』意氣閒逸，旁若無人。」《太平廣記》卷二七三謂李司徒為李愿。繆鉞《杜牧年譜》認為李司徒為李聽。南宋胡仔曾對此詩提出疑問。他在《苕溪漁隱叢話》後集卷十五徵引《古今詩話》後，又引《侍兒小名錄》，云：「《侍兒小名錄》不載此事，出於何書？疑好事者附會之也。」可備一說。

〔2〕綺筵：華貴豐盛的筵席。

〔3〕分司：唐代建都長安，以洛陽為東都，分設在洛陽的中央官署稱作分司。但除御史之分司有實權外，其他分司多用以優待退閒之官，並無實權。唐代於東都洛陽設置留省、留臺，其官員稱分司官。

〔4〕一時：一齊，同時。此句言三層舞女一齊回首。

【簡評】

此詩為即興之作，充滿了歡聚的快樂、嬉戲以及詼諧幽默，橫溢的才華和性情的本色，在詩中表露無遺，充滿趣味。

首句「華堂」「綺筵」兩個形容詞將宴會的盛大和奢華非常簡潔又形象地表現出來，屬於「賦」的手法，直接敘述和描寫兵部尚書所召集的宴會。次句

表面無奇，以「誰喚來」提出疑問，蘊含了對兵部尚書的詼諧式調笑，或許也暗含著些許不滿和最終得以參加的高興。這劈空一問，如異峰突起，使詩情徒現戲劇性變化。詩人自不無幾分得意，李司徒則被將了一軍，處於十分尷尬的境地。

第三句按照「起、承、轉、合」詩歌規律，此為典型的轉折或語義轉換句。在本屬高雅超凡的達官權貴盛大聚會上，詩人居然當眾索討名妓。唐突、清狂，無怪乎滿座賓客皆驚駭不已。第四句屬於側面描寫，呼應上句。兩邊百餘名粉墨獻藝的歌妓也一下子「回首破顏」，忍俊不禁了。詩人卻又連飲三杯，朗吟而起。他即席高聲吟唱的，就是此詩；「意氣閒逸，旁若無人」，好一個風流俊爽、儀態非凡的詩人才子！

詩人登第後在揚州當幕僚時，曾以「十年一覺揚州夢，贏得青樓薄倖名」（《遣懷》）的詩句，對往日放浪形骸、沉湎酒色的生活表示自嘲和追悔。詩人借酒索妓，從一個側面反映了封建社會的痼習。而即席吟詩，出口成章，捕捉住當時的場景、氛圍，人物神情、意態，為尋芳獵豔留下真實的自我寫照，又使人想起曹植七步為詩的風度。全詩語言直白，感情明確，率口而成，不假雕飾而自有神韻；作者的性情確實表露得直率、大膽又真實；表明詩人在風流不羈的「清狂」之外，富有神奇俊邁的傑出才華。

驌驦阪〔1〕

荊州〔2〕一萬里，不如蒯易度〔3〕。仰首望飛鳴，伊人何異趣？

【注釋】

〔1〕驌驦（sù shuāng）：駿馬名。本作「肅爽」「驌騻」。《左傳·定公三年》：「唐成公如楚，有兩肅爽馬。」晉張協《七命》：「駕紅陽之飛燕，驂唐公之驌驦。」

〔2〕荊州：州名，治所在今湖北江陵。

〔3〕蒯易度：「易」字當作「異」。蒯越，字異度，原為劉表大將，後降曹操。《三國志·劉表傳》注引《傅子》云：「荊州平，太祖與荀彧書曰：『不喜得荊州，喜得蒯異度耳。』」此即詩意所本。

【簡評】

荊州，歷史悠久，自古乃兵家必爭之地。曹操率軍南征荊州。當曹操聽聞蒯越歸降後，就高興得不得了，立即寫信給荀彧（曹操統一北方的首席謀臣和功臣）說：「我不因為得到荊州而高興，卻因為得到異度（蒯越）而高興。」

由此可見蒯越的聲望和才幹，以及其冠絕荊襄的影響力。曹操安頓在江陵後，就大肆封賞親曹派人士，而蒯越就在此時獲封九卿之一的光祿勳。真可謂萬里荊州，不如蒯越；駿馬嘶鳴，渴望賢才。

卷　七

題水西寺〔1〕

　　三日去還住，一生焉〔2〕再遊。含情碧溪水〔3〕，重上粲公樓〔4〕。

【注釋】

〔1〕此詩約作於開成四年（838），是杜牧第二次離別宣州幕時所作。水西寺：唐宣
　　州涇縣有水西山，下臨涇溪，林壑幽邃，有南齊永明中崇慶寺，俗名水西寺；
　　又稱天宮水西寺。參見《念昔遊三首》詩注〔7〕。

〔2〕一生：猶此生。焉：哪裏。

〔3〕含情：飽含情意。碧溪水：碧綠的溪水，指涇溪水。

〔4〕粲公樓：指水西寺樓。粲公，隋時高僧，不言名氏，或曰徐州人。慧可弟子，
　　為「禪宗三祖」之一的僧粲。唐玄宗時賜謚鑒智禪師。

【簡評】

　　這是一首紀遊詩，敘寫遊興、登臨，景藏於情，精巧曼妙。詩人漫遊於青
山綠水之間，陶醉在山花爛漫之中，歌唱著江南的秀色，抒發著喜怒與哀愁。

　　首二句，寫在水西寺遊覽三日，欲去還留，恐勝賞之不再。一種失而不得
的心情溢於言表，升沉惆悵的意緒寄於言內。詩人筆法精到，山寺的幽境麗景
凝聚於一去一住的內心波蕩，「化景物為情思」生發而出。詩人置身美景，留
連忘返，消愁釋憂，不為塵囂所束縛，情景相得益彰。

　　後兩句進一步申述，謂碧溪之水為我含情，故我遊興未盡，更登高樓遠眺。
不直寫人的留戀，而以溪水有情出之；不直寫縱目覽景，而以更上高樓出之，

用語委婉意豐旨邈。結句將寺景藏諸登樓，遐思綿延，開闊了詩的意境。

　　唐朱放《題竹林寺》詩云：「歲月人間促，煙霞此地多。殷勤竹林寺，更得幾回過？」雖極言「再來不易」，卻渲染「煙霞」之多。而此詩終不見山寺風物，且用重上寺樓寫足其戀戀不捨之情。清劉熙載說：「五言無閒字易，有餘味難。」（《藝概·詩概》）對照二詩，杜牧於此更高一籌。

江樓晚望〔1〕

　　湖山翠欲結蒙籠〔2〕，汗漫〔3〕誰遊夕照中？初語燕雛知社日〔4〕，習飛鷹隼〔5〕識秋風。波搖珠樹千尋〔6〕拔，山鑿金陵萬仞空〔7〕。不欲登樓更懷古，斜陽〔8〕江上正飛鴻。

【注釋】

〔1〕據本篇「山鑿金陵」句，題中江樓當在金陵。

〔2〕蒙籠：蒙朧、迷茫狀。唐歐陽詹《回鸞賦》：「蒙籠焉虹霓之縈儀鳳，髣髴焉江霧之送遊龍。」

〔3〕汗漫：不著邊際，廣大而不可知。盧敖求仙，遇仙人若士，若士笑盧敖所見甚小。言「吾與汗漫期於九垓之外，吾不可以久住。」詳見《淮南子·道應訓》。後遂轉作仙人的別名。此典入詩多仙道題材。唐陳陶《謫仙吟贈趙道士》：「汗漫東遊黃鶴雛，縉雲仙子住清都。」此處亦形容水勢浩瀚的樣子。

〔4〕社日：古代祭祀土神的日子。一年兩次，分別於立春、立秋後的第五個戊日。稱春社和秋社，適值春分、秋分前後。漢以前，只有春社，漢以後始有春秋二社。間或也有四時致祭者。南朝梁宗懍《荊楚歲時記》：「社日，四鄰並結綜會社，牲醪，為屋於樹下，先祭神，然後饗其胙。」社日有停針線、飲酒等習俗。唐杜甫《燕子來舟中作》：「舊入故園嘗識主，如今社日遠看人。」又《遭田父泥飲美嚴中丞》：「田翁逼社日，邀我嘗春酒。」唐張籍《吳楚歌》：「今朝社日停針線，起向朱櫻樹下行。」

〔5〕鷹隼（sǔn）：鷹和雕，泛指兇猛的禽鳥。南朝梁劉勰《文心雕龍·風骨》：「鷹隼乏采而翰飛戾天，骨勁而氣猛也。」

〔6〕珠樹：神話中的仙樹，這裡是對樹的美稱。唐黃滔《寄同年崔學士》：「雖知珠樹懸天上，終賴銀河接世間。」唐李白《送賀監歸四明應制》：「借問欲棲珠樹鶴，何年卻向帝城飛。」千尋：形容極高或極長。古代一尋相當於八尺。唐劉禹錫《西塞山懷古》：「千尋鐵索沉江底，一片降幡出石頭。」

〔7〕山鑿金陵：暗用秦始皇鑿金陵鍾山厭天子氣事，故下言懷古。金陵：古地名。
　　　在今江蘇南京市。《太平寰宇記》「升州」引《金陵圖經》：「昔楚威王見此有王
　　　氣，因埋金以鎮之，故曰金陵。」此詩指今南京之紫金山，亦名鍾山、金陵
　　　山。唐李白《金陵歌送別范宣》：「金陵昔時何壯哉，席卷英豪天下來。」參見
　　　《泊秦淮》詩注〔1〕。萬仞：形容極高極深。仞，古時八尺或七尺叫作一仞。
〔8〕斜陽：傍晚西斜的太陽。唐趙嘏《東望》：「斜陽映閣山當寺，微綠含風樹滿
　　　川。」

【簡評】

　　此詩敘寫傍晚時分在江樓上眺見的湖山景色及由此產生的情感。因為身
居高處，所以景物的宏觀描寫較多，氣勢也比較宏大。此詩當秋遠望思歸，有
感而發；尾聯反言作結，愈見思歸之切。

　　開篇寫映照在夕陽下的一片碧綠的湖山。然後寫動態的飛鳥，即秋風將
至，新成長起來的雛燕和雛鷹在努力練習飛翔。然後又寫湖波之闊、湖水之
深，湖邊山峰聳立，高插入雲。「千尋」「萬仞」對仗使用，烘托了湖與山的
壯觀氣勢。最後為懷古，卻沒有直言自己的情感，而是以江上飛鴻作結，欲
說還休，頗給人以「此中有真意，欲辯已忘言」之感，使詩歌的意境顯得更
為深邃。

　　本詩在寫景方面很有特色：運用擬人手法，寫剛會說話的幼燕知道人們的
習俗，寫試飛的鳥認識秋風；運用誇張手法，凸顯波濤搖動大樹有千尋之高，
而金陵像是鑿山萬仞才開闢；採用動靜結合的手法，夕陽中飛鴻是動景，湖山
是靜景；融情於景，詩人描寫廣闊的畫面，營造了傷感的意境，表達了羈旅之
愁和懷古之情。

贈別宣州崔群相公〔1〕

　　衰散〔2〕相逢洛水邊，卻思同在紫薇〔3〕天。盡將舟楫板橋〔4〕去，早晚
歸來更濟川〔5〕。

【注釋】

〔1〕張金海、吳在慶考皆以為此詩非杜牧作，見《武漢大學學報》一九八二年第二
　　　期、《中華文史論叢》一九八五年第一期。崔群：字敦詩，曾相憲宗，長慶中為
　　　宣歙觀察使。見新、舊《唐書》本傳。
〔2〕衰散：指老邁。

〔3〕紫薇：指中書省。崔群元和中曾為中書舍人，知制誥；詩中指作者與其同在中
　　書省任職。紫薇即紫微垣。星官名，三垣之一。古人認為天上紫微垣為天帝所
　　居，故亦代稱帝王的宮殿。唐代開元年間曾改中書省為紫微省。參見《新唐書·
　　百官志》。唐劉長卿《送蔣侍御入秦》：「朝見及芳菲，恩榮出紫薇。」

〔4〕板橋：浦名。南朝齊謝朓有《之宣城出新林浦向板橋》詩。

〔5〕早晚：短時間，不久。濟川：指為相。《尚書·商書·說命》：「若濟巨川，用汝
　　作舟楫。」殷高宗曾將宰相傅說比作濟巨川所用的舟楫。後因以濟巨川喻指輔
　　佐君主治理天下。以濟川才、巨川舟喻指國家棟樑；或指志向遠大的濟世之才。
　　濟，過河。唐錢起《奉送戶部李郎中充晉國副節度出塞》：「帝念變能政，時須
　　說濟川。」參見《感懷詩一首》注〔33〕。

【簡評】

　　老友水畔相逢，憶及共同處事之情誼；順祝友人不久將來官職更上一層
樓，共同輔助君王治理天下。語言平實，詩意通達，不盡之言盡寓其中。

吳宮詞二首〔1〕

　　越兵驅綺羅，越女唱吳歌〔2〕。宮燼〔3〕花聲少，臺荒麀〔4〕跡多。茱萸〔5〕
垂曉露，菡萏〔6〕落秋波。無遣〔7〕君王醉，滿城頓翠娥〔8〕。

　　香徑〔9〕繞吳宮，千帆落照〔10〕中。鶴鳴山苦〔11〕雨，魚躍〔12〕水多風。
城帶晚莎〔13〕綠，池連秋蓼〔14〕紅。當年國門外，誰信伍員〔15〕忠？

【注釋】

〔1〕此二首又見《全唐詩》卷五三〇《許渾集》；題作《重經姑蘇懷古二首》，題下
　　校：「又作杜牧之詩。」《全唐詩重出誤收考》謂「此詩當為許作。」吳：春秋
　　時吳國，其都城在今江蘇省蘇州市。

〔2〕越：春秋時越國，建都於會稽（今浙江紹興）。綺羅：絲織品，指穿著綺羅的
　　人。多為貴婦、美女之代稱。句踐為吳國所敗後，曾獻美女西施給吳王夫差。
　　唐韋莊《江亭酒醒卻寄維揚餞客》：「滿坐綺羅皆不見，覺來紅樹背銀屏。」越
　　女：古代越國多出美女，西施為其著名者。後因以泛指越地美女。吳歌：吳地
　　之歌。亦指江南民歌。唐李商隱《河內詩二首》：「闤門日下吳歌遠，陂路綠菱
　　香滿滿。」

〔3〕宮燼：吳宮被焚毀。指吳亡。燼，許渾詩作「盡」。

〔4〕臺：指姑蘇臺。詳見《夜泊桐廬先寄蘇臺盧郎中》詩注〔1〕。麀：即麀鹿，俗

稱「四不像」。《史記・淮南衡山列傳》:「臣聞子胥諫吳王,吳王不用,乃曰『臣今見麋鹿遊姑蘇之臺也』。今臣亦見宮中生荊棘,露沾衣也。」「麋鹿遊」比喻繁華之地變為荒涼之所,暗示國家淪亡。

〔5〕茱萸:植物名,有山茱萸、吳茱萸、食茱萸三種。多生於川谷,其味香烈,可入藥。古代風俗,農曆九月九日重陽節,佩茱萸囊可以驅邪免災。

〔6〕菡萏（hàn dàn）:荷花的別稱。

〔7〕遣:許渾詩作「復」。

〔8〕嚬翠蛾:皺眉頭。嚬,通「顰」。西施因有心疼之疾,喜顰眉,更添嫵媚,女人傚之,故有「東施效顰」之典。

〔9〕香徑:蘇州名勝採香徑的省稱。採香徑為蘇州香山旁的小溪,春秋時吳王種香花於香山,使美人泛舟於溪以採香花,故稱。唐陳羽《吳城覽古》:「吳王舊國水煙空,香徑無人蘭葉紅。」

〔10〕千帆:眾多的帆船。落照:夕陽餘暉。

〔11〕苦:多;長久。

〔12〕魚躍:謂魚跳出水面。唐李頻《夏日過友人檀溪別業》:「鷺棲依綠筱,魚躍出清萍。」

〔13〕莎:莎草。

〔14〕「池連」句:秋蓼生於水邊,此句指池的周邊圍繞著秋蓼。連:圍繞。蓼:蓼草。

〔15〕伍員:即伍子胥,春秋時楚人。因封於申,又稱申胥。其父伍奢被楚王殺後,他逃到吳國。後幫助闔閭刺殺吳王僚,奪取王位。並助吳破楚,掘平王墓鞭屍三百,以報父兄之仇。吳王夫差時,他勸諫拒絕越國求和並停止伐齊,子胥諫不從,漸被疏遠。後被吳王夫差賜劍自殺,他命將其眼珠抓出掛於城門之上,以觀越兵攻入吳都。詳見《國語・吳》《史記・伍子胥傳》。唐皮日休《館娃宮懷古五絕》:「素襪雖遮未掩羞,越兵猶怕伍員頭。」

【簡評】

　　第一首。越國敗亡,備受恥辱,越王句踐臥薪嚐膽,發憤圖強,最終使吳國淪亡。子胥諫吳王,吳王不用,最終一語成讖,吳宮被焚毀,荒涼至極。如今在廢墟上已是另一番景象,茱萸早上青翠欲滴,秋水上漂浮著荷花。寥寥數語,描繪吳宮殿的破敗與目前花草繁盛的景象,著墨不多,產生強烈對比。最後兩句,似暗含哲理。暫不去看君王被勝利衝昏頭腦,茫然不覺、縱情享樂的

荒淫昏瞶面目，看看那滿城毫無主見亦步亦趨的東施女，國破家亡似在情理之中。選擇「東施效顰」這一畫面將批判國民麻木、君王荒淫亡國的主題深刻地揭示出來。全詩選材典型，用事精工，別具匠心。詩包蘊豐富，感慨深沉，情與景、古與今、物與我渾然一體，不失為詠史詩的佳作。

第二首。全詩用較大篇幅描寫吳宮先前的美景：吳國故都綠水環繞，夕陽下千帆點點，山清水秀；鶴鳴山多雨，魚兒在風雨中跳躍；城池邊生長著綠色的莎草及紅色的蓼草；一派生機勃勃景象。以上描寫，為襯托結句感傷情景。

最後兩句筆鋒一轉，十分突兀，與前述反差極大，點明主旨。吳王盡情享受著越王所獻的珠寶美女，一意孤行，聽信讒言，遠賢人、殺忠臣；滿門忠烈的伍子胥，都落得個賜劍自殺身首異處下場。這就是吳國滅亡的真正原因所在。言外之意、弦外之音，讀者是不難領會的。此詩筆致含蓄空靈，是深一層的寫法。

金　陵〔1〕

始發碧江口，曠然〔2〕諧遠心。風清舟在鑒〔3〕，日落水浮金。瓜步逢潮信〔4〕，臺城過雁音〔5〕。故鄉何處是？雲外即喬林〔6〕。

【注釋】

〔1〕此詩馮集梧注本《樊川詩補遺》亦收，題下校：「見《景定建康志》。」又童養年《全唐詩續補遺》卷七據《古今圖書集成・職方典・江寧府部》輯作權德輿詩。詩為何人所作，俟考。金陵：今南京市。「金陵」是南京古時用的別稱，六朝古都所在。然而隋唐以來，由於政治中心的轉移，無復六朝的金粉繁華。參見《杜秋娘詩》注〔2〕。

〔2〕曠然：開闊，豁達。

〔3〕風清：輕柔而涼爽。南朝梁元帝《鍾山飛流寺碑》：「雲聚峰高，風清鍾徹。」唐戴叔倫《泊湘口》：「露重猿聲絕，風清月色多。」鑒：明鏡。喻水之清澈。此處為動詞，照。

〔4〕瓜步：地名，在江蘇六合東南，有南臨大江的瓜步山，南北朝時屢為軍事爭奪要地。公元450年，北魏太武帝攻宋，率軍至此，鑿山為盤道，設氈殿，隔江威脅建康（今南京市）。步：今寫作「埠」。潮信：即潮；潮水漲落有定時，故曰潮信。

〔5〕臺城：詳見《臺城曲二首》詩注〔1〕。雁音：猶音訊。宋林景熙《答柴主簿》：

「銅盤消息無人問，寂寞西樓待雁音。」

〔6〕雲外：高山之上，亦指世外，常用來比喻仙境。喬林：喬木林，亦指樹木高大
　　　的叢林。

【簡評】

　　這是一首寫景抒懷、紀行詠物之作。詩用質樸口語、簡潔白描，傳達出悠
遠不盡的詩情畫意，情調豪放爽朗，風格清新俊逸，敘事、議論精彩感人。

　　開篇點明詩人正在遠離故鄉的江上隨舟遠遊，「曠然」見出豁達，「遠心」
喻指內心情感和高遠志向，表面寄情山水，實則借景抒情。頷聯景色描寫起烘
托、鋪墊作用。「鑒」用比喻，將清澈見底的江水比喻成鏡子；「水浮金」生動
形象地描繪了落日餘暉映照下波光粼粼的美景，既側面表現了詩人已泛舟一
日，又展現了「清風泛舟」和「江上日落」兩幅意境優美的圖畫。

　　頸聯寫瓜步、臺城。「瓜步」句用細膩的筆觸，傳達出一種荒涼、蕭瑟之
感，與「臺城」句相互映襯。江山依舊，世事多變，令人悵然，抒發對於繁華
易逝的感慨。「雁」字引出下文，以蕭瑟風景襯托詩人心中遠離故鄉的孤獨、
淒涼。尾聯直抒胸臆，抒發對故鄉的思念之情。但筆鋒一轉，用「雲外」表現
故鄉的遙遠和茫茫然不可及，寫出了詩人思鄉卻歸家無望的痛苦和抑鬱，呼應
開頭，使文章結構緊湊。

即　事〔1〕

　　小院無人雨長苔，滿庭修竹間〔2〕疏槐。春愁兀兀〔3〕成幽夢，又被流
鶯〔4〕喚醒來。

【注釋】

〔1〕此詩馮集梧注本《樊川詩補遺》收入，題下校：「以下三首見《事文類聚》《全
　　　唐詩》。」所謂三首即包括以下《七夕》《薔薇花》二首。

〔2〕修竹：細而高的竹子。唐杜甫《佳人》：「天寒翠袖薄，日暮倚修竹。」間（jiàn）：
　　　夾雜，攪和。

〔3〕兀兀：昏昏沉沉的樣子。唐韓愈《答張徹》：「觥秋縱兀兀，獵旦馳駧駧。」幽
　　　夢：憂愁的夢。

〔4〕流鶯：鳴聲婉轉的鶯兒。流是形容鳥鳴聲圓轉。唐李白《待酒不至》：「晚酌東
　　　窗下，流鶯復在茲。春風與醉客，今日乃相宜。」

【簡評】

此詩敘寫閒愁。在別致寂靜的小院裏，雨點輕輕地落下來，落在翠綠的苔蘚上，以及庭院裏茂密的竹林和槐樹葉上，沙沙作響。多愁善感的詩人在這漫漫春日裏不由得產生了種種思慮，因為天氣陰沉，詩人一邊想著心事一邊不自覺地睡著了。突然，靈巧的鶯兒飛來，在窗外快樂婉轉地鳴叫，驚擾了詩人帶著愁思的夢。詩的前兩句寫庭院景色，給人靜謐而優雅之感。後兩句寫詩人由睡到醒的情態，展現了詩人生活之悠閒，又蘊含了淡淡的哀愁色調。末句被流鶯喚醒的情節，富有生活趣味，給詩歌帶來了靈動的色彩。

《紅樓夢》裏的賈寶玉喜山水、喜美人、喜浪逸、喜花草。第二十三回寶玉《春夜即事》云：「霞綃雲幄任鋪陳，隔巷蟆更聽未真。枕上輕寒窗外雨，眼前春色夢中人。」詩雖一般，卻倒是真情真景。將上述二詩對比讀來，幾近出自一人之手，風味何其相似！一個是因花成癖的公子，一個是無花不喜的詩人，花花相映，性性相得，真是物有其類，人有其同。

七 夕 〔1〕

雲階月地一相過〔2〕，未抵經年別恨〔3〕多。最恨明朝洗車雨〔4〕，不教回腳渡天河〔5〕。

【注釋】

〔1〕此詩《樊川文集》《外集》《別集》均不載，然《全唐詩》（卷五二七）作為補遺收入杜牧詩中。作者尚值得探討。

〔2〕雲階月地：以雲為梯，以月為地，指天上、仙境。唐牛僧孺《周秦行紀》：「香風引到大羅天，月地雲階拜洞仙。」一相過：見了一面。相過，交往，這裡引申為相逢。

〔3〕經年：經過一年，指一整年，牛郎織女只有七夕時才能相見一晚，到下次相見時正好為一年。上二句謂，牛郎織女七夕一天的相會，怎麼抵得過一年相思的離愁別恨？

〔4〕洗車雨：舊稱七夕前後下的雨，一說專指七月初六下的雨，初七下的雨叫灑淚雨。

〔5〕不教：不讓。回腳：返回。南宋徐夢莘《三朝北盟會編》卷三十：「城下之戰，固不可輕議。待其回腳，數路要之。前不得還，後以重兵擁之，可一舉而殲之。」天河：銀河。上二句謂，最可恨的是第二天的洗車雨，分明是不讓牛郎

再回去重渡天河與織女相見。

【簡評】

這首詩以民間流傳久遠的牛郎織女七夕相會的愛情故事為選題，既傳統又經典。七夕題材的詩歌頗多，但此詩能夠別出新意。對牛郎織女的愛情歷程沒有提及，也沒有把七夕相會的經過作為重點，只用「一相過」三字簡單帶過。而妙在寫牛郎和織女的心理活動，一夕相會難以除去積壓了一年的刻骨相思，但是王母的旨意又不能違背，萬般無奈之下，他們把心中的恨意轉向了迫使他們分離的洗車雨，構思可謂新巧細膩。

詩前兩句寫景抒情，筆法常見。但後兩句則有一種「無理而妙」的奇特韻味，突出了詩人的想像和奇思妙想。明明下雨是無感覺的氣候變化，但在詩人眼裏，這種氣候卻是阻撓男女愛情的罪魁禍首。這種嗔怪的語氣，突出了牛郎織女相愛的誠摯與艱辛，也將作者的詩歌才華顯示得淋漓盡致。

本詩即事名篇，立意奇警，又似別有寄託。作者在詩中極力表現的是一個「恨」字，有聚會之恨，有離別之恨，然而歸根到底是對拆散他們的天帝之恨。詩意層層推進。為了表現「恨」，詩人著力於「聚」與「別」的對照，用「未抵」將恨昇華，又用「最」將恨推向極致。

薔薇花〔1〕

朵朵精神葉葉柔，雨晴香拂醉人頭。石家錦障〔2〕依然在，閒倚狂風夜不收。

【注釋】

〔1〕薔薇花：植物名。詳見《齊安郡後池絕句》詩注〔3〕。

〔2〕石家錦障：晉朝富豪石崇曾與貴戚晉武帝的舅父王愷以奢靡相比，王愷做了四十里的紫絲布步障，石崇便做五十里的錦步障敵之。見《晉書·石苞傳》附《石崇傳》。錦步障，是古人用以遮蔽風塵和視線的錦制行幕。詩歌中亦泛指華美的帷帳。此二句謂當年石崇設置的五十里華麗奢侈的錦步障如今是否依然存在？薔薇花在狂風中是那麼從容，在黑夜裏也是依舊盛開。

【簡評】

這是一首描寫薔薇花的詩。薔薇花又名白殘花，香味很濃，自古就是佳花名卉。此詩運用託物言志的手法，以薔薇自比。表達了雖飽經摧殘卻仍不放棄

理想的堅韌和生命力，抒發了作者不與世俗同流合污的高潔情懷。

首句寫花的飽滿，寫薔薇的神韻氣質、體格風貌。次句寫花的芳香醉人；「雨晴」二字暗示花兒經受風吹雨打，依然朵朵精神，香氣襲人，體現了其頑強的生命力和詩人的喜愛。第三句運用典故和比喻，成排的薔薇就如同當年晉朝石崇的五十里錦步障一樣華麗奢侈，是寫薔薇的美。末句寫薔薇的精神，一個「閒」字運用擬人修辭，描繪出了薔薇堅韌灑脫而曠達的品質，在狂風席卷的暗夜仍傲然挺立，悠然綻放，是本詩境界的昇華。

中秋日拜起居表，晨渡天津橋，即事十六韻，獻居守相國崔公，兼呈工部劉公 [1]

碧樹康莊內，清川鞏洛間。壇分中嶽頂，城繞大河灣。廣殿含涼靜，深宮積翠閒。樓齊雲漠漠 [2]，橋束水潺潺。過雨樳枝潤，迎霜柿葉殷。紫鱗衝晚浪，白鳥背秋山。月拜西歸表，晨趨北向 [3] 班。鴛鴻隨半仗，貔虎 [4] 護重關。玉帳才容足，金樽 [5] 暫解顏。跡留傷墮履 [6]，恩在樂銜環 [7]。南省蘭先握 [8]，東堂桂早攀 [9]。龍門 [10] 君夭矯，鶯谷 [11] 我綿蠻。分薄秷心懶 [12]，哀多庾鬢斑 [13]。人慚公幹臥 [14]，頻送子牟還 [15]。自睹宸居壯，誰憂國步艱。只應時與醉，因病縱疏頑。

【注釋】

〔1〕《全唐詩重出誤收考》謂「吳廷燮《唐方鎮年表考證》上云，崔公為崔珙，由東都留守再鎮鳳翔，『許渾有《分司東都叩承川尹劉侍郎恩知上四十韻》詩，又有《中秋日拜起居表晨渡天津橋即事十六韻居守相國崔公兼工部劉公》詩。按川尹劉侍郎，即工部劉公，名瑑。《唐會要》大中五年，有刑部侍郎劉瑑。瑑改河南尹在大中六年以後。珙以此時為東都留守。……許渾詩舊作杜牧。按詩自注：某六代祖，國初賜宅在仁和里。渾，許圉師六世孫也。』此亦應為許渾詩誤入杜牧集者」。起居：詳見《寄李起居四韻》詩注〔1〕。天津橋：古浮橋名。故址在今洛陽市舊城西南，隋、唐皇城正南洛水上。隋煬帝大業元年遷都，以洛水貫都，有天漢津梁的氣象，因建此橋，名曰天津。唐太宗貞觀十四年累方石為墩，建成石礎橋。唐宋屢次改建加固，金後廢圮。馮著《洛陽道》：「聞君欲行西入秦，君行不用過天津。天津橋上多胡塵，洛陽道上愁殺人。」即事：就眼前事物賦詩抒懷。

〔2〕齊：達到，跟什麼一般。漠漠：廣闊無際貌。

〔3〕北向：面朝北。處於卑位。坐北朝南為正位。唐許渾《登尉佗樓》：「南來作尉任囂力，北向稱臣陸賈功。」

〔4〕貔虎：貔與虎均為猛獸，故以之喻指勇猛的將士。也作貔武。《尚書・周書・牧誓》：「勖哉夫子，尚桓桓，如虎如貔，如熊如羆，於商郊。」貔為何物，古說紛歧，確指何獸未詳。參見《詩・大雅・韓奕》傳、三國吳陸機《毛詩草木鳥獸蟲魚疏》《尚書・牧誓》傳、《爾雅・釋獸》《說文》《方言》等，諸說不一。唐杜甫《復愁十二首》：「由來貔虎士，不滿鳳凰城。」唐楊巨源《上劉侍中》：「斷磧瞻貔武，臨池識鳳凰。」

〔5〕玉帳：軍旅中主將所居的帳帷。金樽：貴重的酒杯。指飲酒。

〔6〕墮履：謂脫掉鞋子（讓人穿以試尊老之志）。源見「圮橋進履」。參見《洛中送冀處士東遊》詩注〔8〕。

〔7〕銜環：神話傳說黃雀報答楊寶救命之恩的故事。漢楊寶九歲時，在華陰山北，見一黃雀被鴟梟所搏墜地。楊寶帶回家中，置巾箱中，餵食黃花。百餘日後，黃雀毛羽生成乃飛去。其夜有黃衣童子向楊寶說：「我是西王母的使者，蒙君拯救，實感仁恩。今贈白環四枚，令君子孫潔白，位登三公，一如此環。」後楊寶子、孫、曾孫皆顯富貴。見南朝梁吳均《續齊諧記》。後人遂把報恩稱為銜環。也藉以詠鳥。唐楊知至《復落後呈同年》：「此時泣玉情雖異，他日銜環事亦同。」

〔8〕蘭先握：即握蘭。漢制，尚書郎懷香握蘭。後因用以詠郎官。漢蔡質《漢官典儀》：「尚書郎懷香握蘭，趨走丹墀。」唐徐鉉《奉酬度支陳員外》：「幸遇漢文皇，握蘭佩金魚。」

〔9〕桂早攀：即攀桂；折桂。喻指科舉中第。詳見《題孫逸人山居》詩注〔2〕

〔10〕龍門：即禹門口。在山西河津市西北和陝西韓城市東北。黃河至此，兩岸峭壁對峙，形如門闕，故稱。相傳鯉魚迴游至此，騰躍而上者化為龍，其不得上者則點額曝腮而下。後因以喻指科舉登第或仕途得志。

〔11〕鶩谷：鶩處深谷，比喻人未顯達，或久滯下僚。參見《川守大夫劉公，早歲寓居敦行里肆，有題壁十韻，今之置第，乃獲舊居，洛下大僚，因有唱和，歎詠不足，輒獻此詩》注〔9〕。

〔12〕嵇心懶：義同嵇康懶。這裡以嵇康疏懶自況。詳見《歙州盧中丞見惠名醞》詩注〔2〕。

〔13〕庾鬢斑：用以形容哀愁過盛。南北朝庾信《哀江南賦序》：「信年始二毛，即

逢喪亂，藐是流離，至於暮齒。《燕歌》遠別，悲不自勝；楚老相逢，泣將何
及……追為此賦，聊以記言，不無危苦之辭，唯以悲哀為主。」

〔14〕公幹臥：東漢劉楨字公幹，有詩才，為建安七子之一；所作五言詩當時很有名。
曹操任為丞相掾屬，曾因患病不能就任新職。詩中多以之用為疾病纏身或臥病
之典。參見《三國志・魏書・王粲傳》附《劉楨傳》。

〔15〕子牟還：喻指由外地入朝做官。《莊子・讓王》：「中山公子牟謂瞻子曰：『身在
江海之上，心居乎魏闕之下，奈何？』瞻子曰：『重生。重生則利輕。』」魏闕，
古代宮門外兩邊高聳的樓觀，借指朝廷。後因以「子牟戀魏闕」為心戀朝廷的
典故。

【簡評】

這是一首獻詩，就眼前事物賦詩抒懷。開篇十四句，從晨景寫起，康莊大
道，流水潺潺；山青水綠，廣殿深宮，樓與天齊，廣闊無際。雨後樹木青翠，
碩果殷紅垂掛；魚戲水浪，鳥繞山飛，一派清新景象。中間十句是對崔公、劉
公等大臣的讚頌，其中雜陳了詩人仕途不得志的慨歎。最後八句寫詩人自身的
感受，雖然自我疏懶、哀愁過盛、疾病纏身，但心戀朝廷的憂國之情尚在，只
是懷才不遇無以發揮。其中的辛酸，唯詩人自知。

寄盧先輩〔1〕

一從〔2〕分首劍江濱，南國相思寄夢頻。書去又逢商嶺〔3〕雪，信回應過
洞庭〔4〕春。關河〔5〕日日悲長路，霄漢年年望後塵。猶指丹梯〔6〕曾到處，
莫教猶作獨迷人。

【注釋】

〔1〕吳在慶《杜牧集繫年校注》云：觀此詩所云，作者似為南方人，且詩有「關河
日日悲長路，霄漢年年望後塵。願指丹梯曾到處，莫教猶作獨迷人」句，當為
長年未登第而求援引者，此與杜牧生平不合，詩恐非杜牧作。先輩：唐代同榜
進士間相互的敬稱。

〔2〕一從：自從。劍江：疑指劍溪，在今福建南平東南，即雷煥寶劍墮水化龍處。

〔3〕商嶺：即商山，在今陝西商縣東。

〔4〕洞庭：湖泊名。詳見《雲》詩注〔2〕。

〔5〕關河：關塞和山河。

〔6〕猶：一作「願」。丹梯：宮殿前朱漆的臺階。引申為功名；比喻得仕的途徑。唐
　　張蠙《贈李司徒》：「長怪魯儒頭枉白，不親弓劍覓丹梯。」

【簡評】

此詩充分呈現出作者在描寫時間跳躍中的風格。

劍江邊的分別，讓詩人寄書以慰相思，這是過去。寄情於書信，但這書
信去時要「逢商嶺雪」，回時要「過洞庭春」，詩人悲此長路漫漫，實則是歎
等待漫長難熬，從冬到春。如此時間便寄寓於路程的具象中，時間從相對獨
立的點，變成了一個跟隨迢迢路途一同綿延的面。這實際上也是詩人對時間
改造的一種方式，是一種誇張地延長時間，極言等待的折磨。從一個過去的
點，轉向一個無限拉長的時間延線，悲中另有一份將相思難熬發揮到無垠的
壯烈，從哀婉中感受到詩歌屹立不倒的強度和硬度。

南樓夜〔1〕

玉管金尊〔2〕夜不休，如悲晝短惜年流〔3〕。歌聲嫋嫋〔4〕徹清夜，月色娟
娟當翠樓〔5〕。枕上暗驚垂釣夢〔6〕，燈前偏起別家愁。思量〔7〕今日英雄事，
身到簪裾〔8〕已白頭。

【注釋】

〔1〕此詩作於會昌二年（842），杜牧任黃州刺史，遊武昌而作。南樓：古代武昌的
　　一座樓名。
〔2〕玉管：玉製的樂器，泛指管樂。唐白居易《與牛家妓樂雨夜合宴》：「玉管清絃
　　聲旖旎，翠釵紅袖坐參差。」金樽：酒樽的美稱。唐李白《將進酒》：「金樽美
　　酒斗十千，玉盤珍羞值萬錢。」
〔3〕年流：即流年，指年光如水流逝。
〔4〕嫋嫋：陣陣；聲音婉轉悠揚。
〔5〕娟娟：美好的樣子。翠樓：酒樓。唐皎然《長安少年行》：「翠樓春酒蝦蟆陵，
　　長安少年皆共矜。」
〔6〕垂釣夢：夢見自己過著閒居垂釣的生活；即功成隱退之夢境。垂釣，呂尚曾在
　　渭濱磻溪垂釣，遇周文王而被辟用。事見《史記·齊太公世家》。
〔7〕思量：考慮，忖度。
〔8〕簪裾：古代地位顯貴的人穿著的服飾，借指顯貴的地位。《南史·張裕傳》：「而
　　茂陵之彥，望冠蓋而長懷；渭川之畎，佇簪裾而竦歎。」

【簡評】

南樓的文化淵源可追溯到東晉。《世說新語》記載了庾亮鎮守武昌時與部屬在南樓秋夜賞月的史實。自此，南樓又被人稱為「庾公樓」「玩月樓」或「庾樓」。性格率真，平易近人的庾亮也給歷史留下了一段佳話。同時也成為南樓文化的濫觴。不過，當時庾亮所登的南樓不在武昌蛇山，而在今湖北省鄂州市中心的古樓街。《武昌縣志》記載，此樓原為三國時吳王孫權之端門。因其在古武昌郡治之南，又因樓閣朝南而立，所以被稱為「南樓」。而民間較多的稱之為「古樓」「鼓樓」或「譙樓」。最早將南樓入詩的是李白，曾寫過「清景南樓夜，風流在武昌」（《陪宋中丞武昌夜飲懷古》）的詩句。自此歷代文人墨客遊歷武昌時，登臨南樓或吟詩作對，或感月傷懷，留下篇篇佳作。

此詩表達了時光飛快、不甘沉淪，又見英雄業績都是功成已白頭的無奈心情。主要抒發了兩種感情：一種是對酒傷懷，感慨流年易逝，年歲已長；一種是思鄉之情難以抑制，從夢中驚醒，於是燃燈靜坐，回想自己的從宦經歷。詩人領悟到，即使地位顯赫又有什麼值得高興的呢？畢竟青春已經逝去，頭髮都變白了。

此詩詞語華麗，用了「玉管」「金樽」「翠樓」這些具有富貴之氣的詞彙，描寫了乘著美好的夜色，徹夜笙歌、宴宴夜飲的貴族宴飲場面。全詩雖然表達的都是抑鬱和傷感之情，但語言雍容典雅，不失中和之美。

詩人將眼前的景，心中的情都抒發在一首詩中，娟娟月色下還有多少詩人將詩情留香於筆墨之間呢？當詩人執筆與月對望時，月色總是撩撥起詩人的感懷，銀色的南樓，便融化在這一篇篇永恆的詩作之中。

懷紫閣山 [1]

學他趨世少深機，紫閣青霄半掩扉 [2]。山路遠懷王子晉，詩家長憶謝玄暉 [3]。百年不肯疏榮辱，雙鬢終應老是非 [4]。人道青山歸去好，青山曾有幾人歸？

【注釋】

〔1〕此詩又見《文苑英華》卷一九五杜牧詩，詩題相同。紫閣山：即終南山紫閣峰，以日光照射爛然呈紫色而名，在陝西鄠縣東南。

〔2〕「學他」二句：謂學習前輩避世方外沒有那麼深沉的心機，看紫閣山青蔥的山頂上那半掩著的門扉。青霄：青天。

〔3〕「山路」二句：謂看著綿綿的山路，我不禁緬懷起避世修仙的王子晉，以及傾心山水，以山水詩著稱的謝玄暉。王子晉：即王子喬。參見《寄題甘露寺北軒》詩注〔5〕。三國魏阮籍《詠懷》：「自非王子晉，誰能常美好。」唐李白《贈別舍人弟臺卿之江南》：「客遇王子喬，口傳不死方。」謝玄暉：南朝齊詩人謝朓，字玄暉，擅長五言詩。傳見《南齊書》卷四七。唐李白《金陵城西樓月下吟》：「解道澄江淨如練，今人長憶謝玄暉。」

〔4〕「百年」二句：謂數百年前的人物，都不肯看輕榮辱，雙鬢終究因為這些是是非非而顯蒼老。

【簡評】

此詩寫景明志，其主旨為：不要有那麼深沉的心機，放開世俗的這些俗物，跳出物外，才能精神回歸。

紫閣山乃終南名山，有道家傳統和諸多修仙傳說。詩人於僧道兩途並未厚此薄彼，而是都懷有崇敬之心，方式雖不同，但追求清靜而遠離紛擾的思想卻是統一的。仙人王子喬也好，驚才絕豔的謝朓也罷，都已是不知多少個百年前的人物，站在紫閣山上，風聲過耳，一切的榮辱是非都歸於沈寂，再過上幾十年，自己也會如這樣一般歸於沈寂，可能還留不下如此二位一般響亮的名聲。人人皆知不如歸去，可又有幾人能抽身歸去呢？說到底，人啊是一種功利的生物，任他閒時想盡千般，臨了還是無法看破，詩人亦然，這山裏的「隱者」亦然，所謂歸入青山，也不過是垂釣渭水之心罷了。

題孫逸人山居〔1〕

長懸青紫與芳枝〔2〕，塵剎〔3〕無應免別離。馬上多於在家日，樽前堪憶少年時。關河〔4〕客夢還鄉遠，雨雪山程出店遲。卻羨高人〔5〕終此老，軒車〔6〕過盡不知誰。

【注釋】

〔1〕此詩又見《文苑英華》卷二三二，《全唐詩》卷六五四《羅鄴集》。《羅鄴集》詩題作《留題張逸人草堂》，下校：「一作杜牧詩。」胡可先《杜牧研究叢稿·杜牧詩真偽考》考此詩乃羅鄴作。逸人：隱逸之士。

〔2〕青紫：古時公卿綬帶之色，因借指高官顯爵。亦指顯貴之服。《漢書·夏侯勝傳》：「勝每講授，常謂諸生曰：士病不明經術；經術苟明，其取青紫如俛拾地芥耳。」王先謙補注引葉夢得曰：「漢丞相大尉，皆金印紫綬，御史大夫，銀印

青綬。此三府官之極崇者，勝雲青紫謂此。」芳枝：喻桂枝。即「折桂」，比喻科舉及第。參見《句溪夏日送盧霈秀才歸王屋山將欲赴舉》詩注〔6〕。溫庭筠《春日將欲東歸寄新及第苗紳先輩》：「猶喜故人先折桂，自憐羈客尚飄蓬。」

〔3〕塵剎：佛教語。剎為梵語國土之意，塵剎謂微塵數的無量世界。意為塵世。唐玄奘《八識規矩頌》：「大圓無垢同時發，普照十方塵剎中。」

〔4〕關河：關山河川。《後漢書‧荀彧傳》：「此實天下之要地，而將軍之關河也。」宋陳師道《送內》詩：「關河萬里道，子去何當歸。」

〔5〕高人：超世俗之人。

〔6〕軒車：達官貴人所乘的車。

【簡評】

首句應該是說在仕途上有所追求。青紫與桂枝，一個是顯貴的象徵，一個是榮譽的象徵。而第二句最為有趣。佛家言人生七苦：生、老、病、死、怨憎會、愛別離、求不得。愛別離是苦，頷聯正是表達了與親人長久離別的苦。既然別離是苦，那麼人就會產生避免別離的願望，並努力達成。這就是「免別離」。

但是，人在宦途，終究避免不了別離。你選擇了追逐仕途上的目標，也就無法達成「免別離」這個先前的願望了。這是個人的覺悟，是一種無奈的覺悟，更是作者在矛盾中作出抉擇的一個過程。其結果也就是「馬上多於在家日」「關河客夢還鄉遠」，選擇之後常受煎熬。所以，詩人會羨慕孫逸人這名隱士。

中途寄友人〔1〕

道傍高木盡依依〔2〕，落葉驚風〔3〕處處飛。未到鄉關聞早雁，獨於客路授寒衣〔4〕。煙霞〔5〕舊想長相阻，書劍投人〔6〕久不歸。何日一名〔7〕隨事了，與君同採碧溪薇〔8〕。

【注釋】

〔1〕此詩又見《文苑英華》卷二六一，作杜牧詩。吳在慶《杜牧集繫年校注》云：杜牧早年登進士第而入仕，與此詩所云不合，詩恐非杜牧所作。

〔2〕依依：輕柔的樣子。

〔3〕驚風：指猛烈、強勁的風。漢司馬相如《上林賦》：「然後揚節而上浮，凌驚風，歷駭猋。」唐孟郊《感懷》：「秋氣悲萬物，驚風振長道。」

〔4〕客路：指旅途。唐戴叔倫《江干》：「予生何濩落，客路轉辛勤。楊柳牽愁思，
　　　和春上翠裙。」寒衣：禦寒的衣服。金元好問《望歸吟》：「北風吹沙雜飛雪，
　　　弓弦有聲凍欲折。寒衣昨夜洛陽來，腸斷空閨搗秋月。」《詩・豳風・七月》：
　　　「九月授衣。」

〔5〕煙霞：泛指山水、山林。喻隱居地。南朝梁蕭統《錦帶書十二月啟・夾鍾二
　　　月》：「敬想足下，優游泉石，放曠煙霞。」

〔6〕書劍投人：懷才寄人籬下。

〔7〕一名：唐人指進士及第。唐杜荀鶴《登城有作》：「一名一宦平生事，不放愁侵
　　　易過身。」

〔8〕采薇：武王伐紂，平定天下，建立周朝。伯夷、叔齊反對武王滅殷，逃入山中，
　　　采薇（蕨類）為生，以示不食周粟，終於餓死於首陽山。詳見《史記・伯夷列
　　　傳》《呂氏春秋・誠廉》。後因以為憤世隱居、堅守氣節之典。唐詩中多以之喻
　　　指隱逸生活。

【簡評】

　　首聯描寫秋天到來，路途中看到高樹依依，落葉紛飛，觸發了詩人的思
鄉之情。「依依」「驚」寫出了詩人羈旅漂泊的孤獨和凄涼。頷聯寫聽到大雁
鳴叫，讓思鄉之情更加急迫、濃烈，期盼早日到達家鄉；在半路上就收到了
家人寄來的寒衣，倍加思念家中親人。詩歌借助早雁、寒衣表達早日回到家
鄉的渴望。

　　頸聯「書劍投人」含蓄寫出作者對於功名的渴望，盼望有人能夠賞識自
己；然而「久不歸」，長久沒有音訊，又讓作者心懷忐忑。而這忐忑也恰恰反
映出對於成功的急迫。尾聯用典，用伯夷、叔齊義不食周粟，隱於首陽山，
采薇而食的典故，表達歸隱之心，希望能夠放下對於功名的追求，隱居山水
勝景，了卻初心。

　　此詩是一首重情重義的古詩，表達了與友人相約同隱的意願。

卷　八

送蘇協律從事振武〔1〕

琴尊詩思勞，更欲學龍韜〔2〕。王粲暫投筆〔3〕，呂虔初佩刀〔4〕。夜吟關月苦，秋望塞雲高。去去從軍樂〔5〕，雕飛代馬〔6〕豪。

【注釋】

〔1〕此詩又見《全唐詩》卷五二九《許渾集》，詩題作《送樓煩李別駕》。《全唐詩重出誤收考》謂「此詩亦見許渾手跡中。四部叢刊景宋寫本《丁卯集》下，《品彙》拾遺七作許渾，當為許作」。樓煩，郡名，即嵐州，治所在今山西嵐縣北。協律：協律郎，屬太常寺，正八品上，掌管音樂的官員。從事：指擔任幕僚。振武：唐方鎮名，治所在今內蒙古和林格爾西北。

〔2〕龍韜：漢人託名姜太公呂尚著的兵書《太公六韜》，分文、武、龍、虎、豹、犬六韜。記周文王、武王問太公兵戰之事。後因以「龍韜」「豹韜」等喻指用兵韜略，用作詠武將的典故。《隋書·經籍志三》:《太公六韜》五卷。」《注》:「周文王師姜望撰」。

〔3〕「王粲」句：這裡用王粲投筆喻指蘇協律棄文從戎。王粲：三國魏人，字仲宣。博學多才，文思敏捷，為建安七子之一。以詩賦著稱。為曹操承相掾，累官侍中。詳見《三國志·魏書·王粲傳》。投筆：即投筆從軍。王粲有《從軍詩》五首。

〔4〕「呂虔」句：蘇協律從事振武，這裡以曾任從事的呂虔相比擬。三國魏呂虔曾任從事，以征伐之功，官至徐州刺史，威虜將軍。後用作武將從征的典故。傳見《三國志》卷十八《魏書·呂虔傳》。呂虔有佩刀，相者以為必登三公，可佩此刀，虔乃以刀贈王祥，曰：「苟非其人，刀或為害。卿有公輔之量，故以相與。」

事見《晉書·王祥傳》。唐杜甫《喜聞官軍已臨賊境二十韻》:「前軍蘇武節,左將呂虔刀。」

〔5〕去去:猶行行、前去;越走越遠。唐張碣《贈邊將》:「千千鐵騎擁騎塵,去去平吞萬里空。」從軍樂:王粲《從軍詩》出征張魯之役,表現了出征的喜悅心情。後因用作詠從軍的典故。《文選·王仲宣(粲)·從軍詩五首》一:「從軍有苦樂,但聞所從誰。所從神且武,焉得久勞師。相公征關右,赫怒震天威。一舉滅獯虜,再舉服羌夷。」此句用王粲從軍事激勵友人從事振武。

〔6〕代馬:古代漠北產的駿馬。代,原作「岱」,據許渾詩改。代,古國名。故地一在今河北蔚縣;二擁有今內蒙古中部和山西北部。後泛指北方邊塞地區。《文選·曹子建(植)·朔風詩》:「仰彼朔風,用懷魏都;願騁代馬,倏忽北徂。」清陳維崧《水調歌頭·汾西侯仲輅示我九日紀夢詞二闋依韻奉和》:「追代馬,挾趙瑟,是何年。兵家女有殊色,可許阮公眠。」

【簡評】

這是一首邊塞贈別詩。唐人的送別詩中有較多的是在戰爭背景下的場景展現。正所謂「七千里別寧無恨,且貴從軍樂事多。」(朱慶餘《送劉思復南河從軍》)

賀知章《送人之軍》:「常經絕脈塞,復見斷腸流。送子成今別,令人起昔愁。隴雲晴半雨,邊草夏先秋。萬里長城寄,無貽漢國憂。」高步瀛《唐宋詩舉要》卷四就認為是「勉勵得體,合古人贈言之旨」。盧綸《送郭判官赴振武》:「黃河九曲流,繚繞古邊州。鳴雁飛初夜,羌胡正晚秋。淒涼金管思,迢遞玉人愁。七葉推多慶,須懷殺敵憂。」許渾《吳門送振武李從事》詩,也抒發了一樣的豪情:「晚促離筵醉玉缸,伊州一曲淚雙雙。欲攜刀筆從新幕,更宿煙霞別舊窗。胡馬近秋侵紫塞,吳帆乘月下清江。嫖姚若許傳書檄,坐築三城看受降。」馬戴《贈友人遊邊回》則是從一個新的層面加以展開:「游子新從絕塞回,自言曾上李陵臺。尊前語盡北風起,秋色蕭條胡雁來。」

宣州開元寺贈惟真上人〔1〕

曾與徑山為小師〔2〕,千年僧行〔3〕眾人知。夜深月色當禪處,齋〔4〕後鐘聲到講時。經雨綠苔侵古畫〔5〕,過秋紅葉落新詩。勸君莫厭江城客,雖在風塵〔6〕別有期。

【注釋】

〔1〕此詩見許渾烏絲欄真蹟，《全唐詩重出誤收考》謂「許渾任當塗、太平縣令時，多有在宣州詩作，……故此詩亦誤入杜牧集者」。此乃許渾詩。上人：僧人尊稱。

〔2〕徑山：山名，在浙江餘杭縣西北，大曆、貞元中，法欽居此，賜號國一，人稱徑山大師。《宋高僧傳》卷九有傳。小師：僧人的謙稱。《太平廣記》卷一六〇引唐無名氏《異聞錄·秀師言記》：「（神秀）師曰：……死後乞九郎作窣堵坡於此，為小師藏骸之所。」

〔3〕僧行：指遵守佛門戒規刻苦修行的行為。唐白居易《贈僧五首·缽塔院如大師》：「若不秉持僧行苦，將何報答佛恩深。」

〔4〕齋：齋時，佛家過午不食為齋，所以正午為齋時。

〔5〕侵：侵蝕；損傷。古畫：年代久遠之繪畫。唐岑參《出關經華嶽寺訪法華雲公》：「長廊列古畫，高殿懸孤燈。」

〔6〕風塵：指塵世。現實生活世界，宦途或官場。晉葛洪《抱朴子·交際》：「馳騁風塵者，不戀建德業，務本求己。」唐劉長卿《早春贈別趙居士還江左》：「見君風塵裏，意出風塵外。」

【簡評】

　　至今有 1280 年歷史的徑山寺，文化底蘊豐厚，自然風光優美，禪茶文化博大精深，是唐代茶聖陸羽著《茶經》之地，日本臨濟宗和日本茶道之源。徑山茶是浙江省十大名茶之一。北苕溪則擔負著千餘年來徑山禪茶文化傳承、弘揚光大的使命。

　　徑山寺，公元 742 年，唐朝天寶元年，禪師法欽泛舟過太湖逆流而上東苕溪，經中苕溪往北苕溪。其師以「乘流而行，遇徑即止」八字相囑，法欽禪師便在徑山結茅而居，遠近鄉鄰送糧米油鹽，從禪之士助資建庵。從此，人跡罕至的徑山，門庭若市，名震天下。開山建寺 27 年，唐朝大曆四年代宗皇帝賜名「徑山禪寺」。於是，徑山禪寺香火不斷，高僧大德輩出。徑山寺從開山建寺到 1949 年前傳燈 100 餘代。

　　徑山因山而名，因佛而盛，蔚為佛國勝地，歷代帝王將相、文人墨客紛至沓來。留有唐詩宋詞 200 餘首。唐代張祜好「模山范水，題詠名寺」，元和年間曾遊徑山，有《題徑山大覺禪師影堂》詩。傳杜牧曾於大中三年（849 年）任湖州刺史，留有《宣州開元寺贈惟真上人》一詩。詩人許渾好遊，任睦州（今

杭州淳安、建德地區）刺史時結交了太昱禪師、惟素上人，並留有《送太昱禪師》詩。

綠　蘿 [1]

　　綠蘿縈數匝 [2]，本在草堂 [3] 間。秋色寄高樹，晝陰籠 [4] 近山。移花疏處過，劚藥 [5] 困時攀。日暮微風起，難尋舊徑還。

【注釋】

〔1〕此詩又見《全唐詩》卷五三二《許渾集》，詩題作《紫藤》。《全唐詩重出誤收考》謂「此詩亦見許渾手跡中，當為許作」。綠蘿：屬於天南星科麒麟葉屬植物，大型常綠藤本，生長於熱帶地區，常攀援生長在雨林的岩石和樹幹上，其纏繞性強，氣根發達，可以水培種植。原產印度尼西亞所羅門群島的熱帶雨林。

〔2〕縈：纏繞，環繞。匝：一圈。

〔3〕草堂：茅屋草舍，多作自謙之詞。舊時文人避世隱居，多名其所居為草堂。南齊周顒隱居於鍾山時，仿蜀草堂寺築室，名為草堂。見《文選》南齊孔稚珪《北山移文》。後如杜甫的浣花草堂，白居易的廬山草堂皆是。唐顧況《送郭秀才》：「不作草堂招遠客，卻將垂柳借啼鶯。」

〔4〕籠：籠蓋，籠罩。

〔5〕劚：大鋤，此處意為挖掘。藥：唐詩中「藥」多與「花」同義。

【簡評】

　　古詩描寫花草，多為讚美玉蘭的芬芳、牡丹的華貴、荷花的出淤泥而不染，而此詩卻讚美綠蘿的樸實無華。綠蘿開花極罕見，花期極短。綠蘿適應性很強，它對溫度沒有特殊要求，要求光照條件一般，適應乾燥，也喜濕潤。綠蘿具有攀登精神，不怕環境的惡劣，生命力極其頑強，即使遇到挫折也要堅持。根據品種的不同，有的綠蘿可以攀援很高，唐劉長卿《望龍山懷道士許法棱》云：「心惆悵，望龍山。雲之際，鳥獨還。懸崖絕壁幾千丈，綠蘿嫋嫋不可攀。」綠蘿被人喜歡，因為它綠的大氣，綠的純粹，綠的完全。

陵陽送客 [1]

　　南樓送郢 [2] 客，西郭望荊門 [3]。鳧鵠下寒渚 [4]，牛羊歸遠村。蘭舟倚行棹，桂酒掩餘樽。重此一留宿，前汀煙月 [5] 昏。

【注釋】

〔1〕此詩又見《全唐詩》卷五三〇《許渾集》，詩題作《送李秀才》。《全唐詩重出誤收考》謂「此詩亦見許渾手跡中，當為許作」。陵陽：山名，在宣州涇縣。參見《元和郡縣圖志》卷二八。參見《池州送孟遲先輩》詩注〔2〕。

〔2〕南樓：宣州開元寺南樓。泛指一般樓閣。郢：指今湖北江陵，春秋楚郢都。戰國宋玉《對楚王問》有「客有歌於郢中者」語，後多以郢客指江陵人。

〔3〕西郭：西邊外城。荊門：指荊州，今湖北江陵。

〔4〕鳧鶴：鳧和鶴。鳧，俗稱「野鴨」，似鴨，雄的頭部綠色，背部黑褐色，雌的全身黑褐色，常群遊湖泊中，能飛。鶴，通「鶴」。鳥名。鶴科各種禽類的泛稱。寒渚：寒天水中的小塊陸地。南朝宋鮑照《野鵝賦》：「立菰蒲之寒渚，託隻影而為雙。」

〔5〕前汀：前面水中的小洲。煙月：煙霧迷蒙的月色。五代鹿虔扆《臨江仙》：「煙月不知人事改，夜闌還照深宮。」

【簡評】

　　關於陵陽古鎮。九華山南麓與黃山太平湖北畔，有一個兩千多年歷史的文化名鎮——陵陽鎮，南流河由西向東穿鎮而過，一座高齊屋脊的古石拱橋連接著老街石板路，延伸至南流河北岸的古縣衙遺址。陵陽鎮四面環山、溪水縱橫，不僅有優美的自然人文景觀，還有深厚歷史文化底蘊的古代建築。千百年來不知有多少詩人在古鎮的靈山秀水之間流連忘返，並寫下了流芳千古的詩篇。

　　詩人佇立秧溪渡口，觸景生情，寫下此詩。在城南的樓裏送別了前去郢地的朋友，在城西邊遠望荊門；鳧水的鶴鳥飛去了寒冷水中的小塊陸地，放牧的牛羊正在歸回遠處的村莊；小船倚靠著劃動的船槳，美酒遮蓋存放在酒器裏；再在這裡留宿一晚，前面水中的小洲籠罩在雲霧朦朧的月色中。詩寫西郭南樓送客，描繪了天空和地上的遠景，動態，閒野之趣；緊接寫水岸邊的近景，靜態，舟棹之樂；最後寫美麗的夜景，表達了對此地的無限愛憐之意。

　　據專家考證，愛國詩人屈原遭貶流放江南時，曾寓居陵陽九年之久，並寫下了著名的詩篇《哀郢》。唐李白曾多次駐足陵陽。據說陵陽上街的古縣衙遺址，原建門坊上的石刻「香池裏」三字即是李白手書。曾任池州刺史的杜牧也多次來過陵陽，並寫下了不少送別詩，陵陽山水，是杜牧交友對酌和閒情逸致的佳地，更是激發他清新俊逸詩句的源泉。清代曾任池州郡守的詩人張士范，

曾多次流連於陵陽鄉村的宜人美景，寫下了膾炙人口的田園小詩《陵陽鎮》：
「青陽古治號陵陽，幾處人家傍水塘，綠樹聲聲鳴布穀，農人遍地插新秧。」
描繪出陵陽美麗江南鄉村的田野風光。

川守大夫劉公，早歲寓居敦行里肆，有題壁十韻，今之置第，乃獲舊居，洛下大僚，因有唱和，歎詠不足，輒獻此詩〔1〕

旅館當年葺，公才〔2〕此日論。林繁輕竹祖〔3〕，樹暗惜桐孫〔4〕。煉藥藏金鼎，疏泉陷石盆〔5〕。散科〔6〕松有節，深薙〔7〕草無根。龍臥〔8〕池猶在，鶯遷〔9〕谷尚存。昔為揚子宅〔10〕，今是李膺門〔11〕。積學螢嘗聚〔12〕，微詞鳳早吞〔13〕。百年明素志，三顧〔14〕起新恩。雪耀冰霜〔15〕冷，塵飛水墨昏。莫教垂露〔16〕跡，歲晚雜苔痕〔17〕。

【注釋】

〔1〕此詩為許渾作。《全唐詩重出誤收考》云：「岑仲勉對此有考證，……據此，知此首詩亦當為許渾作，時劉瑑新置第，正是早歲寓居之敦行里肆，洛下大僚群起唱和祝賀，而許渾獻此詩。張金海、吳在慶文亦皆以為渾詩而誤入杜牧集。」川守：三川守，即河南尹。劉公：劉瑑，大中六年（852）任河南尹。詩作於大中六年，時許渾為虞部員外郎分司東都。除此詩外，許渾另有《寄獻三川守劉公》詩。敦行里：在洛陽。參見《唐兩京城坊考》卷五。歎詠：吟詠。

〔2〕公才：指才識可以和三公輔相的職位相稱。謂能堪當大任。唐李頎《裴尹東溪別業》：「公才廊廟器，官亞河南守。」

〔3〕竹祖：帶有筍芽的竹鞭。亦借指老竹。唐皮日休《重玄寺元達年逾八十好種名藥》：「藥名卻笑桐君少，年紀翻嫌竹祖低。」

〔4〕桐孫：桐樹新生的小枝。南北朝庾信《詠樹》：「楓子留為式，桐孫待作琴。」唐周賀《贈神邈上人》：「草履蒲團山意存，坐看庭木長桐孫。」後以「桐孫」稱美他人子孫。

〔5〕石盆：石製花盆。亦泛指石製的盆。參見《石池》詩注、詩評。

〔6〕科：剪，砍；修剪枝蔓；芟除蕪穢。唐無可《題崔駙馬林亭》：「宮花野藥半相和，藤蔓參差惜不科。」

〔7〕薙：除草。

〔8〕龍臥：喻指劉瑑早年寓居於此。

〔9〕鶯遷：喻指劉瑑遷官。《詩·小雅·伐木》：「伐木丁丁，鳥鳴嚶嚶。出自幽谷，

遷于喬木。」嚶嚶為鳥鳴聲。自唐以來，常以嚶鳴出谷之鳥為黃鶯，故以「鶯遷」指登第，或為陞擢、遷居的頌詞。唐人以鶯出谷或鶯遷、鶯鳴表示仕途遷升，並以鶯谷喻指沉滯下僚。

〔10〕為：似、好像。揚子宅：西漢文學家揚雄字子雲，蜀郡人，家貧，少田產，門前冷落。後因以「揚雄宅」喻指文士的貧居，也藉以詠蜀地。見《漢書·揚雄傳》。

〔11〕李膺門：劉公通顯後，返洛下，購得昔日舊居，置為宅第。這裡將其新宅第比作李膺門，謂今為朝野所重。參見《賀崔大夫崔正字》詩注〔4〕。唐王季友《酬李十六岐》詩：「於何車馬日憧憧，李膺門館爭登龍。」

〔12〕「積學」句：晉人車胤家貧好學，夏夜常捕螢火蟲置紗囊中，藉以照明讀書。此典入詩比喻勵奮求學。《晉書·車胤傳》：「太守王胡之名知人，見胤於童幼之中，謂胤父曰：『此兒當大興卿門，可使專學。』胤恭勤不倦，博學多通。家貧不常得油，夏月則練囊盛數十螢火以照書，以夜繼日焉。」唐杜甫《題鄭十八著作丈》：「窮巷悄然車馬絕，案頭幹死讀書螢。」唐王維《清如玉壺冰》：「曉凌飛鵲鏡，宵映聚螢書。」

〔13〕「微詞」句：漢揚雄著《太玄經》，夢吐鳳凰集於經上。事見《西京雜記》卷二。後稱此事曰吐鳳，又作吞鳳；喻指擅長著文。又，相傳晉人羅含有一天夢見一隻五顏六色的鳥飛進嘴裏，從此他的文章就寫得很好。見《晉書·文苑傳·羅含》。後以喻文才高妙，才高八斗。唐李商隱《為陳許舉人自代狀》：「人驚吞鳳之才，士切登龍之譽。」後人多引用讚美人才。

〔14〕三顧：即三顧草廬。漢末劉備三次到隆中訪聘諸葛亮，世稱「三顧草廬」。後用以比喻君主禮聘臣下。事見《三國志·蜀書·諸葛亮傳》。唐杜甫《蜀相》：「三顧頻繁天下計，兩朝開濟老臣心。」

〔15〕冰霜：冰與霜。

〔16〕垂露：垂露書。一種字體名。相傳漢曹喜工篆隸，善懸針垂露之法，世稱「垂露書」。《初學記》卷二一引南朝宋王愔《文字志》：「垂露書，如懸針而勢不遒勁，阿那若濃露之垂，故謂之垂露。」唐段成式《酉陽雜俎·廣知》：「百體中有懸針書，垂露書。」

〔17〕苔痕：苔蘚滋生之跡。唐劉禹錫《陋室銘》：「苔痕上階綠，草色入簾青。」宋張耒《無題》：「出門蹄道苔痕滿，隱几書塵鼠跡多。」

【簡評】

　　劉公新置宅第，群僚紛紛賦詩祝賀，詩人亦獻此詩。其中誇讚劉公才識過

人可以和三公輔相的職位相稱，能堪當大任；而且勵奮求學，文思泉湧，才高八斗；老當益壯，祖孫興旺；宅第的主人榮升高就，昔日的舊居，環境幽美，如今已成為名高望重的「李膺門」。通篇為頌揚及感恩之詞。

冬日五湖館水亭懷別〔1〕

　　蘆荻花多觸處〔2〕飛，獨憑虛檻雨微微〔3〕。寒林葉落鳥巢出，古渡〔4〕風高漁艇稀。雲抱四山〔5〕終日在，草荒三徑〔6〕幾時歸？江城向晚〔7〕西流急，無限鄉心聞搗衣〔8〕。

【注釋】

〔1〕此詩又見《全唐詩》卷五三六《許渾集》。《全唐詩重出誤收考》謂「《英華》二九八作杜牧，並據其本集校。四部叢刊景宋本《丁卯集》不載。《詩人玉屑》三引頷聯亦為杜牧。」

〔2〕蘆荻：蘆葦和荻草，荻的葉子比蘆葦葉稍寬而堅韌。觸處：到處。唐白居易《春盡日宴罷感事獨吟》：「閒聽鶯語移時立，思逐楊花觸處飛。」

〔3〕微微：渺小，輕微。

〔4〕古渡：古老之津渡。

〔5〕四山：四周之山。

〔6〕三徑：三條小路。西漢末，蔣詡告病隱居，舍前長滿蓬蒿，於宅院中闢三徑，唯與求仲、羊仲等知交來往。事見晉趙岐《三輔決錄·逃名》。後因用三徑代指隱士的家園。此典多用於歸隱、田園、卜居等詩作。錢起《謁許由廟》：「綠苔唯見遮三徑，青史空傳謝九州島。」

〔7〕向晚：傍晚。向，接近。唐李商隱《樂遊原》：「向晚意不適，驅車登古原。」

〔8〕搗衣：洗衣時用木杵在砧上捶擊衣服，使之乾淨。北周庾信《夜聽搗衣》：「秋夜搗衣聲，飛度長門城。」唐賈至《答嚴大夫》：「今夕秦天一雁來，梧桐墜葉搗衣催。」又，《搗衣》，古琴曲；又名《秋杵弄》《秋院搗衣》。據《枯木禪琴譜》載：「唐潘庭堅所作，傷閨怨也。曲意淒慘，音節哀思，始則感秋風而搗衣，對明月而惆悵，既則嗟鴻鱗之信杳，悲征戍之苦寒，終則飛夢魂於塞外，訴離別之情懷。一種孤鸞寡鵠之思流露冰弦，須用意作之。」

【簡評】

　　深秋薄暮，蘆花亂飛，砧杵聲聲，興起詩人懷念家鄉與親人的情思。也許是因為蘆葦的常見，也許是蘆葦飽含著故土的氣息，它總能勾起人們的思鄉之情。

不　寢〔1〕

　　到曉不成夢，思量堪〔2〕白頭。多無百年命〔3〕，長有萬般愁。世路〔4〕應難盡，營生卒未休〔5〕。莫言名與利，名利是身仇〔6〕。

【注釋】

〔1〕此詩又見《全唐詩》卷五三二《許渾集》。《全唐詩重出誤收考》謂「四部叢刊景宋本《丁卯集》不載，樊川集、別集、外集亦不收，疑非二人（許渾杜牧）詩」。

〔2〕思量：想念，相思。堪：可，能。

〔3〕「多無」句：謂人生在世不過百年光陰。

〔4〕世路：人生道路。唐曹松《贈鏡湖處士方干二首》：「世路不妨平處少，才人唯是屈聲多。」

〔5〕營生：營謀生計；指謀生的手段。卒：最終，指死。休：此處意為美好。

〔6〕名利：名位和利祿；名聲與利益。身仇：自身最大的仇人。

【簡評】

　　深夜不眠時的心態，最能體味時間與人存在性的息息相通，最能反思個體生命的意義。人生短暫，憂愁繁多，名利難求，個人在這個充滿矛盾和危險的世界將如何生存？人的內在意志又怎樣與外在力量發生衝突？生命的終極意義究竟在哪裏？這種從具體歷史史實和個人處境中產生的對於社會和人生的哲學思考，深深困擾著詩人。

　　此詩的意義是在提醒人們要淡泊名利，踏實做人，乾淨做事，不要刻意的去追逐名利。人生在世，只是一個來去匆匆的過客而已。名與利，都是過眼雲煙，生不帶來，死又不能帶去，與其一生為之所累，不如活得實實在在、快快樂樂，用一顆平常心來看待它，將一切看得淡一點，再淡一點。

　　追逐名利，是誤入歧途。淡泊名利，可能平凡，但是還不至於會平庸。追名逐利，可能會風光一時，但心靈不會自由，也活不出真正的精彩來。名利是身外之物，面對名利，要做到處之泰然，不驚不喜；失之淡然，不悲不怒。

　　古往今來，那些有作為的人，不屑個人名利，而將全部的心血和才華投入到事業之中。所以，他們一方面能夠享受到心如止水的快樂，另一方面也能水到渠成地獲得驚人的成就。

泊松江〔1〕

　　清露白雲明月天，與君齊棹木蘭船〔2〕。南湖〔3〕風雨一相失，夜泊橫塘心渺然〔4〕。

【注釋】

〔1〕此詩又見《全唐詩》卷五三八《許渾集》。吳企明《樊川詩甄辨柿札》云，此詩在許渾手跡內，非杜牧作。《許渾集》題作《夜泊松江渡寄友人》。松江：吳松江，太湖入海的水道。

〔2〕木蘭船：木蘭樹狀如楠樹，質似柏而微疏，可造船。舊題南朝梁任昉《述異記》：「木蘭洲在潯陽江中，多木蘭樹。昔吳王闔閭植木蘭於此，用構宮殿也。七里洲中，有魯班刻木蘭為舟，舟至今在洲。詩家雲木蘭舟，出於此。」後常以木蘭舟作為船的美稱，故詩詞作品中常詠之。

〔3〕南湖：在唐懷仁縣（今江蘇贛榆縣）。唐詩中南湖之名，有實際指向的多達五處，虛指泛稱湖泊者眾多。

〔4〕橫塘：地名，在今江蘇吳縣西南。渺然：微小，去向不清，難以看見；或指思緒悠遠，或指無影無蹤兒不知所往。唐趙嘏《江樓感舊》：「獨上江樓思渺然，月光如水水如天。」

【簡評】

　　明月尚掛在天邊，白雲微微顯現，頂著潔淨的露水，詩人與友人於江中共同劃著精美的木蘭船。南湖中風風雨雨共度艱難險阻，夜晚停靠在橫塘使人思緒悠遠。詩中既見景與物，又呈現內心思想感受，二者巧妙融合統一，不露痕跡。

聞開江相國宋下世二首〔1〕

　　權門陰進奪移才，驛騎如星墮峽〔2〕來。晁氏〔3〕有恩忠作禍，賈生〔4〕無罪直為災。貞魂誤向崇山〔5〕沒，冤氣疑從湘水〔6〕回。畢竟成功〔7〕何處是？五湖雲月一帆〔8〕開。

　　月落清湘〔9〕棹不喧，玉杯瑤瑟奠蘋蘩〔10〕，誰令力制乘軒鶴〔11〕，自取機沉在檻猿〔12〕。位極乾坤三事〔13〕貴，謗興華夏一夫冤〔14〕。宵衣旰食〔15〕明天子，日伏青蒲不為言〔16〕。

【注釋】

〔1〕此詩又見《全唐詩》卷五三六《許渾集》。詩題為《聞開江相國宋相公申錫下世

二首》。《全唐詩重出誤收考》謂「……當為許渾作。吳企明考亦認為是許渾的感事詩而誤入樊川集中。」相國宋：許渾詩作「宋相公申錫」。開江：縣名，開州郭下縣，今四川開縣。宋申錫，字慶臣，桂陽郡義昌縣（今湖南汝城縣）人。唐朝中期大臣。早年喪父，家境貧寒，文才很好。中進士後，授秘書省校書郎。寶曆三年（826年），任禮部員外郎。太和二年（828年），進中書舍人、翰林學士，執掌機要。太和四年（830年）拜相，任同平章事。協助唐文宗清除權閹，被誣勾結漳王李湊謀反，貶為開州司馬。太和八年（834年），卒於貶所。開成元年（836年），平反昭雪，追復尚書右丞、同平章事，贈兵部尚書，諡號文懿。見新、舊《唐書》本傳。下世：去世。

〔2〕驛騎：驛馬。峽：三峽，開州距三峽甚近。此謂宋申錫貶開州，傳驛而至，期限迫促。

〔3〕晁氏：即西漢御史大夫晁錯。他為鞏固西漢王朝上言削弱諸侯，吳楚七國遂以誅晁錯為名起兵反叛，逼漢景帝殺之。事見《漢書》本傳。

〔4〕賈生：賈誼，被讒貶長沙王太傅。參見《感懷詩一首》注〔53〕。

〔5〕貞魂：忠貞之魂，指宋申錫。崇山：指貶所。參見《見宋拾遺題名處感而成詩》注〔5〕。

〔6〕湘：許渾詩作「汨」。屈原被放逐，後自沉汨羅江。

〔7〕成功：許渾詩作「功成」。

〔8〕五湖：春秋末越國大夫范蠡，輔佐越王句踐，攻滅吳國，功成身退，乘舟遊於五湖。見《國語·越語下》。後因以五湖喻功成身退或棄官歸隱。唐李白《悲歌行》：「范子何曾愛五湖，功成名遂身自退。」參見《題宣州開元寺水閣》詩注〔6〕。一帆：一張船帆。亦特指船。

〔9〕清湘：清澈的湘江水。唐柳宗元《漁翁》：「漁翁夜傍西岩宿，曉汲清湘燃楚竹。」

〔10〕瑤瑟：用玉為飾的瑟。蘋蘩：草名，可用作祭品。《左傳·隱公三年》：「蘋蘩蘊藻之菜……可薦於鬼神，可羞於王公。」後因以「蘋蘩」泛指祭品。

〔11〕令：許渾詩作「能」。乘軒鶴：春秋時，衛懿公愛鶴，使之乘坐大夫級別的車子。後因用作比喻無功受祿的人或寵遇不當的典故。《左傳·閔公二年》：「狄人伐衛。衛懿公好鶴，鶴有乘軒者。將戰，國人受甲者皆曰：『使鶴，鶴實有祿位，餘焉能戰！』……衛師敗績。」此以喻得勢的宦官王守澄等。軒，許渾詩作「時」。

〔12〕機：捕鳥獸的機括。檻猿：陷於機檻的猿猴。此指宋申錫與文宗謀除王守澄等，反自招禍害。

〔13〕乾坤：天地。三事：周有「三事大夫」之稱，亦即三公。三公雖無具體職事，但可參與六卿之事，所以又稱為「三事」。這裡喻指宰相。《詩·小雅·雨無正》：「三事大夫，莫肯夙夜。邦郡諸侯，莫肯朝夕。」鄭玄箋：「王流在外，三公及諸侯隨王而行者，皆無君臣之禮，不肯晨夜朝暮而省王也。」孔穎達疏：「王肅以三事為三公，大夫謂其屬。」唐宇文融《奉和聖製命宴都堂賜詩》：「職憂三事老，位在百僚先。」

〔14〕「謗興」句：唐文宗大和年間，文宗欲除宦官，曾與宋申錫密議，不久即拜申錫為同中書門下平章事（宰相）。申錫任王璠為京兆尹，密諭帝旨，璠洩密，為宦官王守澄爪牙所獲。大和五年，豆盧著誣告申錫謀反，申錫幾乎被殺。後經眾大臣營救，乃貶開州司馬，從而流死者數十百人，天下以為冤，兩年後申錫感憤卒。華夏：中國。一夫冤：漢王充《論衡·感虛》：「傳書言：鄒衍無罪，見拘於燕。當夏五月，仰天而歎，天為隕霜……一夫冤而一歎，天輒下霜，何氣之易變，時之易轉也！」後用為無辜受冤屈之典。一夫，一人，指宋申錫。

〔15〕宵衣旰食：天未明即起床穿衣，傍晚才進食，指勤於政務。

〔16〕青蒲：青色的蒲團，宮中跪伏奏事用。為言：猶言舉言，即說話。伏青蒲，喻指強諫。《漢書·史丹傳》載：漢元帝病中欲廢太子，駙馬都尉侍中史丹闖入帝臥室，伏在青蒲團上規勸，並以賜死相請。

【簡評】

宋申錫忠良正直，為奸人所害，最終死於貶所；受此牽連被殺和流放者多達數百人。「位極」二句是說，宋申錫位極人臣，貴如三公，卻遭誣陷，乃華夏一大冤案。極力為宋申錫的冤案鳴不平。語意直率，真事實寫，憤激之情顯然。

全詩皆為憤激之語，用事用典相結合，對顛倒黑白的時政進行了猛烈的抨擊。

出　關〔1〕

朝纓初解佐江濆〔2〕，麋鹿〔3〕心知自有群。漢囿獵稀慵獻賦〔4〕，楚山耕早任移文〔5〕。臥歸漁浦月連海，行望鳳城〔6〕花隔雲。關吏不須迎馬笑，去時無意學終軍〔7〕。

【注釋】

〔1〕此詩又見《全唐詩》卷五三六《許渾集》。《全唐詩重出誤收考》謂「此詩亦見許渾手跡中。張金海考認為非杜作，詩中『朝纓初解佐江濆』及『臥歸漁浦月連海』等句，作者應是長江中下游一帶的人，與許渾身世合」。

〔2〕纓：繫冠帶。解纓：謂辭官。江濆（fén）：水邊；江邊。佐江濆：指為潤州（今江蘇鎮江）司馬。許渾《烏絲欄詩自序》：「大中三年，守監察御史，抱病不任朝謁，堅乞東歸。」又《梁秀才以早春旅次大梁將歸郊扉言懷兼別示亦蒙見贈凡二十韻走筆依韻》詩自注：「某自監察御史謝病歸家，蒙除潤州司馬。」濆，許渾詩作「濱」。

〔3〕麋鹿：獸名，俗稱四不像。此用以自比。古代隱士隱居山林，與麋鹿同群。詩歌中以此吟詠隱居生活、棲隱山林的願望或去官後的隱逸心情。南朝梁元帝蕭繹《金樓子·興王》：「伯夷叔齊不食周粟，餓於首陽，依麋鹿以為群。」《文選·劉峻·廣絕交論》：「是以耿介之士，疾其若斯。裂裳裹足，棄之長騖，獨立高山之頂，歡與麋鹿同群。」唐李善注：「孔安國曰：『隱居山林，是同群也。』」

〔4〕漢囿：漢代的囿苑。囿，古代供帝王貴族進行狩獵、遊樂的園林形式；通常選定地域後劃出範圍，或築界垣；囿中草木鳥獸自然滋生繁育。漢成帝大誇胡人以多禽獸，射獵於長楊，揚雄獻《長楊賦》以諷。獻賦：向皇帝獻辭賦自薦，因而受到賞識。西漢辭賦家司馬相如，以《子虛賦》《大人賦》受到皇帝賞識。見《史記·司馬相如傳》。又，揚雄，以獻《甘泉賦》《羽獵賦》《長楊賦》受到皇帝賞識。見《漢書·揚雄傳》。唐詩中多以揚雄、司馬相如為喻，歎仕途失意，不獲知遇。

〔5〕移文：指《北山移文》。詳見《送故人歸山》詩注〔4〕

〔6〕鳳城：京都的美稱，指長安。參見《貴遊》詩注〔5〕。

〔7〕終軍：西漢才士，年少時即有大志，十八歲選為博士弟子，官至諫大夫，出使南越時被害，年僅二十餘歲。故有終童的別稱。詩歌中多藉以詠青年才士。這裡用終軍事，自謂是朝官外調，不同於終軍作為謁者行郡出關。參見《杜秋娘詩》注〔42〕。

【簡評】

　　這是一首詩人的內心獨白。謂辭官後，徜徉漫遊於江邊。隱居山林，與麋鹿同群。詩歌以此吟詠隱居生活、棲隱山林的願望或去官後的隱逸心情。詩中以揚雄、司馬相如為喻，回想先賢向皇帝獻辭賦自薦，因而受到賞識。

但詩人犯顏極諫，觸怒尊上，忤逆權臣，終因「犯鱗」，不被重用，慨歎仕途失意，不獲知遇。同時詩人也能明察局勢，遠離鳳城，全身避禍，徜徉在山水與佛道間。學習終軍，義無反顧，雖辭官，然建功報國之心未泯。

暝投雲智寺，渡溪不得，卻取沿江路往〔1〕

雙岩瀉一川〔2〕，回馬〔3〕斷橋前。古廟〔4〕陰風地，寒鐘暮雨天。沙虛留虎跡，水滑帶龍涎〔5〕。卻下臨江路，潮深無渡船。

【注釋】

〔1〕此詩又見《全唐詩》卷五三二《許渾集》。詩題作《暝投靈智寺渡溪不得卻取沿江路往》。《全唐詩重出誤收考》謂「中四句又見許渾《晚投慈恩寺呈俊上人》詩中。此詩兩聯在許渾集中雙見，許渾作詩用語多雷同，疑非杜牧作」。

〔2〕一川：一條水流。

〔3〕回馬：調轉馬頭；謂回返。

〔4〕古廟：古老之祠廟。唐韓翃《送故人歸蜀》：「古廟祠金馬，春江帶白黿。」

〔5〕龍涎：龍的口液。

【簡評】

此詩記錄了一次艱辛的旅行。黃昏時節投宿於雲智寺。當欲渡水而行，卻遇橋斷。因無船渡，只能策馬揮鞭沿江而去。古廟陰風、寒鐘暮雨，甚感淒涼；鬆軟的沙灘留有虎的足跡，水流濕滑處猶如龍涎。路途十分艱險。

宣城送蕭兵曹〔1〕

桂楫謫湘渚，三年波上春〔2〕。舟寒句溪〔3〕雪，衣故洛城塵〔4〕。客道恥搖尾〔5〕，皇恩寬犯鱗〔6〕。花時去國遠，月夕上樓頻。賒〔7〕酒不辭病，傭書〔8〕非為貧。行吟值漁父〔9〕，坐隱對樵人。紫陌〔10〕罷雙轍，碧潭窮一綸〔11〕。高秋更南去，煙水〔12〕是通津。

【注釋】

〔1〕此詩又見《全唐詩》卷五三七《許渾集》。吳在慶《杜牧疑偽詩考》認為本詩確是許渾之作。

〔2〕桂楫：用桂木製的船槳。此代指船。湘渚：湘江邊的洲渚。此指湘中。上春：早春。即孟春，農曆正月。

〔3〕句溪：溪名，在宣城東五里。許渾詩作「剡溪」。

〔4〕故：許渾詩作「破」。洛城塵：義同京洛塵。晉陸機《為顧彥先贈婦詩二首》：
　　「辭家遠行遊，悠悠三千里。京洛多風塵，素衣化為緇。」後遂以「京洛塵」
　　喻功名利祿等塵俗之事。

〔5〕搖尾：搖尾乞憐。司馬遷《報任安書》：「猛虎處深山，百獸震恐，及其在阱檻
　　之中，搖尾而求食，積威約之漸也。」

〔6〕犯鱗：即犯龍鱗，喻觸犯皇帝。相傳龍有逆鱗不可觸，犯之必受害。喻觸犯人
　　主或強權之威，多指臣子冒死直諫。《韓非子·說難》：「夫龍之為蟲也，柔可
　　狎而騎也，然其喉下有逆鱗徑尺，若人有嬰之者則必殺人。人主亦有逆鱗，說
　　者能無嬰人主之逆鱗則幾矣。」唐白居易《酬贈李煉師見招》：「曾犯龍鱗容不
　　死，欲騎鶴背覓長生。」

〔7〕賒：許渾詩作「貪」。

〔8〕傭書：受雇為人抄書。亦泛指為人做筆箚工作。

〔9〕漁父：用戰國屈原事。參見《贈漁父》詩注〔4〕。

〔10〕紫陌：京城內繁華的街道。詳見《長安雜題長句六首》詩注〔8〕。

〔11〕綸：釣魚絲。秋：許渾詩作「歌」。

〔12〕煙水：霧靄蒼茫的水面。詩詞中「煙水」與「煙波」義近。

【簡評】

　　此詩雖為贈人而作，卻實為詩人的心理獨白。

　　宦海浮遊多年，春暖秋涼，夏炎冬寒，奔波於功名利祿之塵俗。雖說恥
於搖尾乞憐，皇恩寬恕犯顏直諫，但卻未真正遇到明主。遠離國都，輾轉反
側；對外放心有不甘，卻只能貪杯飲酒、受雇為人抄書打發時光。路途上遇
漁父，便想起被罷黜的屈原，進而產生了歸隱之思。面對南去浩渺的水面，
詩人內心愁苦波如漣漪，有隱隱作痛之感。

過鮑溶宅有感〔1〕

　　寥落〔2〕故人宅，重來身已亡。古苔殘墨沼〔3〕，深竹舊書堂。秋色池館
靜，雨聲雲木涼。無因展交道〔4〕，日暮倍心傷。

【注釋】

〔1〕此詩又見《唐詩紀事》卷四一，作許渾詩。又見《全唐詩》卷五三二《許渾
　　集》。《全唐詩重出誤收考》謂「此詩亦見許渾手跡中，……當斷為許作。」
　　《全唐詩》卷五四四《劉得仁集》亦見，題為《哭鮑溶有感》：「寥落故人宅，

今來身已亡。古苔淺墨沼，深竹映書堂。秋色館池靜，雨聲雲水涼。無因展交道，日暮剖心腸。」異文較多。鮑溶：字德源，生卒年、籍貫不詳，元和四年進士，是中唐時期的重要詩人，《全唐詩》存其詩三卷 196 首，《全唐詩補編》補詩一首。

〔2〕寥落：寂寞冷落。

〔3〕古苔：陳久的青苔。墨沼：洗墨池。相傳東漢書法家張芝在池邊鍊字，日久天長，池水為之變黑，稱為墨池。也作墨沼。《後漢書·張奐傳》注引王愔《文志》：張芝「尤好草書，學崔、杜之法，家之衣帛，必書而後練。臨池學書，水為之黑。下筆則為楷則，號匆匆不暇草書，為世所寶，寸紙不遺，韋仲將謂之『草聖』也。」事亦見《晉書·衛瓘傳》附衛恒《四體書勢》。據傳東晉書聖王羲之墨池在江西南豐、廬山、浙江會稽、永嘉、湖北蘄水等地均有。唐劉言史有《右軍墨池》詩；宋曾鞏根據王羲之的軼事，寫了著名散文《墨池記》。傳說晉陶侃、陶淵明亦有墨池遺跡。唐裴說《懷素臺歌》：「永州東郭有奇怪，筆冢墨池遺跡在。」唐錢起《和劉七讀書》：「雲陰留墨沼，螢影傍華編。」

〔4〕交道：結交朋友之道。唐駱賓王《詠懷》：「少年識事淺，不知交道難。」

【簡評】

此詩描寫友人舊居人去宅空的寂寥景象，熟悉的墨池覆蓋了厚厚的青苔、昔日的書堂掩映在竹林之中，伴隨著秋風秋雨，更加寂靜與淒涼。萬點秋雨落墨池、雨敲竹聲原本是風雅之事，然面對此情此景，更增添了詩人的愁緒。全詩抒發了詩人深深的懷念之情。

寄兄弟〔1〕

江城紅葉盡，旅思倍淒涼，孤夢家山遠，獨眠秋夜長。道存空倚命，身賤未歸鄉。南望仍垂淚，天邊雁一行〔2〕。

【注釋】

〔1〕此詩又見《全唐詩》卷五三二《許渾集》。題為《寄小弟》。《全唐詩重出誤收考》謂「此詩亦見許渾手跡中，……吳在慶考認為本詩落拓情感，詩必外出覓舉干祿時作。詩中有『孤夢家山遠』及『南望仍垂淚』，杜牧入仕前僅南遊澧州、荊州等地，隨後即返長安、洛陽，故不應有南望垂淚之語。而許渾潤州丹陽人，赴長安應舉干祿，而賦詩南望家山較為切合」。

〔2〕雁一行：鴻雁，俗稱大雁。每年秋季南遷，它們結隊排成「人」字或「一」字

秩序井然向南飛去。常常引起游子的思鄉懷親之情和羈旅傷感。《禮記・王制》：「父之齒隨行；兄之齒雁行。」言兄弟出行，弟在兄後。以雁飛的行列比擬兄弟出行有序。後因以鴻雁比喻兄弟。唐皇甫冉《送從弟豫貶遠州》：「獨結南枝恨，應思北雁行。」

【簡評】

作者於詩中寄寓了濃濃的鄉愁。羈旅之中，惟夢回故鄉，想想自己壯志未酬，無顏歸鄉，只有望鄉垂淚，託雁寄情，與劉滄的「終日路歧歸未得，秋來空羨雁成行」（《懷汶陽兄弟》）的意境極為相似。

秋　日〔1〕

有計自安業〔2〕，秋風罷遠吟，買山〔3〕惟種竹，對客更彈琴。煙起藥廚晚，杵聲〔4〕松院深。閒眠得真性〔5〕，惆悵舊時心。

【注釋】

〔1〕此詩又見《全唐詩》卷五三二《許渾集》。《全唐詩重出誤收考》謂「此詩亦見許渾手跡中，當為許作」。

〔2〕安業：安於本業。

〔3〕買山：猶言歸隱。晉僧支遁欲買山隱居，遭到深公的嘲笑。後遂以之喻指隱居山林。《高僧傳・竺道潛傳》：「支遁遣使求買沃州小嶺，欲為幽棲之處。潛答曰：『欲來輒給，豈聞巢由買山而隱。』」孟浩然《宿立公房》：「支遁初求道，深公笑買山。」錢起《奉使採箭杆竹谷中晨興赴嶺》：「入山非買山，採竹異採蕨。」

〔4〕杵聲：此處指搗藥的杵聲。唐白居易《臥疾》：「水北水南秋月夜，管絃聲少杵聲多。」

〔5〕閒眠：悠閒地睡眠、休憩。真性：本性，天性。

【簡評】

一人獨處，多數人會感到無聊和孤單。然而古人在沒有任何與外界溝通和接觸的設備的情況下，他們依然有自己的愛好和興趣，依然可以陶冶自己的生活情操，依然怡然自得，甚至要比我們的生活更加灑脫而充滿詩意。

卜居招書侶〔1〕

憶昨未知道〔2〕，臨川每羨魚〔3〕。世途〔4〕行處見，人事〔5〕病來疏。微

雨秋栽竹，孤燈夜讀書。憐君亦同志〔6〕，晚歲傍〔7〕山居。

【注釋】

〔1〕此詩又見《全唐詩》卷五三二《許渾集》。《全唐詩重出誤收考》謂「此詩亦見許渾手跡中，當為許作」。卜居：擇地而居；即用占卜選擇居住之地。書侶：同學。

〔2〕道：道理，規律。

〔3〕羨魚：古諺有「臨淵羨魚」語，喻指空想而無行動。漢人董仲舒用以比擬徒有求治之心。《漢書·董仲舒傳》：「古人有言曰：臨淵羨魚，不如退而結網。」東漢張衡用以比喻求仕，自歎長期求仕不果。詩歌中常用張衡語意，以羨魚或臨川羨魚喻指渴求功名、求仕的願望。《文選·張衡·歸田賦》：「遊都邑以永久，無明略以佐時。徒臨川以羨魚，俟河清乎未期。」唐孟浩然《望洞庭湖贈張丞相》：「坐觀垂釣者，徒有羨魚情。」

〔4〕世途：世路，舊指處世的經歷。

〔5〕人事：人世上的各種事情；指應酬請託一類的事情。

〔6〕憐：珍惜。同志：志向相同。

〔7〕傍：依。

【簡評】

詩人很想給自己找一個志趣相投、才華相當的好鄰居。

首聯是對歷經滄桑的反思：回憶往事，我才知道自己並未悟道，始終是一個臨川羨魚的俗人。這兩句下筆極為沉重，將內心的痛苦一吐為快。頷聯承上繼續抒發自己的感悟：世道的險惡只有經歷過才會明白，人與人的交往只有在生病或落魄時才能看得分明。

頸聯是一次轉折，描寫自己現在的生活：微雨之時，我一個人在秋天裏栽竹；孤燈下，也只有我一個人默默地讀書。一個高潔的文人形象如在眼前。尾聯是詩人賦詩的主旨所在：我多麼希望找到一個志同道合的朋友，一起傍山而居，就像伯牙和子期一樣，譜寫一曲高山流水的佳話。只可惜知音難覓，無人理解。

西山草堂〔1〕

何處人事〔2〕少，西峰舊草堂。曬書秋日晚，洗藥〔3〕石泉香。後嶺有微雨，北窗〔4〕生曉涼。徒勞〔5〕問歸路，峰疊繞家鄉。

【注釋】

〔1〕此詩又見《全唐詩》卷五三二《許渾集》。《全唐詩重出誤收考》謂「此詩亦見
　　　許渾手跡中。吳在慶考此詩與《途中逢故人話西山讀書早曾遊覽》詩皆為許渾
　　　作。西山在洪州，今江西境內，杜牧早年從未至此地讀書，詩當為許作」。吳考
　　　詳《杜牧論稿·杜牧疑偽詩考辨》。

〔2〕人事：人世間的事情。

〔3〕曬書：舊時有七夕曬書之俗。後用為仰臥曝日之典。《世說新語·排調》：「郝
　　　隆七月七日出日中仰臥。人問其故，答曰：『我曬書。』」蓋自謂滿腹詩書。
　　　唐方干《贈山陰崔明府》：「壓酒曬書猶檢點，修琴取藥似交關。」又，宋代
　　　蘇東坡好茶酒，「薄薄酒，勝茶湯」，他認為，須飲午時茶、卯時酒。晨飲卯
　　　時酒，依唐代白居易的說法則是「神速功力倍」。清晨五六點之時，暢快飲酒，
　　　順便澆灌腹中詩書，此舉謂之「澆書」。宋陸游《春晚村居雜賦絕句》：「澆書
　　　滿挹浮蛆甕，攤飯橫眠夢蝶床。」洗藥：澆花。藥：唐詩中「藥」多與「花」
　　　同義。

〔4〕北窗：《晉書·陶潛傳》：「嘗言夏月虛閑，高臥北窗之下，清風颯至，自謂羲皇
　　　上人。」描寫陶淵明陶然自樂的隱逸情趣。後因用作吟詠隱逸生活的典故。唐
　　　詩中也作北窗風、北牖。唐陳子昂《群公集畢士林亭》：「默語誰能識，琴樽寄
　　　北窗。」唐徐鉉《奉合宮傅相公懷舊見寄四十韻》：「東山妓樂供閒步，北牖風
　　　涼足晏眠。」

〔5〕徒勞：空費心力。

【簡評】

　　　這是一首對西山草堂的回憶，充滿了懷念眷戀之意。這裡沒有市井的煩
喧，人事簡單、環境清幽；秋高氣爽時可曬曬滿腹詩書，閒時用山泉澆灌芬芳
馥郁的花草；高臥北窗之下，清風颯至，微雨透涼；不要徒勞去問歸路，峰巒
疊繞如同我的家鄉。

貽隱者〔1〕

　　　回報〔2〕隱居山，莫憂山興闌〔3〕。求人顏色〔4〕盡，知道〔5〕性情寬。信
譜彈琴誤，緣崖劚藥〔6〕難。東皋〔7〕亦自給，殊愧遠相安。

【注釋】

〔1〕此詩又見《全唐詩》卷五三二《許渾集》詩題為《贈隱者》。《全唐詩重出誤收

考》謂「此詩亦見許渾手跡中，當為許作」。

〔2〕回報：回覆。

〔3〕闌：將盡。

〔4〕顏色：面子，光彩。

〔5〕道：道理；方向；方法。

〔6〕劚藥：掘藥，採藥。劚（zhú），古同「斸」，用砍刀、斧等工具砍削，亦有「挖掘」之意。

〔7〕東皋：指隱居之地。皋，本義為澤邊地；亦指水田、高地。「東皋」「緣崖」表現出詩人離開嘈雜世界、醉心於田園生活的安逸恬淡。

〔8〕殊：非常。

【簡評】

此詩作者寫給一位隱士。全詩感情格調平緩，情感含蓄，包含了人生苦樂、進退選擇等多方面內涵。全詩圍繞隱者展開，情感隱晦含蓄，沒有直面抒發情感，卻讓人思考聯翩，扣人心弦，意蘊豐富，富於思考，不失為一篇佳作！

首聯直接點出描寫對象。隱者回到山林，不計天下興憂事。簡單但是卻讓讀者對隱者隱居的原因、隱者的心境勾起了想像。此句平易簡單，但設下了疑問，挑起了閱讀興趣。頷聯寫曾經因循求人，到處奔波，只為理想，不顧顏面；而如今才瞭解到自己心性廣遠，自由豁達。這種後知後覺，轉眼間韶華已逝的悲涼悔悟，使隱者形象得以樹立，拉近了隱者與真實讀者的距離，讓讀者亦有所感，可謂妙筆。

頸聯寫因信譜而琴誤，因常識去高崖上採藥也變得困難。這也是隱者曾經的影射，勸解人們萬不可沿著前人所鋪下的路盲目走下，而是應用自己的思考和智慧去探索自己的人生，也只有這樣才會成功。尾聯「亦」字或許正是隱者放棄名利而選擇隱居的無奈，心中的志向難以實現，想必整個人生都有這個遺憾，但也只好隱居於此，求得些許安寧。言之至此，讀者早已被隱者的遭逢所牽掛，他隱居的無奈也深深地感染著讀者的心。

石　池〔1〕

通竹引泉脈〔2〕，泓澄深石盆〔3〕。驚魚翻藻〔4〕葉，浴鳥〔5〕上松根。殘月留山影，高風耗水痕。誰家洗秋藥，來往自開門。

【注釋】

〔1〕此詩又見《全唐詩》卷五三二《許渾集》。《全唐詩重出誤收考》謂「此詩亦見
　　許渾手跡中，當為許作」。

〔2〕通竹：打通竹節。泉脈：地層中伏流的泉水。類似人體脈絡，故稱。唐王維《春
　　中田園作》：「持斧伐遠揚，荷鋤覘泉脈。」

〔3〕泓澄（hóng chéng）：指清澈的水。泓，水深而廣；澄，水靜而清。宋王禹偁
　　《與方演寺丞覓盆池》：「涵星冰月無池沼，請致泓澄數斛盆。」石盆：石製花
　　盆。亦泛指石製的盆。

〔4〕藻：水草。

〔5〕浴鳥：忽上忽下翻飛的鳥。

〔6〕洗秋藥：義同澆花。藥：唐詩中「藥」多與「花」同義。

【簡評】

　　自盆子裏看「池光天影」的「池藝」，說明了唐人的情操，也說明了唐人
對池的愛好。這盆子並不一定是陶瓦之盆，有時也可能是石盆。此《石池》詩
為此例。

　　石池的味道與陶盆不同。陶盆要遠離樹陰、花叢，以便完整地反映天光。
石盆由於斫石不易，可能並不一定要埋在地下，而是有點園中道具一般的與樹
木花草形成一種雅致的組合。所以池上有竹引泉，池邊有松，其根可供浴鳥振
翼。在園景中，殘月的影子並不孤單。

　　參見《盆池》詩評。

懷政禪師院〔1〕

　　山齋路幾層，敗衲學真乘〔2〕。寒暑移雙樹，光陰盡一燈〔3〕。風飄高竹
雪，泉漲小池冰。莫訝頻來此，修身〔4〕欲到僧。

【注釋】

〔1〕此詩又見《全唐詩》卷五三二《許渾集》。《全唐詩重出誤收考》謂「此詩亦見
　　許渾手跡中，當為許作。」禪師：對和尚的尊稱。《善住意天子所問經》卷下：
　　「天子問文殊師利言『禪師者，何等比丘得言禪師？』文殊師利答言天子『此
　　禪師者，於一切法，一行思量，所謂不生，若如是知，得言禪師。』」即比丘能
　　得禪定波羅蜜者曰禪師。

〔2〕山齋：山中居室。南朝梁蕭統《晚春》：「風花落未已，山齋開夜扉。」敗衲：

破舊的僧衣。唐許渾《晨別翛然上人》:「吳僧誦經罷,敗衲倚蒲團。」元丘處機《無俗念・歲寒守志》:「敗衲重披,寒坐獨坐,夜永愁難徹。」真乘:指佛教的大乘真義。唐知玄《答僧澈》:「觀君法苑思沖虛,使我真乘刃有餘。」

〔3〕雙樹:娑羅雙樹,亦稱雙林;為釋迦牟尼入滅(佛教稱僧人死亡)之處。故以指寺院。一燈:佛家指所傳之佛法。明燈除暗指迷,故用以喻佛法。唐劉長卿《齊一和尚影堂》:「舊地愁看雙樹在,空堂只是一燈懸。一燈長照恒河沙,雙樹猶落諸天花。」孟浩然《夜泊廬江聞故人在東寺以詩寄之》:「一燈如悟道,為照客心迷。」

〔4〕訝:驚訝。修身:修養身心。

【簡評】

詩云:一層又一層的石階通往坐落在山上的禪院,穿著破舊僧衣的僧人在這裡學習佛家的真實教義。他們像釋迦牟尼一樣,在娑羅雙樹下經過了寒暑往來,在佛燈前度過了一個又一個黑夜。寒風吹來雪花飄落在高高的竹子上,山泉流入到小池中結成了冰。不要驚訝於我常常來到這裡呀,因為我要修行成為真正的僧人。

「風飄」二句寫景如畫。竹子被白雪覆蓋,純潔又浪漫。古人的「聽雪敲竹」詩意突顯在我們面前。明高濂《山窗聽雪敲竹》云:「飛雪有聲,惟在竹間最雅。山窗寒夜,時聽雪灑竹林,淅瀝蕭蕭,連翩瑟瑟,聲韻悠然,逸我清聽。忽爾迴風交急,折竹一聲,使我寒氈增冷。」下雪時在竹林裏聽起來的聲音最為雅致。雪聲灑在窗外的竹林裏,其聲音淅淅瀝瀝,蕭蕭落下,連綿不斷,翩翩飄下,瑟瑟有聲,音韻是那樣悠然,使人感到逸然清雅。當一股旋轉的寒風驟然壓來,竹子脆裂折斷之聲,使人蓋著寒氈仍覺冷氣突增。

但凡,遇到好的雪景需要天時、地利、人和,身處南方的南唐徐熙難得遇見如此美的雪竹場景,十分欣喜和珍貴,創作了名畫《雪竹圖軸》。此圖描寫江南雪後嚴寒中的枯木竹石。構圖新穎,層次豐富。竹石覆雪,三竿粗竹挺拔蒼勁。其旁彎曲和折斷了的竹竿,並有細嫩叢雜的小竹參差其間,更覺情趣盎然、生機勃勃。畫中大石右側的竹竿上,有篆書體倒寫「此竹價重黃金百兩」八字。此畫工整精微而寫實,為五代的佳作。

送荔浦蔣明府赴任〔1〕

路長春欲盡,歌怨酒多酣。白社〔2〕蓮塘北,青袍桂水〔3〕南。驛行盤鳥

道，船宿避龍潭〔4〕。真得詩人趣，煙霞〔5〕處處諳。

【注釋】

〔1〕此詩又見《全唐詩》卷五三二《許渾集》。《全唐詩重出誤收考》謂「此詩亦見
　　許渾手跡中，當為許作」。荔浦：桂州屬縣，今屬廣西。明府：唐時對縣令的稱
　　呼。

〔2〕白社：地名。在洛陽故城建春門東，因其地有叢祠故名。魏晉時隱士董威輦，
　　常寄居於洛陽白社。後人稱隱士所居為白社，也用於詠洛陽。唐劉滄《晚春宿
　　僧院》：「白社閒吟為道侶，青山遙指是生涯。」唐賈島《巴興作》：「寒暑氣均
　　思白社，星辰位正憶皇都。」

〔3〕青袍：即青衫；黑色的官服。唐代官員不同品級有不同顏色的官服，唐制官八
　　九品服青，即品級最低的穿青色的官服。詩歌中多以之借指官職卑微。據《唐
　　會要·輿服》所記，太宗貞觀四年八月十四日詔定：「三品已上服紫，四品五品
　　已上服緋，六品七品以綠，八品九品以青。」詩題中蔣氏任荔浦縣令，故稱。
　　唐李嘉祐《送嚴員外》：「君去若逢相識問，青袍今已誤儒生。」桂水：廣西灕
　　江別名。

〔4〕鳥道：只有鳥才能飛過的道路。形容險峻狹窄的山路，人跡難至。唐李白《蜀
　　道難》：「西當太白有鳥道，可以橫絕峨眉巔。」龍潭：深淵。

〔5〕煙霞：泛指山水勝景。參見《題白蘋洲》詩注〔8〕。

【簡評】

　　送友人赴任，勸勉之詞。雖然路途遙遠，山高水長，但處處美麗的風景，
將逗引得詩人情趣迸發。離別而無悲情，瀟灑而至曠達。

秋夕有懷〔1〕

　　念遠坐西閣，華池〔2〕涵月涼。書回秋欲盡，酒醒〔3〕夜初長。露白蓮
衣〔4〕淺，風清蕙帶〔5〕香。前年此佳景，蘭棹醉橫塘〔6〕。

【注釋】

〔1〕此詩又見《全唐詩》卷五三二《許渾集》。《全唐詩重出誤收考》謂「此詩亦見
　　許渾手跡中，當為許作」。

〔2〕華池：神話傳說中在崑崙山上的仙池。此處指景色佳麗的池塘。唐陸龜蒙《奉
　　和襲美太湖詩·三宿神景宮》：「尺宅按來平，華池漱餘淨。」

〔3〕酒醒：謂醉後醒過來。

〔4〕蓮衣：猶荷衣，指荷葉。

〔5〕蕙帶：如衣帶般的蕙草。蕙，香草名。

〔6〕蘭槳：芳香的長槳。蘭，木蘭。槳，長槳。戰國屈原《九歌·湘君》：「桂棹兮
蘭枻，斫冰兮積雪。」詩詞作品中蘭槳往往作為漂亮船隻的代稱。橫塘：古代
堤塘名，三國吳大帝時於建業城南淮水南岸修築；即今南京市秦淮河邊。一稱
南塘，為都城南面防守重地。亦為百姓聚居之地。唐崔顥《長干曲》：「君家何
處住，妾住在橫塘。」

【簡評】

初秋夜晚，懷念故人，有感而作。

獨坐西閣，面對池中明月，想念起遠方的朋友；一杯美酒，半醒半醺；望
著稀疏淺淡的荷花，聞著蕙草的芳香；回憶同友人一起乘舟遊玩，飲酒賦詩，
歷歷在目。生活處處皆詩酒。獨酌閒飲，以酒為詩抒情言志；沉醉在美好的回
憶中。

秋霽寄遠〔1〕

初霽〔2〕獨登賞，西樓〔3〕多遠風。橫煙〔4〕秋水上，疏雨夕陽中。高樹
下山鳥，平蕪〔5〕飛草蟲。唯應〔6〕待明月，千里與君同。

【注釋】

〔1〕此詩又見《全唐詩》卷五三二《許渾集》。《全唐詩重出誤收考》謂「此詩亦見
許渾手跡中，當為許作」。

〔2〕霽（jì）：雨雪停止，天放晴。

〔3〕西樓：指位於西面的樓閣。西樓屬於意象語詞，僅僅是一個象徵性概念；或指
閨房、曾經聚會之所、孤獨寂寞的居所、登高望懷遠的地點等；所表達的情感
是思念、別離、愁苦、感傷。西樓常與月相聯，所謂「西樓望月」。唐韋應物《寄
李儋元錫》：「聞道欲來相問訊，西樓望月幾回圓？」

〔4〕煙：暮靄。

〔5〕平蕪：綠草繁茂的平曠原野。

〔6〕唯應：唯有，只有。

【簡評】

全詩借景抒情，情景交融，字裏行間都透露著一種難以言表的淡淡的憂

傷。語言含蓄典雅，意境清淨幽遠，又透著一絲蕭瑟和淒涼，通過景色描寫自然而又清新流暢地表達了作者懷念友人，願與友人患難與共的情感。而「秋」字在點明創作時間的同時又奠定了全詩略有淒涼的感情基調。

開篇「初霽」，景色令人心情愉悅，反觀詩題「秋」字，卻使本來清新的意境平添了一絲涼意。淒清的景色，獨自觀賞，其孤獨之意便流露出來。「西樓」句用風的蕭索之意，表達詩人內心的淒涼感受。句中「遠」字與詩題「遠」字相呼應。使整首詩的感情進一步加深。首聯看似平淡，但仔細感受，整個畫面給人一種無形的壓抑感。

頷聯採用對偶，工整、簡潔又明朗的語言為圖中增添了一抹「色彩」——橫煙、疏雨、秋水、夕陽……處處景色都給人以蒼涼之感，含蓄而深沉地表達著作者孤獨、寂寞、惆悵之感。同時含蓄婉轉地抒發了作者對友人的懷念之情。「秋水」意在形容盼望之迫切，「夕陽」更是對青春易逝的慨歎，「雨」又表達出了作者的愁思。這裡的景色描寫也是全詩景色與情感表達的亮點之處，二者結合恰到好處，讓情感的抒發更加婉轉而又深刻。

頸聯同樣是描寫雨中的景色。既襯托出景色的幽遠寂靜，又以鳥蟲自喻，在雨中鳥蟲的無助就好像詩人當時的處境一樣孤立無援。同時運用對偶修辭，使本詩的畫面感更加清晰，情感流露更加含蓄，意味深長。

尾聯是全詩亮點，也是高潮部分，亦是情感流露最真切之處。詩人的情感在此處毫無保留地達到一個極高點迸發而出。「唯」字表達了詩人對友人的深厚情感，「明月」引發作者對月思親，盼望與友人一同賞月的情感。「千里」是在「唯」的基礎上情感的更進一步的昇華，「與君同」是本詩的情感核心部分，直白地抒發詩人的思念之情。

經古行宮〔1〕

臺閣參差〔2〕倚太陽，年年花發〔3〕滿山香。重門勘鎖青春〔4〕晚，深殿垂簾白日長〔5〕。草色芊綿〔6〕侵御路，泉聲嗚咽〔7〕繞宮牆。先皇一去無回駕〔8〕，紅粉雲環空斷腸〔9〕。

【注釋】

〔1〕此詩又見《全唐詩》卷五三二《許渾集》。《全唐詩重出誤收考》謂「此詩亦見許渾手跡中，當為許作」。詩題一作《經華清宮》。

〔2〕臺閣：臺與閣的並稱。亦泛指亭臺樓閣等建築物。漢劉向《說苑‧反質》：「今

陛下奢侈失本，淫泆趨末，宮室臺閣，連屬增累。」唐羅鄴《舊侯家》:「臺閣層層倚半空，遶軒澄碧御溝通。」參差：高低錯落、不齊貌。《詩・周南・關雎》:「參差荇菜，左右流之。」東漢張衡《西京賦》:「華嶽峩峩，岡巒參差。」唐孟郊《旅行》:「野梅參差發，旅榜逍遙歸。」

〔3〕發：綻放。唐李白《送友人遊梅湖》:「送君遊梅湖，應見梅花發。」

〔4〕重門：宮門；屋內的門。《文選・謝朓・觀朝雨》:「平明振衣坐，重門猶未開。」呂向注：「重門，帝宮門也。」唐李白《酬坊州王司馬與閻正字對雪見贈》:「價重銅龍樓，聲高重門側。」青春：時光；年齡。指青年時期；年紀輕。《文選・潘尼・贈陸機出為吳王郎中令》:「予涉素秋，子登青春。」李善注：「青春，喻少也。」

〔5〕日長：日高。

〔6〕芊綿：草木茂盛、綿延不絕的樣子。南朝梁元帝《郢州晉安寺碑銘》:「鳳凰之嶺，芊綿映色。」南朝宋謝靈運《山居賦》:「孤岸竦秀，長洲芊綿。」侵：覆蓋，遮蔽。

〔7〕嗚咽：傷心哽泣的聲音，這裡指泉水聲音小。

〔8〕先皇：故去的帝王。回駕：掉轉車頭，謂回歸；此處指死而復生。

〔9〕紅粉雲環：借指宮女。紅粉，美女。斷腸：形容極度思念或悲傷。參見《池州春送前進士蒯希逸》詩注〔3〕。

【簡評】

這是一首懷古詠史詩。寫詩人經過古行宮時的所見所聞所感，由物感懷，傳達濃烈的憂愁、憤懣之情。

首聯寫古行宮裏的臺閣殘破不已，伴著幾縷欲墜的夕陽所發出的參差的暗光，顯得更加淒涼。古行宮旁邊的山上，年年山花都會綻放，滿山飄香。「香」似乎給這沒有生氣的環境增添了一絲活力。此聯詩人視覺、嗅覺相結合。頷聯中「重門」「勘鎖」「深殿」「垂簾」都寫出了古行宮的規模龐大、殿宇林立，給人一種深宮疊院的那種無人的陰森壓抑的感覺。「晚」呼應上聯的時間變化，寫出了時光的流逝，宮人都已經青春不再；「長」更體現出了那種幽怨的深沉，見證了古行宮歷史的悠長。

頸聯運用擬人，寫出了古行宮蒼涼破敗的場景。「侵」字一語雙關，既寫出了雜草綿連地長在御道上，又是寫外敵侵佔古行宮的罪行的見證。「嗚咽」運用擬人，以動襯靜，將泉水的叮咚聲化作人們痛失古行宮，以及現在

見到古行宮如此破敗不堪時的哀怨傷心的哭泣。細微的泉聲也襯托出古行宮此刻的死寂，「繞」字更加體現了詩人這種傷心哀怨的連綿不絕。尾聯由古行宮往日的雄偉到破敗蒼涼道出了國家由強盛到衰敗的緣由。「紅粉雲環」寫出了國運衰微的緣由，就是統治者貪樂享受，不理朝政。「空斷腸」直抒胸臆，寫出了詩人面對現狀，想拯救國家卻無能為力的內心的極度苦悶。

此詩描寫、抒情相結合，語句優美、真切，情感真摯、強烈。運用擬人的修辭，賦予景物以人的情態，形象生動。結構嚴謹，前後呼應，由外到內，由近及遠，由過去到現在。

秋晚懷茅山石涵村舍〔1〕

十畝山田近石涵，村居風俗舊曾諳〔2〕。簾前白艾〔3〕驚春燕，籬上青桑待晚蠶。雲暖採茶來嶺北，月明沽酒〔4〕過溪南。陵陽〔5〕秋盡多歸思，紅樹蕭蕭〔6〕覆碧潭。

【注釋】

〔1〕此詩又見《全唐詩》卷五三六《許渾集》。《全唐詩重出誤收考》謂「此詩亦見許渾手跡中。……故此詩為許渾作無疑」。茅山：即句曲山，在江蘇省西南部，因西漢有茅盈與茅固、茅衷三兄弟採藥修道於此，故名。又名三茅山，為道教的「第八洞天」；唐詩中多以「茅君」一詞入詩，吟詠仙道。唐貫休《送人遊茅山》：「君到前頭好看好，老僧或恐是茅君。」

〔2〕舊曾諳：原來就很熟悉。諳，熟悉。

〔3〕白艾：草名。莖葉有香氣，乾後製成艾絨，可作灸用。

〔4〕沽酒：買酒。買與賣，一進一出，南轅北轍。「沽酒」首先具有「買酒」之義，《論語·鄉黨》：「沽酒，市脯，不食。」《漢書·食貨志》《詩·小雅·伐木》疏引作「酤酒」。唐李白《少年行》：「好鞍好馬乞與人，十千五千旋沽酒。」唐于鵠《贈李太守》：「沽酒迎幽客，無金與近臣。」唐元稹《遣悲懷三首》：「顧我無衣搜畫篋，泥他沽酒拔金釵。」此外，它兼有「賣酒」之義，如唐岑參《邯鄲客舍歌》：「邯鄲女兒夜沽酒，對客挑燈誇數錢。」唐白居易《杭州春望》：「紅袖織綾誇柿蒂，青旗沽酒趁梨花。」

〔5〕陵陽：山名。詳見《池州送孟遲先輩》詩注〔2〕。

〔6〕紅樹：經霜的樹；指在秋天樹葉變紅的樹木。蕭蕭：搖動的樣子。

【簡評】

首聯點題，寫眼前的十畝山田景色與石涵村的景色十分相似，引發詩人對茅山石涵村的懷念；接著，詩人感慨石涵村的風土人情曾經是那麼熟悉，自然引起對石涵村的民俗民風進行描寫。頷聯用兩個特寫鏡頭具體描寫石涵村春色的印象：窗前的白色艾草驚訝於春燕的歸來，籬邊的桑葉長勢喜人在等待餵養晚蠶。詩中「驚」「待」兩個動詞用字精妙，運用擬人手法，傳神地寫出了茅山石涵村春天來臨時燕子歸來、籬上桑葉生長的情狀，暗示了詩人當時的欣喜與今日的懷念。

頸聯從物轉為寫人。上句寫村民勞動場面，他們在暖暖的春日來到山嶺的北面採茶；下句寫生活場景，明月初上，村民到山溪的南邊買酒。這一聯展現村民的勤勞，也表現了他們對生活知足快樂的態度。尾聯又回到當下眼前，陵陽已到了深秋，而自己越發想要回到茅山石涵。最後一句描寫陵陽的秋景，經霜的紅葉蕭蕭而下，飄落在碧綠潭水之上。這是一幅色彩絢麗的秋景圖。詩人巧妙地將懷念思歸的深情寄託在對自然景物的動態描寫之中，將情與景完全交融在一起了，含吐不露而餘味無窮。

留題李侍御書齋〔1〕

曾話平生志，書齋幾見留。道〔2〕孤心易感，恩重力難酬。獨立千峰晚，頻來一葉秋〔3〕。雞鳴應有處〔4〕，不學淚空流〔5〕。

【注釋】

〔1〕此詩又見《全唐詩》卷五三二《許渾集》。《全唐詩重出誤收考》謂「郭文鎬《許渾北遊考》認為，此重出詩為許渾寶曆二年秋在潞州酬師晦作，見《遼寧大學學報》一九八七年第四期。此詩亦見許渾手跡中，故詩乃許渾之作」。侍御：唐代稱殿中侍御史、監察御史為侍御。後世因沿襲此稱。專司糾察非法，也有出使州郡執行指定任務。唐李白有《贈韋侍御黃裳》詩。據《因話錄》記載，唐制「御史臺三院，一曰臺院，其僚曰侍御史，眾呼為端公。二曰殿院，其僚曰殿中侍御史，眾呼為侍御。三曰察院，其僚曰監察御史，眾呼亦曰侍御。」書齋：書房。

〔2〕道：思想，學說。

〔3〕一葉秋：詳見《秋夢》詩注〔3〕。這裡以一葉秋點明季節。

〔4〕「雞鳴」句：晉祖逖以社稷傾覆，常懷匡復大志。曾與劉琨為司州主簿，共被同

寢。中夜聞荒雞鳴，蹴琨覺曰：「此非惡聲也。」因起舞。事見《晉書》本傳。
此句用以期望李侍御當像祖逖一樣奮勵有為。

〔５〕「不學」句：東晉初一些南渡名士於新亭宴飲，感國土淪喪，相視落淚。後稱憂
時下淚為新亭淚、新亭泣。唐詩中此典多見於新亭懷古之作，比喻憂時憂國者。
《晉書·王導傳》：「過江人士，每至暇日，相邀出新亭飲宴。周顗中坐而歎曰：
『風景不殊，舉目有山河之異。』皆相視流涕。惟導愀然變色曰：『當共戮力王
室，克復神州，何至作楚囚相對泣邪！』眾收淚而謝之。」參見《世說新語·
言語》。唐獨孤及《癸卯歲赴南豐道中聞京師失守》：「莫作新亭泣，徒使夷吾
嗤。」

【簡評】

此詩留題於李侍御書房。回憶二人在此多次共話平生遠大志向，李侍御的
思想學說特立獨行，深受教益。最後用晉代祖逖聞雞起舞之事激勵李侍御和自
己。

行次白沙館先寄上河南王侍郎〔１〕

夜程何處宿？山疊樹層層。孤館閉秋雨，空堂停曙燈〔２〕。歌慚漁浦〔３〕
客，詩學雁門〔４〕僧。此意無人識，明朝見李膺〔５〕。

【注釋】

〔１〕此詩又見《全唐詩》卷五三二《許渾集》。《全唐詩重出誤收考》謂「此詩亦見
許渾手跡中，當為許作」。行次：謂旅途暫居的處所。白沙館：唐朝建立後，在
湮陽故城西北的白浲河邊，設白沙鎮，故址在今白沙村。同時，在白沙鎮設白
沙館，白沙館是伊闕道上的重要驛館之一。白沙鎮風景秀美，唐朝不少貴族官
員在此建立別墅莊園。

〔２〕停曙燈：停燈，唐人俗語，點燈的意思。此句謂獨宿客館，留燈不熄以待天亮。
停燈也作停燭，唐白居易《歲暮夜長病中燈下聞盧尹夜宴以詩戲之且為來日張
本也》：「當君秉燭銜杯夜，是我停燈服藥時。」又《衰病》：「行多朝散藥，睡
少夜停燭。」

〔３〕漁浦：江河邊打魚的出入口處。唐李紳《過鍾陵》：「江對楚山千里月，郭連漁
浦萬家燈。」唐方干《送人宰永泰》：「舟停漁浦猶為客，縣入樵溪似到家。」

〔４〕雁門僧：指東晉高僧慧遠。慧遠，雁門郡樓煩人，曾主持廬山東林寺，善詩
文，與劉遺民、宗炳、慧永等結白蓮社。唐靈澈《遠公墓》：「空悲虎溪月，不

見雁門僧。」

〔5〕李膺：字元禮，東漢名臣，於漢桓帝朝歷官郡守、司隸校尉。以剛正清明為
　　時人所重。靈帝時，因與陳蕃、竇武謀誅宦官，失敗被殺。參見《李甘詩》注
　　〔15〕、《李給事二首》注〔3〕。

【簡評】

　　詩人北遊塞上，返歸長安途中所作。首聯寫羈旅中因趕夜路，暫居在山巒
重疊、林樹層層的白沙館。頷聯寫白沙館之夜的情景，表達了旅途中的孤獨寂
寞之情。頸聯寫詩人一直羨慕雁門僧慧遠的吟詠，所以就在這寂寞的夜晚學習
他的詩作；表達詩人一心入仕刻苦攻讀的志向。尾聯誇讚王侍郎像東漢名臣李
膺，有欲其舉薦自己之意。

貴　遊〔1〕

　　朝回佩馬草萋萋〔2〕，年少恩深衛霍〔3〕齊。斧鉞舊威龍塞〔4〕北，池臺新
賜鳳城〔5〕西。門通碧樹開金鎖，樓對青山倚玉梯。南陌行人〔6〕齊回首，笙
歌〔7〕一曲暮雲低。

【注釋】

〔1〕此詩又見《全唐詩》卷五三六《許渾集》。董乃斌《唐詩人許渾生平事蹟考索》
　　（《文史》第二十六輯）以為此詩乃許渾大中三年作於監察御史任上。

〔2〕佩馬：裝飾有玉佩的馬。萋萋：草木茂盛的樣子。

〔3〕衛霍：西漢名將衛青和霍去病皆以武功著稱，後世並稱「衛霍」；兩人均為朝中
　　顯貴。唐詩中常借指守衛邊疆的將領；也用以詠貴戚。三國魏曹植《與吳季重
　　書》：「謂蕭曹不足儔，衛霍不足侔也。」唐張說《藥園宴武洛沙將軍》：「文學
　　引王枚，歌鐘陳衛霍。」

〔4〕斧鉞：斧、鉞均為兵器。亦作「斧戉」。古代諸侯受賜斧鉞，可以有專征伐之權。
　　亦泛指刑罰、殺戮。《左傳·昭公四年》：「王弗聽，負之斧鉞，以徇於諸侯。」
　　《漢書·天文志》：「梁王恐懼，布車入關，伏斧戉謝罪，然後得免。」龍塞：
　　指邊塞，衛青曾追擊匈奴至龍城，獲首虜七百級。

〔5〕池臺：池苑樓臺。《世說新語·豪爽》：「晉明帝欲起池臺，元帝不許。」唐孟浩
　　然《姚開府山池》：「主人新邸第，相國舊池臺。」《舊唐書·后妃傳序》：「大帝、
　　孝和，仁而不武，但恣池臺之賞，寧顧衽席之嫌，武室，韋宗，幾危運祚。」
　　鳳城：京都的美稱，指長安。相傳秦穆公之女弄玉吹簫引鳳，鳳凰降於京城，

故曰丹鳳城；後謂京師之盛曰鳳城。唐沈佺期《奉和立春遊苑迎春》：「歌吹銜
恩歸路晚，棲烏半下鳳城來。」唐杜甫《夜》：「步簷倚杖看牛斗，銀漢遙應接
鳳城。」

〔6〕行人：路上行走的人，普通人。

〔7〕笙歌：用單笙來吹奏歌曲；泛指音樂舞蹈。

【簡評】

　　詩名為「貴遊」，所寫非馳騁沙場、剛猛頑強、勇於殺敵的少年遊俠，而
是年輕有為、戰功顯赫的封疆大吏之貴盛。以「斧鉞」表現所詠貴臣曾專殺伐
的榮顯經歷，「新賜鳳城」喻加官進爵，享受榮華富貴。暮雲低垂，笙歌一曲，
令陌上行人盡皆回首遙望。意得志滿，春風得意，羨煞行人。全詩主旨是對於
建功立業的熱烈嚮往，寄寓了詩人的理想、豪情，具有相當濃厚的浪漫氣息和
理想化色彩。

越　中〔1〕

　　石城花暖鷓鴣〔2〕飛，征客春帆秋不歸。猶自保郎心似石，綾梭夜夜織寒
衣〔3〕。

【注釋】

〔1〕此詩又見《全唐詩》卷五三八《許渾集》。《全唐詩重出誤收考》謂「此詩亦見
　　許渾手跡中，當為許作」。

〔2〕石城：山名，在今浙江紹興東北三十里。「石城」，在唐代是一個熱點名詞，國
　　內稱「石城」的地方不少。凡稱「石城」之處，皆有「環山多石，崒嵂如城」
　　的特徵。鷓鴣：鳥名。形似母雞，頭如鶉，胸前有白圓點，如真珠。背毛有紫
　　赤浪文。足黃褐色。以穀粒、豆類和其他植物種子為主食，兼食昆蟲。常棲息
　　於生有灌木叢和疏樹的山地。鷓鴣雌雄對鳴，聲似「行不得也哥哥」。詩文中常
　　用以表示思念故鄉。晉崔豹《古今注·鳥獸》：「南山有鳥，名鷓鴣，自呼其名，
　　常向日而飛。畏霜露，早晚希出。」鷓鴣為南方之鳥，故留南方，不北飛。唐
　　李白《醉題王漢陽廳》：「我似鷓鴣鳥，南遷懶北飛。」唐劉禹錫《踏歌詞四首》：
　　「唱盡新詞歡不見，紅霞映樹鷓鴣鳴。」

〔3〕寒衣：《詩·豳風·七月》：「七月流火，九月授衣。」意為九月之後，天氣行將
　　寒冷，此時就該添置禦寒的衣裳。宋朝之前，中國人冬天禦寒的「寒衣」，大多
　　是用葛麻、絲綢及絲絮製成。而作為布料的葛麻和絲綢，就需要通過「搗繒」，

即把布料放在砧上，由兩位婦女相對而立、執杵而搗，將生絲搗熟變軟。而且，「絲」和「思」諧音，故早先的「搗衣詩」，更多的是寄託詩人的愁離之情。唐賈島《客喜》：「鬢邊雖有絲，不堪織寒衣。」

【簡評】

這是一首思婦的內心獨白，以鷓鴣起興表達思念征人之苦楚。是描述美人思遠情景的佳作。

鷓鴣，其叫聲好似「行不得也哥哥」，中國詩詞意境中，常常借指旅途漫長不測、家人牽掛等。含離別、悲情、愛情、相思之意，極易勾起旅途艱險的聯想和滿腔的離愁別緒。唐代鄭谷，是最先引用鷓鴣的詩人，他的《鷓鴣》詩細緻貼切地表現了聽到鷓鴣鳴聲的感情，聞名於世，並由此而被譽為「鄭鷓鴣」。

在明朝大規模推廣棉花種植和棉布紡織之前，中國人日常的衣裳纖維來自葛、麻、蠶絲。而以前兩者最為普通。要經過搗，錘，抽絲，紡織，獲得布匹之後再加工成衣裳。但衣裳的製做需要手工縫製，唐詩中有許多這種寒衣製做的片段過程。從麻葛搗成絲，大約兩天，從絲紡織成布，大約一個星期，從布匹裁剪製做，最快也要兩到三天，這個中間若涉及染色，花紋，做衣裳後繡花，一件衣裳大約就是半月的工夫，在加上配套的帽子鞋襪，需要一個月。所以一件寒衣的製做包含無盡的辛苦，卻也是辛苦裏最溫柔的牽掛疼愛與相思。而通常這些是由母親和妻子孤獨完成。

聞范秀才自蜀遊江湖〔1〕

蜀道下湘渚，客帆應不迷。江分三峽響，山並九華〔2〕齊。秋泊雁初宿，夜吟猿乍啼。歸時慎行李〔3〕，莫到石城西〔4〕。

【注釋】

〔1〕此詩又見《全唐詩》卷五三二《許渾集》。《全唐詩重出誤收考》謂「此詩亦見許渾手跡中，當為許作」。

〔2〕九華：山名，在今安徽青陽。詳見《宣州送裴坦判官往舒州，時牧欲赴官歸京》詩注〔4〕。

〔3〕行李：指行蹤，行跡。

〔4〕石城：此指唐郢州長壽縣之石城，在今湖北鍾祥。古稱郢，楚文化的重要發祥地之一，春秋戰國時鍾祥為楚別邑，稱郊郢，係楚國陪都，戰國後期為楚

國都城，西漢初置縣，三國時屬吳，置牙門戌築城，稱為石城。隋無名氏《莫愁樂》：「莫愁在何處？莫愁石城西。」石城西，借指美人居處。

【簡評】

長江三峽，以其險峻的地形、綺麗的風光、磅礴的氣勢和眾多的名勝古蹟著稱於世。此詩為描寫三峽的詩句。

宿東橫山瀨〔1〕

孤舟路漸賒〔2〕，時見碧桃花。溪雨灘聲急，岩風樹勢斜。獼猴〔3〕懸弱柳，鸂鶒睡橫楂〔4〕。漫向仙林宿，無人識阮家〔5〕。

【注釋】

〔1〕此詩又見《全唐詩》卷五三二《許渾集》，詩題為《宿東橫山》，下校：「一作東橫小瀨」。《全唐詩重出誤收考》謂「此詩亦見許渾手跡中，當為許作」。瀨（lài）：水激石間稱為瀨。

〔2〕孤舟：參見《新定途中》詩注〔3〕。賒：遠。

〔3〕獼猴：也稱恒河猴，群居山林，喧嘩好鬧。

〔4〕鸂鶒（xī chì）：水鳥名，形大於鴛鴦，羽毛多紫色，雌雄同遊於水上，故俗稱紫鴛鴦。楂：通「槎」，水中浮木，木筏。

〔5〕阮家：傳說東漢時劉晨、阮肇入天台山採藥，豔遇仙女，遂留居之。半年歸家，已過人間七世。詳見南朝宋劉義慶《幽明錄》。此謂其地幽美如仙居。

【簡評】

秀氣的江南湖州，不同於杭州的山多水急：無論錢塘江還是天目山，或流湍或峻極，壓抑得叫人喘不過氣來；也不同於蘇州的婉媚嬌羞：平波緩流、煙村人家，細膩到逼人的清澈溫和。湖州的風景和山水，自有特質的別樣風情：雪溪以東，平地一覽無餘，概無高地，以西則丘陵山地起伏，跌宕綿延，形成翠玉橫波。詩中的獼猴，懸柳嬉戲，頗為可愛。

三國杜預注《左傳》時明確指出衡山「在吳興烏程縣南」，東晉山謙之著《吳興記》則指稱：「衡山一名橫山，今俗亦呼橫山。」今日衡山在湖州南郊，錢山漾之南、下菰城之北，東西橫亙運河兩岸。東衡山在南潯區和孚鎮雲溪村倪家溪北側。歷代詩人吟詠湖州衡山，頗有佳作，如宋代韋奇《題倪文昌玉湖書院》詩云：「樓高望極情思遠，前揖衡山后蒼弁。」

貽遷客〔1〕

　　無機還得罪〔2〕，直道〔3〕不傷情。微雨昏山色，疏籠閉鶴聲。閑居多野客〔4〕，高枕見江城〔5〕。門外長溪水，憐君又濯纓〔6〕。

【注釋】

〔1〕此詩又見《全唐詩》卷五三二《許渾集》，詩題作《贈遷客》。《全唐詩重出誤收考》謂「此詩亦見許渾手跡中，當為許作」。貽：贈。遷客：指流遷或被貶謫到外地的官；猶逐臣。《文選・江淹・恨賦》：「遷客海上，流戍隴陰。」

〔2〕無機：任其自然；沒有心計；無機詐之心。唐張說《龍池聖德頌》：「非常而靈液涓流，無機而神池浸廣。」唐陸希聲《清輝堂》：「野人心地本無機，為愛茅簷倚翠微。」得罪：冒犯，觸怒。《孟子・離婁上》：「為政不難，不得罪於巨室。」宋王安石《上仁宗皇帝言事書》：「苟其財不足，而不能自稱於流俗，則其婚喪之際，往往得罪於族人親姻，而人以為恥矣。」

〔3〕直道：猶正道，正直之道。指確當的道理、準則。《禮記・雜記》：「其餘則直道而行之是也。」《韓非子・三守》：「然則端言直道之人不得見，而忠值日疏。」唐呂岩《促拍滿路花》詞：「是非海裏，直道作人難。」

〔4〕野客：村野之人。多借指隱逸者。唐杜甫《楠樹為風雨所拔歎》：「野客頻留懼雪霜，行人不過聽竽籟。」

〔5〕高枕：猶高臥，謂棄官退隱家居。江城：臨江之城市、城郭。唐崔湜《襄陽早秋寄岑侍郎》：「江城秋氣早，旭旦坐南闈。」

〔6〕憐君：喜愛。濯纓：洗滌冠帶。此處比喻超脫塵俗，操守高潔。《孟子・離婁》：「有孺子歌曰：『滄浪之水清兮，可以濯我纓；滄浪之水濁兮，可以濯我足。』」唐白居易《題噴玉泉》：「何時此岩下，來作濯纓翁。」

【簡評】

　　開篇寫遷客因無機而獲罪被貶；景況黯淡，處境艱難，用微雨昏山和疏籠閉鶴，隱喻偏聽閑言碎語就會使朝廷變得昏暗，只有疏通禁錮才能沒有異聲。末四句寫像眾多的隱逸之人一樣，賦官清閒；雖然被貶，但不忘國家和君王，經常洗濯冠纓而自省。此詩名為《貽遷客》，似為自貽之作。

寄桐江隱者〔1〕

　　潮去潮來洲渚春，山花如繡草如茵。嚴陵臺下桐江水，解釣鱸魚能幾人〔2〕？

【注釋】

〔1〕此詩又見《全唐詩》卷五三八《許渾集》。《全唐詩重出誤收考》謂「此詩亦見許渾手跡中，又見四部叢刊景宋寫本《丁卯集》上，趙宦光本《絕句》二九亦作許渾」。桐江：即桐廬江，富春江流經今浙江桐廬境內的一段。

〔2〕「解釣」句：用張翰的典故。詳見《送劉秀才歸江陵》詩注〔3〕。詩歌中多借詠張翰，表達不戀仕途、辭官歸隱的心志。唐張祜《汴上送客》：「張翰思歸何太切，扁舟不住又東歸。」

【簡評】

這是一首寄給隱士的詩，桐江隱者不知其名，生平也不詳，但從詩中對其隱居地的讚美，對隱者人品的讚賞，可知隱者是詩人交遊中的詩友。前二句，著重描寫了桐江的春色。江中的桃花水拍打著沙洲。兩岸山花漫爛，芳草萋萋，微風過處，婀娜多姿。後二句，詩中巧用張翰典故，讚美隱者。

長興里夏日寄南鄰避暑〔1〕

侯家大道旁，蟬噪樹蒼蒼〔2〕。開鎖洞門〔3〕遠，捲簾官舍〔4〕涼。欄圍紅藥〔5〕盛，架引綠蘿長。永日一欹枕〔6〕，故山雲水〔7〕鄉。

【注釋】

〔1〕此詩又見《全唐詩》卷五三○《許渾集》，《文苑英華》卷二六一亦作許渾詩。《全唐詩重出誤收考》謂「《英華》二六一作許渾，題中『南鄰』作『南陵』。末句『永日一欹枕，故山雲水鄉。』此語只應該是許渾口氣，詩亦載許渾手跡中」。故此詩當為許渾所作。

〔2〕蒼蒼：茂盛的樣子。

〔3〕洞門：重重相對的門，指壯麗的宮殿或深邃的宅第。古代制度，公侯門五重，親王郡王門七重，皇宮門九重。

〔4〕官舍：官吏的住宅。

〔5〕紅藥：花名，紅芍藥。詳參《春日言懷寄虢州李常侍十韻》詩注〔2〕。

〔6〕永日：長日；長晝。欹枕：倚靠。二字皆為動詞，與枕字作名詞者有別。按字書，欹、倚二字音義略有區別，而唐宋人通用，詩詞中每多混同。

〔7〕雲水：雲水意象蘊含的閒情野趣。雲水與詩情禪意完全交融冥契，在詩中已由自然物象轉化為具有象徵意味的意象。靈境禪心，渾然一體。唐周賀《山居秋思》：「一從雲水住，曾不下西岑。」

【簡評】

夏季避暑本是樂事，紅藥綠蘿本是美景，但寄居南鄰終是羈旅，所以詩人才有故山雲水鄉的感慨，可見文詞清麗，情韻跌宕。雲水流動不居的特性生發了感時傷逝的蘊含，而它那閒淡從容的質性則成了詩人閒適心境的象徵。詩人所描繪的雲水之地是精神的故鄉，呈現著和諧、安祥、自由的精神情趣。

送大昱禪師〔1〕

禪床深竹裏〔2〕，心與徑山〔3〕期。結社多高客〔4〕，登壇盡小師〔5〕。早秋歸寺遠，新雨上灘遲〔6〕。別後江雲碧，南齋〔7〕一首詩。

【注釋】

〔1〕此詩又見《全唐詩》卷五二九《許渾集》。《全唐詩重出誤收考》謂「此詩亦見許渾手跡中，四部叢刊景宋本《丁卯集》下亦載，當為許作」。參見《宣州開元寺贈惟真上人》詩評。

〔2〕禪床：坐禪之床。唐賈島《送天台僧》：「寒蔬修淨食，夜浪動禪床。」深竹：茂密的竹林。唐張南史《陸勝宅秋暮雨中探韻》：「同人永日自相將，深竹閒園偶闢疆。」

〔3〕徑山：寺名，在餘杭縣北。徑山為天目山東北峰。

〔4〕結社：指佛教徒集會。高客：高人雅客。

〔5〕登壇：登上壇場。古時會盟、祭祀、帝王即位、拜將，多設壇場，舉行隆重的儀式。《三國志·魏志·臧洪傳》：「昔張景明親登壇歃血，奉辭奔走，卒使韓牧讓印，主人得地。」《文選·陸倕·石闕銘序》：「命旅致屯雲之應，登壇有降火之祥。」李善注：「登壇，祭天也。」小師：受戒未滿十夏之僧侶。《釋氏要覽·師資小師》：「受戒十夏以前，西天皆稱小師。」也是對僧人的敬稱。

〔6〕新雨：剛下過雨。亦指剛下的雨。唐韓愈《山石》：「升堂坐階新雨足，芭蕉葉大支子肥。」灘：指江、河、湖、海邊水漲淹沒、水退顯露的淤積平地。

〔7〕南齋：住室南面的書房。唐賈島《南齋》：「獨自南齋臥，神閒景亦空。」

【簡評】

此詩是大昱禪師將要去徑山當主持，詩人送別之作。首聯寫開壇大典，你的禪床在茂密的竹林裏，心卻飛向了徑山；次聯寫大昱禪師法位尊嚴，登壇參加大典的組織團體，大都是雅士高僧。三聯寫送別時情景和依依之情，早秋剛下過雨，遲遲不能上灘，回寺的路還長；尾聯寫分別時相囑之詞和深

深的友情，分別之後，在江青雲碧的南齋中，記得寫詩相慰呀。

　　杭州徑山寺是一座古老的寺廟，也是大多數日本寺廟的祖庭和文化傳播者，大家可以遊覽日本現存的古代寺廟會發現，很多風格和元素都類似杭州徑山寺，這裡的香火很旺盛，每天來禮佛祈福的遊客非常多。詩人杜牧曾任湖州刺史，留有《宣州開元寺贈惟真上人》一詩。晚唐最具影響力的另一詩人許渾好遊，任睦州（今杭州淳安、建德地區）刺史時，結交了大昱禪師、惟素上人，並有詩相贈。

梁秀才以早春旅次大梁，將歸郊扉言懷，兼別示亦蒙見贈，凡二十韻，走筆依韻 [1]

　　玉塞 [2] 功猶阻，金門 [3] 事已陳。世途皆擾擾 [4]，鄉黨盡循循 [5]。客道難投足，家聲易發身 [6]。松篁標節晚，蘭蕙吐詞春。處困羞搖尾，懷忠壯犯鱗 [7]。宅臨三楚水，衣帶二京 [8] 塵。斂跡愁山鬼，遺形慕谷神 [9]。採芝 [10] 先避貴，栽橘早防貧 [11]。弦泛桐材 [12] 響，杯澄糯醹醇 [13]。但尋陶令集，休獻楚王珍 [14]。林密聞風遠，池平見月勻。藤龕紅婀娜 [15]，苔磴綠嶙峋 [16]。雪樹交梁苑 [17]，冰河漲孟津 [18]。面邀文作友，心許德為鄰 [19]。旅館將分被，嬰兒共灑巾。渭陽 [20] 連漢曲，京口接漳濱 [21]。通塞 [22] 時應定，榮枯理會均。儒流 [23] 當自勉，妻族更誰親？照矖三光 [24] 政，生成四氣 [25] 仁。磻溪有心者 [26]，垂白肯湮淪。

【注釋】

〔1〕岑仲勉《讀全唐詩札記》考定此詩為許渾作。董乃斌《唐詩人許渾生平考索》云大中三年秋，許渾自監察御史辭歸京口，後任潤州司馬。此詩作於此時。據譚優學《許渾行年考》，詩作於大中七年春。

〔2〕玉塞：即玉門關，故址在今甘肅省安西東。

〔3〕金門：即漢代之金馬門，此代指唐宮廷。詳見《寄內兄和州崔員外十二韻》詩注〔19〕。「金門」句下原注：「梁君在文皇朝獻書，榮宣下中書，令授一官，為執政所阻。」

〔4〕世途：猶世俗。擾擾：紛亂的樣子。

〔5〕鄉黨：鄉里。循循：有次序的樣子。

〔6〕發身：發跡。

〔7〕犯鱗：即犯龍鱗，比喻直諫。詳見《宣城贈蕭兵曹》詩注〔6〕。

〔8〕二京：東漢都洛陽，稱為東京，又稱西漢舊都長安為西京，合稱二京。東漢張
　　衡有《二京賦》，見《後漢書》本傳及《文選》。晉陸機《代顧彥先贈婦》：「京
　　洛多風塵，素衣化為緇。」

〔9〕谷神：《老子》上篇：「谷神不死，是謂玄牝。」指神秘深隱之道。

〔10〕採芝：喻指隱居生活。相傳商山四皓隱居，高祖聘之，四皓不甘，仰天歎而作
　　歌，後人稱為《採芝操》。

〔11〕「栽橘」句：三國時，李衡密遣人種甘橘千株，臨死，敕兒曰：「汝母惡我治
　　家，故窮如是。然吾州里有千頭木奴，不責汝衣食，歲上一匹絹，亦可足用
　　耳。」事見《三國志・吳書・孫休傳》裴松之注引《襄陽記》。後以「千頭木
　　奴」指千棵柑橘樹或指維持生計的家產。栽橘防貧，謂謀求生路。

〔12〕桐材：桐木，乃製琴良材，此指琴。

〔13〕糯醈：糯米釀造的酒。酒有糯醈酒。醇：酒厚。

〔14〕陶令：陶淵明。集：飲酒雅集。楚王珍：指楚國寶玉和氏璧。詳見《池州送孟
　　遲先輩》詩注〔29〕。

〔15〕藤龕：爬滿紫藤的小閣。婀娜：柔美的樣子。

〔16〕苔磴：長著青苔的石階。嶙峋：形容山峰、岩石、建築物等突兀高聳。此形容
　　臺階的高峻。宋李綱《登鍾山謁寶公塔》：「我登鍾山頂，白塔高嶙峋。」

〔17〕交：交相，共。梁苑：又名梁園、兔園，漢梁孝王築，在今河南商丘東南。詳
　　見《過大梁，聞河亭方燕，贈孫子端》詩注〔2〕。

〔18〕孟津：津渡名，在今河南孟縣南。

〔19〕心許：贊許，讚美。唐丘為《湖中寄王侍御》：「晨趨玉階下，心許滄江流。」
　　德為鄰：《論語・里仁》：「德不孤，必有鄰。」

〔20〕渭陽：渭水之北。《詩・秦風・渭陽》：「我送舅氏，曰至渭陽。」後以渭陽指舅
　　氏。

〔21〕京口：城名，即今江蘇鎮江。漳濱：指己臥病。東漢劉楨《贈五官中郎將》：
　　「餘嬰沉痼疾，竄身清漳濱。」後因用為臥病的典實。唐李商隱《梓州罷吟寄
　　同舍》：「楚雨含情皆有託，漳濱多病竟無憀。」「京口」句下原注：「某自監察
　　御史謝病歸家，蒙除潤州司馬。」

〔22〕通塞：指境遇的順利與滯澀。

〔23〕儒流：儒家學派。後多泛指文人學士之輩。唐王建《寄上韓愈侍郎》：「重登大
　　學領儒流，學浪詞鋒壓九州島。」

〔24〕三光：日、月、星辰。亦喻帝王。《莊子・說劍》：「上法圓天，以順三光。」

〔25〕四氣：四時陰陽變化、溫熱冷寒之氣。唐白居易《送客春遊嶺南》：「蓊鬱三光晦，溫暾四氣勻。」

〔26〕「磻溪」句：磻溪有心者本指周時呂尚。他曾垂釣於磻溪，並於此遇周文王。事見《宋書・符瑞志上》。此處用以喻梁秀才終將如呂尚被徵用。

【簡評】

此為酬唱應答之作。首敘梁秀才的身世經歷，次敘梁和自己的友情；最後表達衷心的祝願。

分司東都，寓居履道，叨承川尹劉侍郎大夫恩知，上四十韻〔1〕

命世須人瑞〔2〕，匡君〔3〕在岳靈。氣和薰北陸，襟曠納東溟。賦妙排鸚鵡〔4〕，詩能繼鶺鴒〔5〕。蒲親香案色，蘭動粉闈馨〔6〕。周孔〔7〕傳文教，蕭曹〔8〕授武經。家僮諳禁掖，廄馬識金鈴〔9〕。性與姦邪背，心因啟沃〔10〕冥。進賢光日月〔11〕，誅惡助雷霆。閶闔〔12〕開時召，簫韶〔13〕奏處聽。水精〔14〕懸御幄，雲母〔15〕展宮屏。捧詔巡汧隴，飛書護井陘〔16〕。先聲〔17〕威虎兕，餘力活蟭螟。榮重秦軍箭，功高漢將銘。戈鋋回紫塞〔18〕，干戚散彤庭。順美皇恩洽，扶顛國步寧。禹謨推掌誥，湯網屬司刑〔19〕。稚榻〔20〕蓬萊掩，膺舟〔21〕鞏洛停。馬群先去害〔22〕，民籍更添丁。猾吏門長塞，豪家戶不扃。四知〔23〕臺上鏡，三惑〔24〕井中瓶。雅韻憑開匣，雄鋩待發硎〔25〕。火中膠綠樹，泉下劚青萍〔26〕。五嶽〔27〕期雙節，三臺〔28〕空一星。鳳池方注意〔29〕，麟閣〔30〕會圖形。寒暑逾流電，光陰〔31〕甚建瓴。散曹分已白，崇直眼由青。賜第〔32〕成官舍，傭居起客亭。松筠侵巷陌，禾黍接郊坰。宿雨回為沼，春沙澱作汀。魚罾棲翡翠，蛛網掛蜻蜓。遲曉河初轉，傷秋露已零。夢餘鐘杳杳〔33〕，吟罷燭熒熒。字小書難寫，杯遲酒易醒。久貧驚早雁，多病放殘螢〔34〕。雪勁孤根竹，風雕數莢蓂。轉喉空婀娜，垂手自娉婷〔35〕。脛細摧新履，腰羸減舊鞓。海邊慵逐臭〔36〕，塵外怯吞腥〔37〕。隱豹〔38〕窺重巘，潛虯避濁涇。商歌如不顧，歸棹越南溟〔39〕。

【注釋】

〔1〕《全唐詩重出誤收考》謂「此亦許渾詩。……岑仲勉云：乃許渾詩而誤收杜牧者。……吳企明、董乃斌考皆認為渾詩。」川尹劉侍郎：即河南尹劉瑑。

〔2〕命世：著名於當世。多用以稱譽有治國之才者。《漢書・楚元王傳贊》：「聖人不

出，其間必有命世者焉。」唐高適《酬秘書弟兼寄幕下諸公》：「信知命世奇，適會非常功。」人瑞：人事方面的吉祥徵兆。亦指有德行的人或年壽特高者。漢王褒《四子講德論》：「今海內樂業，朝廷淑清。天符既章，人瑞又明。」唐白居易《祭微之文》：「惟公家積善慶、天鐘粹和。生為國楨，出為人瑞。」

〔３〕匡君：匡輔國君。匡，輔佐，輔助。

〔４〕鸚鵡賦：漢末詞賦家禰衡，文思敏捷，曾即席作《鸚鵡賦》，一揮而就，「文無加點，辭采甚麗」。見《後漢書·文苑傳·禰衡傳》。後常用禰衡作《鸚鵡賦》比喻文士富於才華。唐嚴武《寄題杜拾遺錦江野亭》：「莫倚善題鸚鵡賦，何須不著鵷鸞冠。」

〔５〕鶺鴒：一種嘴細，尾、翅都很長的小鳥，只要一隻離群，其餘的就都鳴叫起來，尋找同類。比喻漂泊異地的兄弟急待救援。《詩·小雅·常棣》：「脊令在原，兄弟急難。每有良朋，況也永歎。」此詩為宴兄弟之作，詩中以水鳥脊令（即鶺鴒）困於原野互相呼救，比喻兄弟間患難救急。後代詩文中因用脊令、鶺鴒作為詠兄弟情誼之典。

〔６〕「蘭動粉闈馨」句下原注：「侍郎自補闕拜。」

〔７〕周孔：《文選·張衡·歸田賦》：「彈五弦之妙指，詠周孔之圖書。」唐李善注：「周，周公；孔，孔子也。」唐孟雲卿《放歌行》：「軒皇竟磨滅，周孔亦衰老。」

〔８〕蕭曹：蕭何與曹參。《漢書·蕭何曹參傳贊》：「蕭何、曹參皆起秦刀筆吏，當時錄錄未有奇節。漢興，依日月之末光，何以信謹守管籥，參與韓信俱征伐。天下既定，因民之疾秦法，順流與之更始，二人同心，遂安海內。淮陰、黥布等已滅，唯何、參擅功名，位冠群臣，聲施後世，為一代之宗臣，慶流曲裔，盛矣哉！」唐高適《自淇涉黃河途中作》：「力爭固難恃，驕戰曷能久。若使學蕭曹，功名當不朽。」

〔９〕馬識金鈴：指老馬識途。《韓非子·說林上》載：齊桓公應燕國的要求，出兵攻打入侵燕國的孤竹，迷路了，放出老馬，部隊跟隨老馬找到了出路。比喻閱歷多的人富有經驗，熟悉情況，能起到引導作用。唐杜甫《觀安西兵過赴關中待命二首》：「老馬夜知道，蒼鷹饑著人。」「廄馬」句下原注：「侍郎尋歸翰苑。」

〔10〕啟沃：竭誠忠告。謂臣子竭誠獻策以輔佐君王。語本《書·說命上》：「啟乃心，沃朕心。」意謂「盡開汝心所有，以灌沃我心。」唐張義方《獻馮李二相公》：

「兩處沙堤同日築，其如啟沃藉良謀。」

〔11〕日月：太陽和月亮。《易·離》：「日月麗乎天，百穀草木麗乎土。」唐韓愈《秋懷詩》：「羲和驅日月，疾急不可恃。」

〔12〕閶闔：神話傳說中的天門。唐詩中多借指皇宮之門。《楚辭·屈原·離騷》：「吾令帝閽開關兮，倚閶闔而望予。」漢王逸注：「閶闔，天門也。」《淮南子·原道訓》：「排閶闔，論天門。」漢高誘注：「閶闔，始昇天之門也。天門，上帝所居紫微宮門也。」唐崔顥《奉和許給事夜直簡諸公》：「建章宵漏急，閶闔曉鐘傳。」

〔13〕簫韶：舜帝時期的樂曲名。參見《奉和門下相公送西川相公兼領相印出鎮全蜀詩十八韻》詩注〔33〕。

〔14〕水精：即水晶簾。用水晶製成的簾子，取其透明。形容門簾玲瓏剔透色澤精瑩。唐李白《玉階怨》：「卻下水精簾，玲瓏望秋月。」唐顧況《宮詞》：「月殿影開聞夜漏，水精簾卷近秋河。」

〔15〕雲母：此指雲母扇。皇宮裏殿堂上的一種儀仗用大扇，用雲母片裝飾。梁吳均《贈任黃門》：「經過雲母扇，出入千門扉。」唐崔顥《邯鄲宮人怨》：「水晶簾箔雲母扇，琉璃窗牖玳瑁床。」雲母：礦石名。古人以為此石為雲之根，故名。可析為片，薄者透光，可為鏡屏。古代被視為名貴的裝飾材料。亦入藥。唐人也多相信雲母是靈藥，服之可去病長壽。詩歌中多用於指性質、狀態、色彩如雲母的各種事物。唐李商隱《嫦娥》：「雲母屏風燭影深，長河漸落曉星沉。」

〔16〕井陘：關隘名。即井陘口，亦稱井陘關。今名土門關，在河北井陘縣東北井陘山。唐王昌齡《少年行二首》：「聞道羽書急，單于寇井陘。」

〔17〕先聲：祖先的聲望。

〔18〕紫塞：本指長城。紫，形容古長城的土色。詩中泛指北方邊塞。晉崔豹《古今注·都邑》：「秦築長城，土色皆紫，漢塞亦然，故稱紫塞焉。」南朝宋鮑照《蕪城賦》：「南馳蒼梧漲海，北走紫塞雁門。」唐張蠙《邊將》：「若無紫塞煙塵事，誰識青樓歌舞人。」

〔19〕「湯網」句下原注：「侍郎自中書舍人遷刑部郎中。」

〔20〕稚榻：即懸榻。東漢時，太守陳蕃以殊禮接待名士周璆、徐稚，為他們設有專用的榻，在他們離去後就將榻懸掛起來。詳見《後漢書·徐稚傳》及《陳蕃傳》。後因以懸榻比喻禮待賢士。

〔21〕膺舟：用李膺與郭太同舟共濟事，喻指與友人泛舟。東漢時，河南尹李膺有盛

名，曾於洛陽送名士郭太返里，二人同舟而濟，風采不凡，被人視為神仙。詳
見《後漢書・郭太傳》。後因以李郭同舟為知己相處、親密無間之典。唐許渾《將
為南行陪尚書崔公宴海榴堂》：「賓館盡開徐穉榻，客帆空戀李膺舟。」

〔22〕馬群先去害：除掉害群之馬，即危害馬群的劣馬。比喻清除危害社會或集體的
人。《莊子・徐无鬼》：「夫為天下者，亦奚以異乎牧馬者哉？亦去其害馬者而已
矣。」

〔23〕四知：天知、神知、我知、子知。楊震為官清廉，詩中多用於吟詠本事；稱
頌為官廉潔自持，不受非義饋贈。《後漢書・楊震傳》：「震遷東萊太守。當之
郡，道經昌邑，故所舉荊州茂才王密為昌邑令，謁見，至夜懷金十斤以遺震。
震曰：『古人知君，君不知故人何也？』密曰：『暮夜無知者。』震曰：『天知、
神知、我知、子知。何謂無知！』密愧而出。」《明一統志》：「震卒後，居人
為震立廟，名為『四知廟』」。唐胡曾《關西》：「四知美譽留人世，應與乾坤
共久長。」

〔24〕三惑：指酒、色、財三種惑人之物。《後漢書・楊震楊秉傳贊》：「震畏四知，秉
去三惑。」《隋書・韋世康傳》：「志除三惑，心慎四知。」唐許渾《金谷園》：
「三惑沉身是此園，古藤荒草野禽喧。」

〔25〕發硎：刀劍等剛從礪石上磨出來。比喻才幹不凡或初試鋒芒。硎，磨刀石。
《莊子・養生主》：「今臣之刀十九年矣，所解數千牛矣，而刀刃若新發於硎。」
唐成玄英疏：「硎，砥礪石也。……不損鋒刃，故其刀銳利，猶若新磨者也。」
唐杜甫《奉酬薛十二丈判官見贈》：「清文動哀玉，見道發新硎。」

〔26〕青萍：古代利劍名。《文選・陳琳・答東阿王箋》：「君侯體高世之才，秉青萍干
將之器。」唐呂延濟注：「青萍、干將皆劍名也。」晉葛洪《抱朴子・博喻》：
「青萍、豪曹，剡鋒之精絕也，操者非羽、越，則有自傷之患焉。」唐方干《王
將軍》：「保寧帝業青萍在，投棄儒書絳帳空。」

〔27〕五嶽：我國五大名山的總稱。古書中記述略有不同。一般認為指東嶽泰山、南
嶽衡山、西嶽華山、北嶽恒山、中嶽嵩山。《周禮・春官・大宗伯》：「以血祭祭
社稷、五祀、五嶽。」鄭玄注：「五嶽，東曰岱宗、南曰衡山、西曰華山、北曰
恒山、中曰嵩高山。」《史記・封禪書》《漢書・郊祀志》說同。今所言五嶽，
即指此五山。

〔28〕三臺：星名。詳見《有懷重送斛斯判官》詩注〔5〕。喻三公。《後漢書・楊震
傳》：「蛇鱔者，卿大夫服之象也。數三者，法三臺也。先生自此升矣。」唐

高適《奉酬睢陽李太守》：「三臺冀入夢，四嶽尚分憂。」

〔29〕鳳池：鳳凰池。詳見《奉和僕射相公春澤稍愆，聖君軫慮，嘉雪忽降，品彙昭蘇，即事書成四韻》詩注〔2〕。注意：倚重，眷顧；多就朝廷對臣下而言。

〔30〕麟閣：麒麟閣，漢朝閣名，供奉功臣。指卓越的功勳或最高的榮譽。漢武帝建於未央宮之中，因漢武帝元狩年間打獵獲得麒麟而命名。主要用於藏歷代記載資料和秘密歷史文件。麒麟閣十一功臣是十一名中國西漢名臣的總稱，後世簡稱麟閣。唐杜甫《投贈哥舒開府翰》：「今代麒麟閣，何人第一功。」圖形：繪畫形象。

〔31〕光陰：日和月。

〔32〕賜第：賞賜的宅第。《晉書·賀循傳》：「循羸疾不堪拜謁，乃就加朝服，賜第一區，車馬床帳衣褥等物。」傭居：租賃的住宅。「傭居」句下原注：「某六代祖，國初賜宅在仁和里，尋已屬官舍，今於履道坊賃宅居止。」

〔33〕杳杳：幽遠貌。

〔34〕殘螢：即讀書螢；喻貧困中勤學苦讀。詳見《川守大夫劉公早歲寓居敦行里肆有題壁十韻今之置第乃獲舊居洛下大僚因有唱和歎詠不足輒獻此詩》注〔12〕。

〔35〕垂手：舞蹈名稱。六朝以來樂舞有大垂手、小垂手，唐代為教坊軟舞中的一種。見唐崔令欽《教坊記》。唐李白《經亂離後天恩流夜郎憶舊遊書懷贈江夏韋太守良宰》：「對客小垂手，羅衣舞春風。」娉婷：形容姿態美好。

〔36〕逐臭：追逐臭氣。比喻有與眾不同的怪癖。也形容壞人之間臭氣相投，互相追逐、勾結。《呂氏春秋·覽部》卷十四《孝行覽·遇合》：「人有大臭者，其親戚兄弟妻妾知識無能與居者，自苦而居海上。海上人有說其臭者，晝夜隨之而弗能去。」三國魏曹植《與楊德祖書》：「人各有好尚，蘭茝蓀蕙之芳眾人所好，而海畔有逐臭之夫。」

〔37〕吞腥：吞食腥物。

〔38〕隱豹：傳說玄豹霧雨不出，以澤其毛而成文章。後因以比喻隱居伏處，愛惜其身，遠離傷害。也用以詠霧。古代傳說：陶答子有妻甚賢。其夫在陶地居官三年，聲名不佳，而家中治產三倍。妻抱兒泣，以黑豹在霧雨中隱於南山寧肯不下山求食，與生而待死、饑不擇食之豬狗對比，喻賢者應愛惜名譽、潔身自好。典見《列女傳》卷二。唐杜甫《戲寄崔評事表侄》：「隱豹深愁雨，潛龍故起雲。」

〔39〕「歸棹」句下原注：「某家在朱方，揚子江界有南瀸、北瀦。」朱方，即唐代的潤州丹徒縣。杜牧從未在潤州任職過。

【簡評】

這是一首進獻詩作，主要用以歌頌。其中堆砌大量典故，充滿對劉侍郎文韜武略政績的讚頌及感恩奉承之語。同時兼有詩人對自身境遇的描述，表達了潔身自好及歸隱之心。

題白雲樓〔1〕

西北樓開四望通，殘霞成綺月懸弓〔2〕。江村夜漲浮天水，澤國秋生動地風〔3〕。高下綠苗千頃盡，新陳紅粟萬箱空〔4〕。才微分薄憂何益，卻欲迴心學塞翁〔5〕。

【注釋】

〔1〕此詩又見《全唐詩》卷五三五《許渾集》。詩題一作《漢水傷稼》。《全唐詩重出誤收考》謂「此非杜牧作」。據吳企明《唐音質疑錄·樊川詩甄辨柹札》所考，此係許渾詩。詩大中八年秋郢州作。《漢水傷稼》詩序云：「此郡雖自夏無雨，江邊多稽，油然可觀。秋八月，天清日朗，漢水泛濫，人實為災，軫念疲贏，因賦四韻。」序言與詩意全合，可見這首詩原為許渾作品，不知何人隨意刪去序言，改易題目，混入杜牧詩中。

〔2〕「西北」二句：意謂西北高樓的大門敞開能望見四面八方，殘留的雲霞如絲般籠罩在似弓的月旁。四望：四面，四向。唐李商隱《登霍山驛樓》：「廟列前峰迴，樓開四望窮。」成：比喻動詞；猶言似、如。南朝齊謝朓《晚登三山還望京邑》：「餘霞散成綺，澄江靜如練。」

〔3〕「江村」二句：意謂江畔村子一夜漲起了連天大水，水國他鄉秋天又刮起了驚動大地的狂風。澤國：境內多沼澤之國。即多水的地區；水鄉。《周禮·地官·掌節》：「凡邦國之使節，山國用虎節，土國用人節，澤國用龍節。」

〔4〕「高下」二句：意謂高樓下的莊稼幾千傾的就這樣被吹損，無論是新的還是舊時的小米都被傾空。高下：高處和低處。《國語·楚語上》：「地有高下，天有晦明。」千頃：百畝為頃；千頃，極言其廣闊。《淮南子·說林訓》：「尋常之溪，灌千頃之澤。」唐韓愈《酬盧給事曲江荷花行》：「曲江千頃秋波淨，平鋪紅雲蓋明鏡。」紅粟：指陳糧，其色變紅。

〔5〕「才微」二句：意謂我才分微薄憂愁又有什麼好處，反而要轉回憂心學習失馬的塞翁知道事情的好壞不固定。迴心：轉變心意，改變主意。塞翁：即用「塞翁失馬焉知非福」典。參見《李侍郎於陽羨里富有泉石牧亦於陽羨粗有薄產敘舊

　　述懷因獻長句四韻》詩注〔3〕。

【簡評】

　　郢州地處漢水北岸，詩中寫的是一年秋天的一次水災。它反映了封建社會水利失修給人民帶來的苦難以及詩人愛莫能助的心情。本詩是作者「軫念疲羸」而作，表現出他對農民的深切同情。

　　首聯寫出了漢水泛濫前「天清日朗」，一點跡象也沒有，加之「自夏無雨」，故人們放鬆警惕，毫無思想準備。頷聯寫江水泛濫的情景。一夜之間，連天無際的洪水把郢州變成一片澤國。寫出了水之大和來勢洶湧。頸聯寫災後綠苗盡毀、糧倉皆空的凄慘境況，表明作者心繫農事民生，對農民深切同情，也為水災重創國計民生深深憂慮。尾聯寫自己面對災情，「才微分薄」，只能徒憂而無力拯救、心生歸隱以求解脫的無奈。

　　從寫作技巧上看，「殘霞」句將霞比綺羅，月比彎弓，呈現的是一幅美麗的夜晚畫面。三四句寫夜間秋風大作，水災驟至，「浮天水」三字寫出了江村頓成澤國的境況。全詩從登樓四望落筆，由所見寫至所思，情感起伏跌宕，委婉曲折，卻脈絡清晰。

贈　別〔1〕

　　眼前迎送不曾休，相續輪蹄似水流〔2〕。門外若無南北路，人間應免別離愁。蘇秦六印〔3〕歸何日？潘岳雙毛去值秋〔4〕。莫怪分襟銜淚〔5〕語，十年耕釣憶滄洲〔6〕。

【注釋】

〔1〕此詩又見《全唐詩》卷五三六《許渾集》。《全唐詩重出誤收考》謂「吳在慶考本詩非杜牧作，……許渾未仕前確有耕釣生涯。故詩當許作。」吳考詳見《杜牧疑偽詩考辨》。

〔2〕輪蹄似水：指車馬就像流水一樣不斷。輪蹄，車輪和馬蹄。

〔3〕蘇秦六印：蘇秦，字季子，戰國時東周洛陽（今河南洛陽東）人。他游說秦惠王不成，苦讀《陰符》後，以「合縱」南北聯合之說游說燕、趙、韓、魏、齊、楚六國，共同合力抗秦。於是六國合縱成功，並力同心。蘇秦做了合縱南北聯盟的盟長，同時擔任了六國的相國，身佩六國相印，名利雙收。後以此典比喻得任官職，顯耀榮華。詳見《史記·蘇秦列傳》。

〔4〕「潘岳」句：謂就像潘岳一樣已經生出了白髮，卻在這冷秋時分就要離開。潘

岳：潘安，極其俊美。雙毛：也叫二毛，頭髮花白，指老年人。後用「潘岳雙毛」比喻中年斑髮初白，感歎時光流逝，身心早衰。宋晁端禮《水龍吟》：「屈指流年未幾，早人驚、潘郎雙鬢。」

〔5〕分襟：別離。唐駱賓王《秋日別侯四》：「歧路分襟易，風雲促膝難。」銜淚：含淚。

〔6〕耕釣：殷商相伊尹未仕時曾耕於莘野，西周相呂尚未仕前釣於渭水，後以耕釣謂高人隱逸。此處指作者嚮往的一種生活方式，回憶曾經的快樂時光。滄洲：臨水的地方。由於隱者往往中意於彼，後因以代指隱士的居處，並常用以表示歸隱之思。唐王維《送從弟蕃遊淮南》：「忽思鱸魚鱠，復有滄洲心。」唐孟浩然《題張野人園廬》：「耕釣方自逸，壺觴趣不空。」此詩情趣與孟詩有相似之處。

【簡評】

這是一首送別詩，贈別友人，不免感傷。行將坍塌的唐帝國，讓詩人的壯志成為泡影，加之人生的坎坷多舛，聚少離多，更增添了悲愁！

首聯記敘，寫前來送別之人來往不斷，與友人一一告別，傷感微微溢出。既飽含深情，又充滿哲理。頷聯表達了作者與友人別離的不捨感傷，對自己鬱鬱不得志的憤懣。此聯把人間離愁歸咎於門前有路，看似毫無道理，但卻十分巧妙地表現了離愁難熬的感情。

頸聯借用典故，以此自比，說自己的志向難以達成。詩人同蘇秦相似，政治才華出眾，卻遭冷落，有志難伸；以潘岳雙毛，比喻自己漸漸蒼老，感歎時光流逝。雙鬢染霜雪，功未成名未就，詩人感到失落惆悵。站在人生的秋天裏，美人遲暮。尾聯詩語銜淚，又將對時光和人生的感慨拉回到現實的送別。一「淚」字，盡寫離愁別緒之情，同時也寫出了多少人世的辛酸。情感外化，很容易感受出作者憂傷難言之情。「十年耕釣」，也許是失落至極才想隱歸耕釣。當初兼濟天下的夢想早已不知去向，人生只有知交與酒。亦有句云：「南去北來人自老，夕陽長送釣船歸。」正此謂也。

此詩語言精緻，風格婉約，抒情情感濃鬱，手法含蓄，表現並抒發了與友人送別的難捨難分的眷戀之情，同時也寄寓了作者的不捨、懷才不遇的一腔悲憤抑鬱之情。在藝術手法上，運用比喻（相續輪蹄似水流）、對比（蘇秦與潘岳宦海深沉的對比）、用典（蘇秦六印）、烘托（離別場面）等細節描寫或神態描寫（分襟銜淚語），表現作者的思想感情。

秋夜與友人宿〔1〕

楚國同遊過十霜〔2〕，萬重心事〔3〕幾堪傷。蒹葭〔4〕露白蓮塘淺，砧杵夜清河漢〔5〕涼。雲外山川歸夢遠，天涯歧路〔6〕客愁長。寒城欲曉聞吹笛，猶臥東軒月滿床〔7〕。

【注釋】

〔1〕此詩又見《全唐詩》卷五三六《許渾集》。吳在慶《杜牧集繫年校注》云：詩乃許渾之作。

〔2〕楚國：指古楚國之地。十霜：十年。

〔3〕心事：心中所思念或期望的事。喬知之《擬古贈陳子昂》：「心事為誰道，抽琴歌坐筵。」

〔4〕蒹葭：蘆荻。《詩·秦風·蒹葭》：「蒹葭蒼蒼，白露為霜。所謂伊人，在水一方。」本指在水邊懷念故人，後以「蒹葭」泛指思念異地友人。

〔5〕砧：搗衣石。杵：搗衣用的棒槌。河漢：銀河。

〔6〕雲外：唐人常以之指極遠之地。歧路：岔路；指別離分手之處。

〔7〕寒城：寒天的城池。《文選·謝朓·郡內登望》：「寒城一以眺，平楚正蒼然。」呂延濟注：「秋氣寒而登城上，故云寒城。」吹笛：傷逝懷舊。北周庾信《寄徐陵》：「莫待山陽路，空聞吹笛悲。」詳參《重到襄陽哭亡友韋壽朋》詩注〔4〕。

〔8〕東軒：指住房向陽的廊簷。《文選·陶潛·雜詩》：「嘯傲東軒下，聊復得此生。」呂向注：「軒，簷也。」南朝梁任昉《苦熱》：「旭旦煙雲卷，烈景入東軒。」月滿床：「月照床」作為詩歌中經常出現的意象，一般用來表達思鄉、憶舊的愁思。可根據詩題、詩意，欣賞其豐富各異的意象。月光不但能照到床上，而且細心的詩人還有「半床」與「滿床」之分。照半床者：唐鄭谷《重陽夜旅懷》：「半床斜月醉醒後，惆悵多於未醉時。」照「滿床」者：唐元稹《使東川·江樓月》：「月色滿床兼滿地，江聲如鼓復如風。」

【簡評】

晚唐譚用之有《秋夜同友人話舊》詩，與上詩同讀，有異曲同工之妙。譚詩云：「露下銀河雁度頻，囊中爐火幾時真。數莖白髮生浮世，一盞寒燈共故人。雲外簀涼吟嶠月，島邊花暖釣江春。何當歸去重攜手，依舊紅霞作近鄰。」

上詩通過「蒹葭、砧杵」等意象，表達了羈旅之思；譚詩除了通過「露、雲、島」等意象表達思鄉之情外，還通過對友人和未來的展望進行了設想，由

此可見，譚詩比上詩情思更豐富宛轉。

上詩尾聯云：「寒城欲曉聞吹笛，猶臥東軒月滿床。」可知，在他鄉，詩人和友人都在互訴羈旅之思。譚詩尾聯云：「何當歸去重攜手，依舊紅霞作近鄰。」可見，詩人和友人都渴望回家，表現了羈旅之思。故這兩首詩都同屬羈旅類。

上詩尾聯寫詩人聽到秋夜佛曉時笛子的聲音就好像在家裏床上的樣子。此聯寓情於景，「寒」，寒冷淒涼；「月滿床」為視覺，「聞吹笛」為聽覺。殘笛入耳，涼月滿床，描繪出秋夜佛曉時分淒清、寒冷的氛圍，用清冷的笛聲、寒涼的月色，暗示詩人長愁無眠，抒發了羈旅思鄉的漂泊之苦。譚詩尾聯是虛寫，寫詩人和友人想著將來回到家做鄰居的場景，攜手重遊，紅霞依舊，畫面溫馨美好。這是通過對未來的展望進行設想，既有羈旅之思，又表達了對往日美好生活懷念，「何當」之問是對再一次相聚「重攜手」的期盼和對友情的珍視。

將赴京留贈僧院〔1〕

九衢塵土遞追攀〔2〕，馬跡軒車〔3〕日暮間。玄髮盡驚為客換，白頭曾見幾人閒？空悲浮世〔4〕雲無定，多感流年〔5〕水不還。謝卻〔6〕從前受恩地，歸來依止叩禪關〔7〕。

【注釋】

〔1〕此詩又見《全唐詩》卷五三六《許渾集》。《全唐詩重出誤收考》謂「觀中二聯似許渾語，尤其是『空悲浮世』『多感流年』句，與杜牧身世仕宦不合，疑非杜詩」。僧院：寺院。

〔2〕九衢：京師四通八達的道路。九衢塵，借指煩擾的塵世。唐陸龜蒙《漁具·箬笠》：「不識九衢塵，終年居下洞。」追攀：追隨馳逐。宋蘇軾《次韻馬元賓》：「塞鴻正欲摩天去，垂老追攀豈可期。」

〔3〕軒車：古代一種曲轅有幡的車；大夫的車，此指車。《後漢書·劉盆子傳》：「俠卿為製絳單衣，半頭赤幘、直纂履，乘軒車大馬。」唐沈佺期《嶺表逢寒食》：「花柳爭朝發，軒車滿路迎。」

〔4〕浮世：舊時認為人世間是浮沉聚散不定的，故稱。三國魏阮籍《大人先生傳》：「逍遙浮世，與道俱成。」

〔5〕流年：年光如流水過得很快。

〔6〕謝卻：謝絕。

〔7〕叩禪關：意謂皈依佛門。禪關，禪門，僧院之門。

【簡評】

此詩是一篇很有禪意的詩作，表達了詩人對清淨生活的嚮往。

開篇碌碌競奔，紅塵滾滾的京城世俗生活圖迎面而來。四通八達的街道上從早到晚，車水馬龍，追名逐利、攀富結貴永無消歇。詩人簡單地用「追攀」和「日暮間」兩個關鍵詞，就描繪了一幅京城世俗生活圖。詩人由紅塵喧囂開始思考人生哲理性的問題，很多人都為痛苦的悔恨而變壞了心情，又為莫名的憂慮而惶惶不可終日。詩人用一個「驚」字，警示後人，不要陷入了追逐名利的深淵。

「空悲」二句很有禪意，詩人感歎人生短暫，就像浮雲那般飄忽不定，青春也如流水一樣一去不返。種種情形只餘一聲慨歎。這兩句不僅對仗工整，而且採用比興手法，發人深省。字裏行間表達了淡泊名利的思想。最後詩人流露出對佛家清淨恬淡生活的嚮往，希望等到自己建功立業報完國恩家恩之後，再來這清淨之地。當然，詩人不可能徹底擺脫紅塵，更不能全身心地皈依佛門。將京城裏的喧鬧與寺院的清靜進行對比，委婉地表達出自己的出世思想。

寄湘中友人〔1〕

莫戀醉鄉迷酒杯，流年〔2〕長怕少年催。西陵〔3〕水闊魚難到，南國路遙書未回。匹馬計程愁日盡，一蟬何事引秋來？相如已定題橋志〔4〕，江上無由夢釣臺〔5〕。

【注釋】

〔1〕此詩又見《全唐詩》卷五三六《許渾集》。《全唐詩重出誤收考》謂「詩有『南國路遙皆未回』及『相如已定題橋志』語，亦似許渾語，疑非杜詩」。

〔2〕流年：年光如流水過得很快。

〔3〕西陵：浙江蕭山市西興鎮的古稱。唐時此處設有驛站。唐錢起《九日宴浙江西亭》：「漁浦浪花搖素壁，西陵樹色入秋窗。」

〔4〕題橋：漢代司馬相如離蜀赴長安，曾於成都升仙橋題詞，自述致身通顯之志。詩歌中多喻指求取功名的志向或譽人榮歸。《太平御覽》引晉常璩《華陽國志》：「升仙橋在成都縣北十里，即司馬相如題橋柱曰：『不乘駟馬高車，不復

過此橋。」唐汪遵《升仙橋》:「漢朝卿相盡風雲,司馬題橋眾又聞。」

〔5〕釣臺:這裡指姜太公釣魚之處。參見《正初奉酬歙州刺史邢群》詩注〔3〕。

【簡評】

詩歌開篇即勸誡朋友,不要因為貪戀美酒而忘卻自己的志向,表達與友人共勉之意。「南國」照應了詩題中的「湘中」,表明自己與友人一北一南,相隔萬里,路途遙遠。「相如題橋」句,用漢代司馬相如的典故,表達了作者自己求取功名的決心。本詩表現一種勁直峻峭、氣力健舉的雄壯氣勢,豪爽俊健,古樸瀟灑,富有感染力。

王國維在《人間詞話》中說:「蟬本無知,然許多詩人卻聞蟬而愁,只因為詩人自己心中有愁,以我觀物,故物皆著我之色彩。」詩人聞蟬悲秋原因如下:流年怕催,時光易逝,青春易老;路遙難行,與友人書信難寄,音訊難通;相如題橋,決心求取功名,但無由夢釣臺,無人賞識。

江上逢友人〔1〕

故國歸人〔2〕酒一杯,暫停蘭棹共裴回〔3〕。村連三峽暮雲起,潮送九江〔4〕煙雨來。已作相如投賦〔5〕計,還憑殷浩寄書回〔6〕。到時若見東籬菊〔7〕,為問經霜〔8〕幾度開。

【注釋】

〔1〕此詩又見《全唐詩》卷五三六《許渾集》。此詩疑當作許渾詩。

〔2〕歸人:回歸家園的人。

〔3〕蘭棹:蘭舟。裴回:流連;留戀。

〔4〕九江:長江水系的九條河。

〔5〕相如:司馬相如,字長卿,西漢大辭賦家。其代表作品為《子虛賦》,作品辭藻富麗,結構宏大,使他成為漢賦的代表作家,後人稱之為「賦聖」。相如投賦:司馬相如於景帝時曾為武騎常侍,以病免,因窮困,便以《子虛賦》獻,武帝賞識而召見,相如又獻《上林賦》,得拜為郎。事見《史記》本傳。

〔6〕殷浩:東晉大臣,字淵源。官揚州刺史、中軍將軍。早年見識高遠,度量清明,富有美名,酷愛《老子》《易經》,善於清談。殷浩因故遭廢黜,桓溫欲利用他,乃薦殷為尚書令(宰相),寄信徵求殷的意見。殷浩欣意答書,慮有謬誤,開閉數十次,結果給桓溫送去了個空信封。桓溫大怒,舉薦之事告吹。殷浩唯每日在空中虛畫「咄咄怪事」四字,不久病死。見《晉書》本傳。

〔7〕到時：到那時候。唐于鵠《送唐大夫讓節歸山》：「到時浸髮春泉裏，猶夢紅樓
　　　簫管聲。」東籬菊：晉陶潛《飲酒二十首》詩中有「採菊東籬下，悠然見南山」
　　　的名句，後常藉以表現閒雅情志。此處指代陶淵明。唐錢起《九日田舍》：「今
　　　日陶家野興偏，東籬黃菊映秋田。」

〔8〕經霜：經過秋霜，比喻歷經考驗或者磨煉。

【簡評】

這是一首借古抒情的詩。詩人用典抒情，以含蓄深沉的語言，表達出與友
人重逢的喜悅及渴望為國效力的豪情壯志。

首聯描寫詩人在江上偶逢友人的場面，將偶逢的喜悅描寫得自然而又情
真。頷聯描寫遠處的村莊和壯麗的三峽景色，傍晚的雲將二者連接在一起，
構成遼闊的畫面；此時開始漲潮，各處的江水彙集在一起，是下雨前的徵兆。
「暮」字點明時間，暗示即將天黑。「雲」這一意象為作品增添了壓抑愁苦的
氛圍，也為下文天氣的陰霾埋下伏筆。「潮」字生動地描寫出作者的愁苦如潮
水湧來，感歎時光易逝、歲月短暫。「寒」有雙關的作用，既寫出了天氣的變
化，也寫出了內心的苦悶，和前文的「雲」相互呼應。前兩聯是實寫，寫出
作者的此時處境，渴望得到朋友的安慰。

頸聯中用典抒情表明心跡，詩人自比司馬相如，希望能寫出像《子虛賦》
那樣辭藻華麗、結構宏大的作品以流傳後世，同時也渴望有像殷浩這樣的「伯
樂」寄來喜訊以欣賞自己的才華。用典使詩詞意蘊豐富，莊重典雅，詩句更加
凝練，言近而旨遠，提高了作品的表現力和感染力。尾聯是作者的想像，幻想
著以後的成就與生活，「東籬菊」指代陶淵明，表達含蓄而婉轉。感歎時光飛
逝，才飲了幾杯酒就又要分別了，觸動離人情懷，難忘友人的深情厚誼。「霜」
字寫出了作者的慨歎，人生易老，社會環境又如此惡劣，作者對於人生路途中
的坎坷挫折已經不再擔憂與逃避。全詩以問句結尾，開啟了讀者的想像欲望，
富有情趣，令人深思。後兩聯是虛寫，寄託了作者對於生活的美好願望，也包
含了對友人的惜別。

金谷懷古〔1〕

　　淒涼遺跡洛川〔2〕東，浮世榮枯萬古同〔3〕。桃李〔4〕香消金谷在，綺羅魂
斷玉樓〔5〕空。往年人事〔6〕傷心外，今日風光〔7〕屬夢中。徒想夜泉流客恨，
夜泉流恨恨無窮〔8〕。

【注釋】

〔1〕此詩又見《全唐詩》卷五三六《許渾集》。此詩疑當作許渾詩。

〔2〕淒涼：孤寂冷落。南朝梁沈約《為臨川王九日侍太子宴》：「淒涼霜野，惆悵晨鵯。」唐皎然《與盧孟明別後宿南湖對月》：「曠望煙霞盡，淒涼天地秋。」洛川：今河南省洛河。南朝宋鮑照《擬古》：「日夕登城隅，周回視洛川。」唐武平一《雜曲歌辭・妾薄命》：「洛川昔雲遇，高唐今尚違。」

〔3〕浮世：舊時認為人世間是浮沉聚散不定的，故稱。三國魏阮籍《大人先生傳》：「逍遙浮世，與道俱成。」唐許渾《將赴京留贈僧院》：「空悲浮世雲無定，多感流年水不還。」萬古：猶萬代；萬世。形容經歷的年代久遠。唐杜甫《戲為六絕句》：「爾曹身與名俱滅，不廢江河萬古流。」

〔4〕桃李：桃花與李花。《詩・召南・何彼襛矣》：「何彼襛矣，華如桃李。」後因以「桃李」形容貌美。唐張說《崔訥妻劉氏墓誌》：「珪璋其節，桃李其容。」

〔5〕綺羅：指穿著綺羅的人。多為貴婦、美女之代稱。北齊顏之推《顏氏家訓・治家》：「鄴下風俗，專以婦持門戶，爭訟曲直，造請逢迎，車乘填街衢，綺羅盈府寺，代子求官，為夫訴屈。」唐韋莊《江亭酒醒卻寄維揚餞客》：「滿坐綺羅皆不見，覺來紅樹背銀屏。」魂斷：指綠珠墜樓而損事。玉樓：華麗的樓宇；樓閣的美稱。唐宗楚客《奉和幸安樂公主山莊應制》：「玉樓銀榜枕嚴城，翠蓋紅旗列禁營。」

〔6〕人事：指人情世態。傷心：驚心，打動人心。唐李白《菩薩蠻》：「平林漠漠煙如織，寒山一帶傷心碧。」

〔7〕風光：風景，景象。唐張渭《湖上對酒行》：「風光若此人不醉，參差辜負東園花。」

〔8〕徒：徒勞，白白的。流客：羈旅他鄉的旅客。無窮：無盡，無限。指空間沒有邊際或盡頭。《禮記・中庸》：「今夫天，斯昭昭之多，及其無窮也，日月星辰繫焉，萬物覆焉。」《荀子・禮論》：「故天者，高之極也；地者，下之極也；無窮者，廣之極也。」

【簡評】

　　詩人身處金谷遺跡，見到當年繁華已如雲煙散去，一切一切早已物是人非，感慨萬分。面對這月夜的流泉和千古的遺跡，不免為當年的繁華遺恨歎息，但這一切也只是徒勞無功罷了。在這無窮無盡的遺憾和歎息中，當年的繁華不再，詩人只有遺恨無窮。

美好的人生總是短暫的。不只是才子如此，佳人更多。此詩所詠綠珠的命運亦不例外。綠珠的短暫年華，令人無限惋惜與追懷，但綠珠生死不渝的感情，更令人神往。參見《金谷園》詩注、詩評。

行經廬山東林寺〔1〕

離魂斷續楚江壖〔2〕，葉墜初紅十月天。紫陌〔3〕事多難暫息，青山長在好閒眠〔4〕。方趨上國期干祿〔5〕，未得空堂學坐禪〔6〕。他歲若教如范蠡，也應須入五湖〔7〕煙。

【注釋】

〔1〕此詩又見《全唐詩》卷五三六《許渾集》。《全唐詩重出誤收考》謂「據詩中『紫陌事多難暫息，青山長在好閒眠』及『方趨上國期干祿』等，似長年奔波江湖及上京，以求干祿，此非杜牧語，疑為許渾作」。東林寺：位於長江南岸，江西省廬山西北麓，南面正對廬山香爐、天地諸峰，北倚分水嶺及上方塔，西北有香谷，東南有烏龍潭，地勢雄偉。寺前明堂開闊，香爐峰呈趨拜之勢，千年紫煙不斷，虎溪具眷戀之情，萬載常流。東林寺建成於東晉太元十一年（386年），為中國佛教淨土宗（又稱蓮宗）發祥地，也被日本佛教淨土宗和淨土真宗視為祖庭。東林寺為南方佛教中心，隋朝以後為全國佛教八大道場之一；在唐時達到極盛，有殿、廂、塔、室共三百一十餘間。

〔2〕楚江壖：猶楚江邊。壖（ruán）：河邊的空地。

〔3〕紫陌：指帝都的道路。詳見《長安雜題長句六首》詩注〔8〕。

〔4〕閒眠：悠閒地睡眠、休憩。

〔5〕上國：國都，京城；指長安。干祿：求官；求祿位。《論語·為政》：「子張學干祿。子曰：多聞闕疑，慎言其餘，則寡尤；多見闕殆，慎行其餘，則寡悔。言寡尤，行寡悔，祿在其中矣。」

〔6〕坐禪：靜坐參禪，佛教徒修行的功課。每天在一定時間靜坐，排除一切雜念，使心神恬靜自在。自達摩東來，此法遂盛行於中國。《晉書·姚興載記上》：「起浮圖於永貴里，立波若臺於中宮，沙門坐禪者恒有千數。」唐白居易《罷藥》：「自學坐禪休服藥，從他時復病沉沉。」

〔7〕范蠡、五湖：詳見《題宣州開元寺水閣》詩注〔6〕。

【簡評】

佛教傳入中國後，經過逐漸演進，成為中國文化的主流。佛法之所以深受

文人的青睞？究其原因，主要是因為文人對人生的體驗較常人為切，對境遇的感悟較常人為深，而佛法的微妙教理，如因緣果報、無常苦空、三世輪迴等思想，闡明了宇宙人生的實相，正可以解開他們對人生的迷惑，滿足他們追求真理的饑渴，並且開闊了他們的思想領域與創作空間。不過，佛法在更多的時候卻成為文人附庸風雅的手段。其中一個重要表現就是，許多文人的作品是以寺院為創作背景、創作題材，但字裏行間表現出的卻仍是對五欲六塵的貪戀不捨。

在這落葉繽紛的十月天，隨著長江的千回百轉，游子惆悵的心緒也是時斷時續。在京城這些年，事務繁多，難得休息；這一路南下，有青山相伴，倒是好好睡了幾覺。不能居廟堂之高，有功於家國，卻被迫以幕僚之身，居江湖之遠。這種抑鬱之志不得抒發，如今卻落得想找間靜室修習禪法也難了，轉而對偎紅倚翠的境界充滿了嚮往。故而，范蠡那種大貴、大富、大豔福的人生歷程就成了詩人最羨慕的人生境界。

全詩語言清新俊爽，意境恬淡高遠，表達了詩人對國事的憂慮，對仕途的厭倦和追慕范蠡功成身退的情懷。

途中逢故人，話西山讀書，早曾遊覽〔1〕

西岩曾到讀書堂，穿竹行莎〔2〕十里強。湖上夢餘波灩灩〔3〕，嶺頭愁斷路茫茫〔4〕。經過事寄煙霞〔5〕遠，名利塵隨日月長。莫道少年頭不白，君看潘岳〔6〕幾莖霜。

【注釋】

〔1〕此詩又見《全唐詩》卷五三六《許渾集》。吳在慶《杜牧集繫年校注》云：此詩非杜牧作。詳見《西山草堂》詩注〔1〕

〔2〕莎（suō）：草名。

〔3〕灩灩：水浮動貌。唐張籍《朱鷺》：「避人引子入深塹，動處水紋開灩灩。」

〔4〕茫茫：遼闊曠遠的樣子。《詩‧商頌‧玄鳥》：「天命玄鳥，降而生商，宅殷土茫茫。」

〔5〕經過：經歷；過程。煙霞：指山水勝境。參見《題白蘋洲》詩注〔8〕。

〔6〕潘岳：晉代人，字安仁。其《秋興賦》云：「斑鬢彯以承弁兮，素髮颯以垂領。」後代以潘鬢為中年鬢髮初白的代詞。

【簡評】

路逢故人，回憶舊遊，往事歷歷在目，景致美好。經過長期磨煉已對名利

淡漠，只有徜徉於山水勝境之間。尾聯既是慨歎，又是自解答案，此時全已看開了。語調輕鬆，一貫到底。

將赴京題陵陽王氏水居〔1〕

簾卷平蕪接遠天，暫寬行役到樽前〔2〕。是非境裏有閒日，榮辱塵中無了年〔3〕。山簇暮雲千野雨，江分秋水九條煙〔4〕。馬蹄不道貪西去，爭向一聲高樹蟬〔5〕。

【注釋】

〔1〕此詩又見《全唐詩》卷五三六《許渾集》。《全唐詩重出誤收考》謂「陵陽，漢屬丹陽郡，唐時在涇縣，有陵陽山，緊鄰當塗縣，許渾曾在當塗任縣令，疑此詩為許渾作。許集尚有《陵陽春日寄汝洛舊遊》」。參見《池州送孟遲先輩》詩注〔2〕。水居：水邊樓臺。

〔2〕「簾卷」二句：意謂窗簾捲起，平望荒蕪雜草連接遠處天空；暫時放寬旅行的勞役來到酒樽前一坐。平蕪：綠草繁茂的平曠原野。

〔3〕「是非」二句：意謂紛紛擾擾的日子裏難得有幾天休閒的日子，在社會行走伴隨榮辱那是人生的必然，沒有年限的。

〔4〕「山簇」二句：意謂山籠暮雲千里原野將下雨，江水連接秋河如九條龍煙霧。籠：覆被、籠罩之意。九條煙：此指眾多的江水支流。古稱長江有九派。

〔5〕「馬蹄」二句：意謂連馬蹄都不說貪求西北長安而離去，我怎麼面向叫了一聲催我快快起程的高樹秋蟬呢？不道：不言；不顧。爭向：怎奈，奈何。

【簡評】

此詩表達了詩人在為官回京途中即思鄉又路途艱險、還要面對朝廷群奸小人的擺佈的矛盾心情。

送　別〔1〕

溪邊楊柳色參差〔2〕，攀折年年〔3〕贈別離。一片風帆〔4〕望已極，三湘煙水〔5〕返何時？多遠去棹將愁遠，猶倚危亭〔6〕欲下遲。莫殢酒杯〔7〕閒過日，碧雲深處是佳期〔8〕。

【注釋】

〔1〕此詩又見《全唐詩》卷五三六《許渾集》。《全唐詩重出誤收考》謂「存疑待考」。

吳在慶《杜牧集繫年校注》云：此詩云「一片風帆望已極，三湘煙水返何時？」
作者當與「三湘」關係密切者，故有「返何時」之歎。此與杜牧事蹟不合，恐
非杜牧之作。

〔2〕楊柳：柳枝。柳與留諧音。古人有折柳送別的習俗，取其依依惜別之意。參見
《柳長句》詩注〔7〕。參差：顏色不一。

〔3〕攀折：折取。南朝梁簡文帝《折楊柳》：「楊柳亂成絲，攀折上春時……曲中無
別意，並為久相思。」唐孟浩然《早梅》：「少婦爭攀折，將歸插鏡臺。」年年：
每年。元陸仁《題金陵》：「忘情只有龍河柳，煙雨年年換舊條。」

〔4〕風帆：船帆。指張帆乘風而行的船。唐韓愈《岳陽樓別竇司直》：「嚴程迫風帆，
劈箭入高浪。」極：盡頭。

〔5〕三湘：泛指湘江流域及洞庭湖地區。唐李白《江夏使君叔席上贈史郎中》：「昔
放三湘去，今還萬死餘。」詳見《別懷》詩注〔4〕。煙水：霧靄迷蒙的水面。
唐孟浩然《送袁十嶺南尋弟》：「蒼梧白雲遠，煙水洞庭深。」何時：什麼時候。

〔6〕危亭：居於高處之亭。唐白居易《春日題乾元寺上方最高峰亭》：「危亭絕頂四
無鄰，見盡三千世界春。」

〔7〕殢酒杯：沉溺於酒。殢（tì）：滯留、糾纏、困於。

〔8〕「碧雲」句：南朝江淹《休上人怨別詩》：「日暮碧雲合，佳人殊未來。」此用其
語意。

【簡評】

詩中的春景美麗又淒迷，作者通過「溪邊折柳送別」「江邊目送風帆」「倚
樓不忍離去」和「期望佳期相聚」這幾幅畫面，將送別的場面和離別的心理，
形象生動地層層顯現出來，一聯一個畫面，既是離別的時間變化，更是情感的
纏綿悱惻。前兩聯為實寫，後兩聯為想像、虛寫，期盼團聚，虛實結合間蘊含
濃濃的深情厚誼，感人肺腑。

首聯點明離別的地點，表現了對每年離別的無奈和痛苦。運用了睹物起
興的手法，抒發離情別緒。頷聯體現了對親人離別的痛苦，對再次相見的遙
遙無期感到無限的悲涼。「一片」與「三湘」對仗，「風帆」和「煙水」都喻
指自己的親人。「望」字體現了盼望家人歸來的急切心情。頸聯寫雖然想把愁
忘掉，但想到自己的親人卻無法將離別相思之愁忘掉。「危亭」即「長亭」，
是一個抒寫離情別緒的意象。如李白《菩薩蠻》：「何處是歸程，長亭更短亭。」
宋柳永《雨霖鈴》：「寒蟬淒切，對長亭晚。」尾聯寫在極度苦悶的日子裏，

只有借酒消愁。「碧雲」句體現了對離別後的重逢的期待、嚮往，「深」則表現了漫長的等待。「佳期」是與親人團聚的無限美好。以酒抒寫別離之情，使詩中飄散著濃濃的酒香，酒裏充盈著親情、友情。

寄　遠〔1〕

　　兩葉愁眉愁不開，獨含惆悵上層臺〔2〕。碧雲空斷雁行處，紅葉〔3〕已凋人未來。塞外音書無消息〔4〕，道傍車馬起塵埃。功名待寄凌煙閣〔5〕，力盡遼城〔6〕不肯回。

【注釋】

〔1〕此詩又見《全唐詩》卷五三六《許渾集》。《全唐詩重出誤收考》謂「存疑待考」。

〔2〕惆悵：因失意或失望而傷感、懊惱。《楚辭·九辯》：「廓落兮，羈旅而無友生；惆悵兮，而私自憐。」唐韋瓘《周秦行紀》：「共道人間惆悵事，不知今夕是何年。」層臺：重臺；高臺；可供眺望。《楚辭·招魂》：「層臺累榭，臨高山些。」王逸注：「層、累，皆重也。」北魏酈道元《水經注·河水五》：「東門側有層臺，秀出雲表。」詩歌中多以九層形容其高。《老子》：「九層之臺，起於累土。」唐趙嘏《回於道中寄舒州李玨相公》：「靜語乍臨清廟瑟，披風如在九層臺。」

〔3〕紅葉：秋天，楓、槭、黃櫨等樹的葉子都變成紅色，統稱紅葉。唐韓愈《遊青龍寺贈崔大補闕》：「友生招我佛寺行，正值萬株紅葉滿。」杜牧《朱坡》：「倚川紅葉嶺，連寺綠楊堤。」

〔4〕消息：音訊，信息。

〔5〕凌煙閣：封建王朝為表彰功臣而建築的高閣，繪有功臣圖像。南北朝庾信《周柱國大將軍紇干弘神道碑》：「天子畫凌煙之閣，言念舊臣；出平樂之宮，實思賢傅。」唐太宗貞觀十七年、代宗廣德元年都有繪畫功臣圖像於凌煙閣的事。見《舊唐書·太宗本紀》《代宗紀》《大唐新語·褒錫》。後以凌煙閣稱功臣閣。圖上凌煙閣為功業不朽之稱。凌煙閣與漢代的麒麟閣、雲臺齊名。凌煙閣成了文人士大夫建功立業、光宗耀祖、名垂青史的象徵。在當時有二十四節氣佐天的說法，故安排二十四人進入凌煙閣，取一年四季全天候為皇帝服務之意。參見宋程大昌《雍錄》卷四、宋錢易《南部新書》。凌煙閣名，後世都以為始於唐太宗，「凌煙」之名，實則劉宋時代已有，唐實承之；南朝宋鮑照有《凌煙樓銘》，見《鮑參軍集注》卷二。

〔6〕遼城：此泛指東北邊塞的城邑。唐金昌緒《春怨》：「打起黃鶯兒，莫教枝上

啼。啼時驚妾夢，不得到遼西。」

【簡評】

此詩為征婦怨詩。在閨怨詩中，描寫征婦思親念遠的詩歌，是數量最多，也是最為深刻感人的，明人唐汝詢說：「唐人閨怨，大抵皆征婦之辭也。」（《唐詩解》）它們大多從征婦的心理感受出發，抒寫她們的離愁別恨和對夫妻團圓生活的嚮往，描繪了一批情真意切的深情女性形象。

此詩先寫思婦愁眉不展、獨上層臺；望碧空大雁行處，時隔日久紅葉衰敗、不見人來；再寫「一行書信千行淚」，終無音訊；唯車馬塵埃、預示戰爭頻繁與殘酷。將盼夫早歸的情態、思婦的愁緒、愁因緣起，以形象的畫面展現出來。最後以期待圖畫凌煙閣作結，曲折婉轉而纏綿幽怨；透出了高昂的情調，詩意為之一新。

唐太宗賦予了凌煙閣異乎尋常的政治功能和象徵意義，凌煙閣的政治地位陡然提升，肖像進入凌煙閣，成為光宗耀祖、功成名就、名垂青史的象徵與標準。所以唐代奔赴充滿危險的邊疆去建功立業的文人士大夫絕非個別。但同時，凌煙閣也成了那些建功立業的唐代士人及其妻子心中五味雜陳、百感交集的象徵物和心靈之痛的代名詞。此詩正是這種心態的折射。

詩為思婦代言，寄託了對遠方親人的思念。寫來曲折盡致，一往情深。其曲折之處表現為層次遞進的分明，有思婦的情態，有遠望之景，有音書之情，有道傍近景，最後是細膩的內心活動。全詩情景交融，委婉動人，模寫栩栩如生，心態刻畫逼真細膩。

新　柳〔1〕

無力搖風曉色新，細腰爭妒〔2〕看來頻。綠蔭未覆〔3〕長堤水，金穗先迎上苑〔4〕春。幾處傷心懷遠路，一枝和雨送行塵〔5〕。東門門外〔6〕多離別，愁殺朝朝暮暮人。

【注釋】

〔1〕此詩又見《全唐詩》卷五三六《許渾集》。《全唐詩重出誤收考》謂「存疑待考」。柳，常有折柳送別的意思，用來表現離別之情。參見《柳長句》詩注〔7〕。

〔2〕「細腰」句：謂柔嫩的柳枝在風中搖曳，恰似少女在攀比爭寵。細腰，纖細的腰身；此指柳枝。妒：嫉妒；妒至極而攀比，擬人化寫法。

〔3〕覆：遮蔽；覆蓋。

〔4〕金穗：喻指柳絲。唐溫庭筠《題柳》：「楊柳千條拂面絲，綠煙金穗不勝吹。」

　　　上苑：供帝王遊玩、打獵的園林。南朝梁徐君倩《落日看還》：「妖姬競早春，

　　　上苑逐名辰。」《新唐書・蘇良嗣傳》：「帝遣宦者採怪竹江南，將蒔上苑。」

〔5〕行塵：行走時揚起的塵埃，用以形容遠行者。

〔6〕東門門外：指長安東面，附近有灞橋，為京城送別之地，且多折柳贈別。

【簡評】

　　這是一首借詠物而抒發離別之愁的詩。詩由物感懷，借助柳這一意象及折柳送別的傳統，以含蓄憂傷而又不乏清新流暢的語言，表達深深的離別之愁。

　　首聯的「無力」「細腰」寫出了柳條的柔嫩，而柔弱一般都是新生柳條的姿態，正呼應了標題「新柳」。「細腰」本指女子體形纖細，這裡則用來表現柳條的纖細柔弱。「綠蔭」句寫柳條的綠蔭還沒有覆蓋到長堤邊的水面，略顯稀疏的柳條，亦呼應了標題「新柳」。前四句從側面寫柳條，點明了詩作的背景是春天。而「細腰」「金穗」兩句寫出了春天的生機勃勃，春意盎然。「迎」字採用擬人手法，語言更加生動形象。用春天的美好反襯出離別的痛苦，讓讀者能感受到更深的愁苦。前四句詩為下文抒情做了鋪墊。

　　第五、六句寫人們在雨中懷著憂傷的感情別離，去向遠方。「送」以擬人手法寫柳條伴著細雨為遠行的人送行。細雨和柳條這兩個意象交匯在一起，既有一種深深的依依不捨的感情，又烘托出了一種淡淡的憂傷氣氛。寓情於景，情景交融。用環境的憂傷襯托人們離別時的憂傷，使感情更加強烈，給讀者更深的感受。「東門」二句，寫別離是很多人都要經歷的無奈的事，而因為別離帶來的思念之情也使許許多多的人們感到憂愁、寂寞。離別使人沉浸在思念故人的痛苦、憂愁之中無法自拔。「愁殺」寫出了憂愁的程度之深，離別的愁苦無法排遣。

旅懷作〔1〕

　　促促因吟畫短詩〔2〕，朝驚穠〔3〕色暮空枝。無情春色不長久，有限年光多盛衰。往事只應〔4〕隨夢裏，勞生何處〔5〕是閒時？眼前擾擾日一日〔6〕，暗送白頭人不知。

【注釋】

〔1〕此詩又見《全唐詩》卷五三六《許渾集》。《全唐詩重出誤收考》謂「存疑待考」。

〔2〕促促：短促，匆匆。畫短詩：指《古詩十九首》中的「生年不滿百，常懷千歲

憂。晝短苦夜長，何不秉燭遊」詩。

〔3〕穠（nóng）：穠豔，豐滿；花木繁盛的樣子。

〔4〕只應：只有。

〔5〕勞生：指辛苦勞累的生活。參見《別懷》詩注〔3〕。何處：猶言何時，什麼時候。唐人習用語，與表示「何地」義有別。唐王維《愚公穀》：「寄言塵世客，何處欲歸臨。」

〔6〕擾擾：形容紛亂、煩亂的樣子。《國語·晉語六》：「唯有諸侯，故擾擾焉。凡諸侯，難之本也。」唐武元衡《南徐別業早春有懷》：「生涯擾擾竟何成，自愛深居隱姓名。」日一日：日復一日。

【簡評】

　　這是一首在作者遊玩時即興所作抒發情感的詩。因是遊玩途中所寫，含有情景交融、寓情於景的手法。在描寫景色的同時貫穿了詩人的情感，句句含情，使得感情更加豐富。

　　首句，寫出有些匆忙，突出詩為即興創作，情到此時，有感而發。第二句運用寓情於景手法，形象地描繪出了一種時過境遷的感覺，有一絲惋惜之情。作者以樹枝自喻，寫出昔日輝煌如今卻無處施展的難過與痛苦。第三句運用對比手法，以春色之無情襯托了人之有情。「不長久」寫期盼美好的春色可以更長久一些，情更久。第四句是典型的抒情語，表達出作者對生命有限的感慨。「多盛衰」，結合生活經歷，表明沒有人會一帆風順，總會有許多的坎坷和不如意的事。

　　第五句表現了作者對過去的懷念，以及如今一去不復返的無奈之情。第六句有些抱怨的語氣，有些對現實生活的不滿，也從側面表現出對美好生活的嚮往，對那種悠閒自在的生活到來的期盼。第七句呼應上句，現在乏味、煩躁的日子，希望快些過去。「日一日」表達出度日如年的痛苦和對世態炎涼的無奈。最後一句表達對那些流失的時光的惋惜；並不喜愛現在這種生活，想要回到過去，卻已無法實現。

　　全詩的感情基調有一絲哀怨，感慨時間飛逝，好景不長，寄託詩人濃鬱的情感。運用多種修辭手法，將其所要表現的感情，更加形象化。

雁〔1〕

　　萬里銜蘆〔2〕別故鄉，雲飛雨宿向瀟湘〔3〕。數聲孤枕堪垂淚〔4〕，幾處高

樓欲斷腸〔5〕。度日翩翩〔6〕斜避影，臨風一一〔7〕直成行。年年辛苦來衡嶽〔8〕，羽翼摧殘隴塞〔9〕霜。

【注釋】

〔1〕此詩又見《全唐詩》卷五三六《許渾集》。《全唐詩重出誤收考》謂「存疑待考」。

〔2〕萬里：表示距離之遠，範圍之廣；並非確切的距離、範圍表述。銜蘆：口含蘆草。雁用以自衛的一種本能。晉崔豹《古今注·鳥獸》：「雁，自河北渡江南，瘠瘦能高飛，不畏繒繳。江南沃饒，每至還河北，體肥不能高飛，恐為虞人所獲，嘗銜長蘆可數寸，以防繒繳焉。」繒繳即矰繳（zēngzhuó），獵取飛鳥的射具。繳為繫在短箭上的絲繩。《淮南子》卷十九《脩務訓》：「夫雁順風以愛氣力，銜蘆而翔，以備矰弋。」東漢高誘注：「銜蘆，所以令繳不得截其翼也。」矰弋，繫有絲繩用來射鳥的短箭。唐劉商《重陽日寄上饒李明府》：「重陽秋雁未銜蘆，始覺他鄉節候殊。」唐李賀《野歌》：「鴉翎羽箭山桑弓，仰天射落銜蘆鴻。」

〔3〕瀟湘：水名。詳見《早春寄岳州李使君，李善棋愛酒，情地閒雅》詩注〔5〕。

〔4〕垂淚：流淚。戰國宋玉《高唐賦》：「愁思無已，歎息垂淚。」唐孟浩然《登萬歲樓》：「天寒雁度堪垂淚，月落猿啼欲斷腸。」

〔5〕斷腸：形容極度思念或悲痛。三國魏曹丕《燕歌行》：「念君客遊思斷腸，慊慊思歸戀故鄉。」唐李白《清平調》：「一枝紅豔露凝香，雲雨巫山枉斷腸。」參見《池州春送前進士蒯希逸》詩注〔3〕。

〔6〕翩翩：行動輕疾貌。三國魏曹植《芙蓉池》：「逍遙芙蓉池，翩翩戲輕舟。」唐王昌齡《從軍行》：「虜騎獵長原，翩翩傍河去。」

〔7〕臨風：乘風，趁著風。一一：每一；全部。

〔8〕辛苦：辛勤勞苦。《左傳·昭公三十年》：「吳光新得國，而親其民，視民如子，辛苦同之，將用之也。」衡嶽：衡山，即五嶽之一的南嶽。在今湖南中部，雲蒸霞蔚，風景優美；俯瞰湘江，山勢雄偉。山有七十二峰，以祝融、芙蓉、紫蓋、石廩五峰為著。湖南衡陽舊城南有回雁峰，相傳雁至此不再南飛。晉左思《吳都賦》：「指衡嶽以鎮野，目龍川而帶坰。」

〔9〕羽翼：禽鳥的翼翅。《管子·霸形》：「寡人之有仲父也，猶飛鴻之有羽翼也。」摧殘：毀損，使殘敗。東漢張衡《西京賦》：「梗林為之靡拉，樸叢為之摧殘。」唐寒山《詩》之一九一：「昨見河邊樹，摧殘不可論。」隴塞：隴西邊塞地區，即今甘肅東南部一帶。此處泛指北方塞外。唐盧綸《太白西峰偶宿即事寄呈鳳

翔齊員外張侍御》：「白雲消散盡，隴塞儼然秋。」

【簡評】

　　這首詠物詩，為詩人身世漂泊居無定所而作。大雁既是詩人所詠的對象，也是詩人言志抒懷的載體。首聯喻自己似雁口含蘆草辭別了故鄉，宿水穿雲飛向萬里之外的瀟湘。頷聯喻行旅之孤苦，每每在孤枕難眠之夜，雁都會發出數聲哀鳴而垂淚；越過幾處高樓，卻難以棲身，不禁肝腸欲斷。頸聯喻詩人生活之艱難，如雁臨風的時候，要排成直直的一行，就這樣隱匿著形影，在翩翩斜飛中度過了一天又一天。尾聯喻自己居無定所，大雁年年辛勤勞苦地飛來衡嶽，因為羽翼都被隴塞之地的寒霜摧殘了呀。全詩運用了象徵、借代、比喻等手法，看似寫雁，實則寫己、寫人、寫時事。

惜　春〔1〕

　　花開又花落，時節暗中遷。無計延春日，何能駐少年〔2〕。小叢初散蝶，高柳即聞蟬。繁豔歸何處，滿山啼杜鵑〔3〕。

【注釋】

〔1〕此詩又見《全唐詩》卷五三二《許渾集》、《全唐詩》卷五五八《薛能集》。《全唐詩重出誤收考》謂「此詩之歸屬尚難斷定」。

〔2〕「花開」四句：意謂花開了又落下，時光飛逝，數不清的春天，誰能真正留住少年？

〔3〕「小叢」四句：意謂花叢裏的蝴蝶翩翩起舞，柳樹上傳來蟬叫聲，這些美景該歸於何處？滿山都是杜鵑的聲音。

【簡評】

　　詩人具有靈敏善感的心靈，會比常人更早地聽到春天的腳步，同時也更敏感地為春天的即將消逝而鬱鬱不樂。本詩的第一聯和第三聯直接感歎時間在不知不覺中飛逝，第二聯表達了自己無法留住美好年華的無奈，最後一聯用杜鵑的悲啼暗喻自己無奈的歎息。詩句表面是悲春傷秋，感歎時光流逝，實際上是表達了作者懷才不遇的無奈之情。詩人這種傷春的悵惘情感，夾雜著一種隱隱約約的對青春年華的虛度、壯志未酬的遺憾與憂傷。

　　「小叢」二句中「初」「即」兩個表示時間狀態的詞連用，起到連接遞進的作用，聯繫上文更加體現了時間如白駒過隙，轉瞬即逝；給人以一種緊迫感，起到了暗襯的效果。

鴛　鴦〔1〕

　　兩兩戲沙汀〔2〕，長疑畫不成。錦機爭織樣〔3〕，歌曲愛呼名。好育顧棲息〔4〕，堪憐泛淺清〔5〕。鳧鷗〔6〕皆爾類，惟羨獨含情〔7〕。

【注釋】

〔1〕此詩又見《全唐詩》卷五三二《許渾集》。《全唐詩重出誤收考》謂「存疑待考」。鴛鴦：水鳥名。詳見《春日言懷寄虢州李常侍十韻》詩注〔7〕。

〔2〕沙汀：水邊或水中的平沙地。南朝梁江淹《靈丘竹賦》：「鬱春華於石岸，䊸夏彩於沙汀。」

〔3〕「錦機」句：謂鴛鴦羽毛顏色絢麗。錦機：織錦的織機。唐吉師老《鴛鴦》：「渡頭驚起一雙去，飛上文君舊錦機。」

〔4〕棲息：止息；寄居。三國魏曹丕《鶯賦》：「託幽籠以棲息，屬清風而哀鳴。」唐韓愈《鳴雁行》：「天長地闊棲息稀，風霜酸苦稻粱微。」

〔5〕淺清：淺清之水。

〔6〕鳧鷗：野鴨和鷗鳥。鳧：水鳥，俗稱「野鴨」，似鴨，雄的頭部綠色，背部黑褐色，雌的全身黑褐色，常群遊湖泊中，能飛。鷗：水鳥名，善飛，能游水，常隨潮而翔，有海鷗、銀鷗、燕鷗等種類。

〔7〕含情：懷著感情；懷著深情。漢王粲《公讌詩》：「今日不極歡，含情慾待誰？」唐白居易《長恨歌》：「含情凝睇謝君王，一別音容兩渺茫。」

【簡評】

　　鴛鴦是一種美麗的鴨子，其中鴛指雄鳥，鴦指雌鳥，合稱為鴛鴦。它們色彩豔麗，姿態優美，經常出雙入對、形影不離。鴛鴦在水面上相親相愛，悠閒自得，風韻迷人。它們時而躍入水中，引頸擊水，追逐嬉戲；時而又爬上岸來，抖落身上的水珠，用桔紅色的嘴精心地梳理著華麗的羽毛。面對此情此景，勾起多少文人墨客的翩翩聯想。

　　這裡詩人發出由衷的感慨：鴛鴦常常雙雙地在沙汀邊嬉戲，我常常懷疑，即使是最好的畫師，恐怕也難以畫出那種美好的場景。人們總是爭相在織錦的織機上織出它們美好的模樣，也總是在歌曲中把它們的名字歌唱。人們喜歡看它們雙宿雙棲，更愛看它們在清淺的水中徜徉。鳧和鷗都屬於鴛鴦這一類，我真是羨慕它們那種執著的深情呀。

　　我國最早的詩集《詩經》，就有「鴛鴦于飛，畢之羅之」、「鴛鴦在梁，戢

其左翼」這樣的詩句。鴛鴦作為著名的觀賞鳥類，在古代漢族神話傳說和文學作品中，人們常用鴛鴦來象徵男女之間的愛情。中國古代，最早是把鴛鴦比作兄弟的。《文選》中有「昔為鴛和鴦，今為參與商」，「骨肉緣枝葉」等詩句，這是一首兄弟之間贈別的詩。晉人鄭豐有《答陸士龍詩》四首，第一首《鴛鴦》的序文說：「鴛鴦，美賢也，有賢者二人，雙飛東嶽。」這裡的鴛鴦是比喻陸機、陸遠兄弟的。

以鴛鴦比作夫妻，最早出自唐代詩人盧照鄰《長安古意》，詩中有「願做鴛鴦不羨仙」一句，讚美了美好的愛情，以後一些文人競相仿傚。晉崔豹《古今注》云：「鴛鴦、水鳥、鳧類，雌雄未嘗相離，人得其一，則一者相思死，故謂之匹鳥。」自古以來，在「鴛侶」「鴛盟」「鴛衾」「鴛鴦枕」「鴛鴦劍」等詞語中，都含有男女情愛的意思，「鴛鴦戲水」更是中國民間常見的年畫題材。歷代畫家也以鴛鴦為主題創作了許多經典的繪畫作品，寓意了一種寧靜祥和、幸福美滿的生活！

聞　雁〔1〕

帶霜南去雁，夜好宿汀沙〔2〕。驚起向何處？高飛極海涯〔3〕。入雲〔4〕聲漸遠，離嶽〔5〕路由〔6〕賒。歸夢當時斷，參差欲到家。

【注釋】

〔1〕此詩又見《全唐詩》卷五三二《許渾集》。《全唐詩重出誤收考》謂「此詩由南去之雁而夜夢家山，頓起鄉愁，當非杜牧作。許渾潤州人，與詩意合」。

〔2〕汀沙：即沙汀，沙洲。參見《鴛鴦》詩注〔2〕。

〔3〕高飛：高高飛翔。喻指遠遁。《詩·小雅·菀柳》：「有鳥高飛，亦傅于天。」海涯：海邊。宋蘇軾《寄高令》：「田園知有兒孫委，蚤晚扁舟到海涯。」

〔4〕入雲：進入雲層，極言其高。

〔5〕嶽：指衡山。

〔6〕由：許渾詩作「猶」，字通。

【簡評】

唐代詩人韋應物《聞雁》詩云：「故園渺何處，歸思方悠哉。淮南秋雨夜，高齋聞雁來。」一個聞字，說明詩人根本沒有看到鴻雁飛過，只是聽到鴻雁哀鳴，可是，這哀鳴聲聲早已牽動他對故鄉的思念。他的眼前雲霧茫茫，重山阻隔，但卻見不到故鄉，可是，路途遙遙重山阻隔，但卻阻擋不了他對

故鄉綿綿思念之情，他的歸鄉之情悠長。

　　上詩和韋應物詩同題，詩中不但聞雁，而且也看到大雁的高飛，甚至感受到大雁帶著風霜的翅膀。因為秋意涼，過了白露，草葉帶霜，鴻雁棲息在露天，翅膀凝聚風霜。於是，詩人的目光望著天上的鴻雁，似乎詢問它們將飛向何方？鴻雁高飛入雲端，聲音漸漸遠去；而他的歸鄉夢也被打斷。詩人從鴻雁的鳴叫聲聯想到故鄉，鴻雁勾起他對故鄉的思念。

卷　九

安賢寺〔1〕

　　謝家池〔2〕上安賢寺，面面松窗對水開。莫道閉門防俗客〔3〕，愛閒〔4〕能有幾人來。

【注釋】

〔1〕此詩收於《全唐詩補編‧全唐詩續拾》卷二十九。此詩約作於開成二年至三年間（837～838），杜牧為宣州幕吏時。安賢寺在宣州。謝家池旁的安賢寺，也是唐時勝景。安賢寺明代之後稱開化寺。寺廟環水，四面松窗，環境清幽。

〔2〕謝家池：在宣州，因南朝齊謝朓曾任宣城太守而得名。

〔3〕俗客：指塵世間人，與隱逸、出家之人或神仙相對。唐呂岩《山隱》：「松枯不老水縈回，個裏難教俗客來。」

〔4〕愛閒：宋龔頤正《芥隱筆記》：「多病愛閒，始見《南史‧王儉傳》。……杜牧之有『愛閒能有幾人來』。」又清宋長白《柳亭詩話》：「王僧佑為司空祭酒，嘗謝病不與公卿遊。高帝謂其從兄儉曰：『卿從可為朝隱。』儉對曰：『臣從非敢妄同高人，直是愛閒多病耳。』……杜紫微『愛閒能有幾人來』用其語，呂文靖《題天花寺絕句》又用紫微。」又，宋陸游《老學庵筆記》卷六：「會稽鏡湖之東，地名東關，有天花寺。呂文靖嘗題詩云：『賀家湖上天花寺，一一軒窗向水開。不用閉門防俗客，愛閒能有幾人來？』」

【簡評】

　　詩以通俗流暢的語言，描述了安賢寺清幽的環境；透露著高雅閒逸的情

調。清幽之景即美景，故安賢寺深為騷人、遊客所喜愛。據民國本《南陵縣志》記載：城北二里有開化寺，唐為安賢寺。「其寺水池圍繞，松蘿鬱茂，舊名謝家池」。此地東臨漳水，岸柳依依；亭臺映倒影，古刹響鐘聲，環境極為幽美。詩人李白晚年遭受政治上的沉重打擊之後，疾病纏身，為休養身體，在重返江東時就寓居在南陵城北安賢寺附近，並寫了《遊謝氏山亭》詩，描述了此地春光美景。

關於此詩歸屬，文壇上始終為一懸案。有研究者認為，作者當為北宋名臣呂夷簡。北宋孔延之《會稽掇英總集》卷九、呂希哲《呂氏雜記》卷下、江修復《江鄰幾雜志》（阮閱《詩話總龜》卷十五引），南宋陸游《老學庵筆記》卷六、呂祖謙《皇朝文鑒》卷二十七、嘉泰《會稽志》卷七，均明確指出這是呂夷簡的《天花寺》詩，只是字句略有不同。其中，呂希哲、呂祖謙均為呂夷簡後人，其言當可憑信。詩云：「賀家池上天花寺，一一軒窗向水開。不用閉門防俗客，愛閒能有幾人來。」賀家池，即紹興的鏡湖。天花寺，一稱天華寺、天華院，「周廣順三年建，號無礙浴院，至道二年十一月賜名天華院。」（乾隆《紹興府志》卷三十八）呂夷簡慶曆元年（1041）致仕後，「常慕東南山水佳勝，寓雁（蕩）山」（雍正《浙江通志》卷一九五），《天花寺》詩當作於此時。

郡樓晚眺感事懷古〔1〕

半晴高樹氣蔥蘢，靜卷疏簾漢水〔2〕東。雲薄細飛殘照雨，燕輕斜讓晚樓風。名存故國川波上〔3〕，事逐荒城草露中。欲學含珠何所用〔4〕，獨凝遙思入煙空。

【注釋】

〔1〕此詩杜牧各集與《全唐詩》等均未收。查屏球《新補全唐詩 102 首》（《文史》2003 年第 1 輯）錄入。郡：齊安郡，即黃州。作者曾被排擠出京擔任郡守，遠離故鄉樊川。杜牧另有《齊安郡晚秋》《郡齋秋夜即事寄斛斯處士許秀才》二詩，約作於同期。

〔2〕漢水：漢江。詳見《西江懷古》詩注〔2〕。

〔3〕川波：指杜牧故鄉樊川。參見《池州送孟遲先輩》詩注〔33〕。

〔4〕含珠：口中含珠。比喻為懷抱才能。宋梅堯臣《哀國子黃助教》：「儒者務欲博，誦說窮冬秋。衣裙未及解，含珠以見求。」何所：什麼。「所」亦「何」。

【簡評】

　　詩人有感於郡樓暮景，觸發自己的思鄉情緒。使用對比和虛實手法，以遙想中的樊川與眼前荒城對比，引發遠守僻郡的感慨；懷才不遇之情，自在其中。

清　明〔1〕

　　清明時節雨紛紛〔2〕，路上行人欲斷魂〔3〕。借問酒家〔4〕何處有，牧童遙指杏花村〔5〕。

【注釋】

〔1〕此詩見於南宋末謝枋得所編選《千家詩》，署名杜牧。然其是否杜牧之作，多有懷疑爭議，其真偽似尚未有定論。

〔2〕清明：農曆二十四節氣之一。舊稱為三月節，在陽曆的四月五日或六日。《淮南子・天文》：「春分後十五日，斗指乙為清明。」清明節舊有踏青掃墓的習俗。《月令七十二候集解》：「三月節，……物至此時，皆以潔齊而清明矣。」於是，稱這一節氣開始的一日為清明節。清明掃墓的習俗，據說起源於唐代。唐張繼《閶門即事》：「試上吳門窺郡郭，清明幾處有新煙。」時節：節令，節日。紛紛：連綿不斷的樣子；形容細雨濛濛。

〔3〕行人：行旅之人；離鄉旅行在外的人。斷魂：形容神色黯然、傷心落魄的樣子。斷，失掉。

〔4〕借問：請問；向人打聽。酒家：酒店，酒館。

〔5〕遙指：指向遠處。指，指向，向目標前進。杏花村：杏花深處的村莊。在今安徽省貴池縣城西。詩文中泛指賣酒處。《江南通志》載：「唐詩人杜牧任池州刺史時，有『清明時節雨紛紛』一詩，即指此。」唐白居易《遊趙村杏花》：「趙村紅杏每年開，十五年來看幾回。」國內以「杏花村」為名者頗多，並多以產酒聞名，往往是附會杜牧此詩而來。

【簡評】

　　清明節裏既有祭掃新墳生離死別的悲酸淚，又有踏青遊玩的歡笑聲，是一個富有特色的節日。此詩描寫清明時節的天氣特徵，抒發的則是孤身行路之人的落寞情緒和排解思念之苦以及旅程勞頓的情感。

　　第一句寫景。在清明節這個色彩情調都很濃鬱的節日裏，本該是家人團聚，或遊玩觀賞，或上墳掃墓；而今行人孤身趕路，觸景傷懷，心頭的滋味是

複雜的。偏偏又趕上細雨紛紛，春衫盡濕，這就平添了一層愁緒。第二句寫人。詩中的「行人」既有行走在路上的村民，也有像詩人這樣羈旅在外的游子。詩人行走在他鄉的路上，更有了遠離故土、思念親人的情感，心裏的傷痛會更加深厚和濃重。「斷魂」二字，烘托出彌漫著愁苦的情感。

　　第三句是一絕妙的轉折句。行人因清明和連綿細雨而煩惱，自然生出借酒澆愁的念頭，於是開始尋覓酒家。此句轉折妙在天衣無縫，因果相承，也為結尾做好鋪墊。第四句將全詩推向高潮，也是最為精妙緊要處；豐富了作品的形象。春天裏牧童的純真、質樸和孩子所特有的快樂，都會勾起讀者的想像；可愛的牧童，只看到詩人問酒家的急切表情，哪裏會領悟到「借酒澆愁愁更愁」的苦楚；或許看到牧童回答時純真的表情，詩人內心不被人瞭解的悲傷定會更進一層。「借問」二句描繪出一幅饒有興味的農村圖畫：濛濛細雨中，行人和牧童，一問一答，情趣橫生。用「借問」表達行人的懇切，用「遙指」寫出牧童的情態。語言清新明快，形象鮮明生動，意境含蓄優美，確實是名句佳章。

　　此詩通篇語言通俗、樸素，不事雕琢，極其自然，具有「清水出芙蓉，天然去雕飾」的韻味。音節和諧圓滿，景象清新、生動，而又境界優美、興味隱躍。詩的章法採用順序寫法，由低而高、逐步上升、最後達到高潮頂點，餘韻邈然，耐人尋味。正見詩人寫景筆力之妙。

　　詩中「杏花」意象從中唐以後逐步使用。杏花因春而發，春盡而逝，既有絢麗燦爛的無限風光，也有凋零空寂的悽楚悲愴，詩人們因不同的人生際遇，對杏花的聯想和感慨也千姿百態。唐詩中言及杏花也是為了指代偏村僻壤。唐司空圖《力疾山下吳村看杏花十九首》《村西杏花二首》《故鄉杏花》等共有24首題詠杏花詩，有22首均有具體地域所指。此外，唐吳融《途中見杏花》、唐王周《道中未開木杏花》雖不言村，也必在僻鄉之處。

殘　句 [1]

　　幽人聽達曙 [2]，聊罷蘇床琴。魚多知海熟，藥少覺山貧。土控吳兼越，州連歙 [3] 與池。山河地襟帶，軍鎮國藩維。綠水棹 [4] 雲月，洞庭 [5] 歸路長。春橋垂酒慢，夜柵集茶檣。箬 [6] 影沉溪暖，蘋花 [7] 繞郭香。經冬野菜青青色，未臘山梅樹樹花。半破前峰月。

【注釋】

〔1〕本詩寫於作者路經江南洞庭湖處。

〔2〕幽人：隱士。參見《醉眠》詩注〔3〕。曙：黎明。

〔3〕歙（xī）：通「翕」，收縮，斂息。

〔4〕棹：划船。

〔5〕洞庭：湖泊名。詳見《雲》詩注〔2〕。

〔6〕箬（ruò）：一種竹子。

〔7〕蘋花：一種水中浮草，生淺水中，夏秋開小白花。參見《題白蘋洲》詩注〔1〕。

【簡評】

　　這首詩沒有描繪具體的山川景物，而重在表現詩人暫時隱居山間時悠閒自得的心境。詩總體自然閒靜，詩人形象如同一位不食人間煙火的世外高人，他不問世事，視山間為樂土。不刻意探幽尋勝，而能隨時隨處領略到大自然的美好。

　　「幽人」二句，開篇交代背景，描繪出清新淡雅的意境。運用以動襯靜手法，以動態的景物、喧鬧的琴聲襯托環境的靜謐；運用以明襯暗的方法，用光亮的黎明來反襯環境的幽深。「土控吳兼越……蘋花繞郭香。」中間五聯細膩地描寫了山河風景秀麗，自然風景怡人，使讀者陶醉於景色之中。人獨坐在幽深鄉間彈琴長嘯，無人知曉他的存在，只有風、水、月、雲、魚等來相伴。大自然最瞭解他內心的孤獨，自然的清輝帶給他一種寂靜的快樂。物我合一而物我兩忘，禪意與詩情水乳交融。

　　「經冬」二句，「青青」「樹樹」，運用疊詞，使詩句朗朗上口，更有氣勢。形式上增添了語言的韻律美，內容上豐富了語言的涵義。體現了「野菜」經過冬天洗禮更加青翠欲滴，「山梅」由於臘月的包裝花朵更加絢麗多姿。「半破」句境界清朗淡遠，幽雅恬淡，風華流美而又神韻疏朗，氣勢豪宕而又精緻婉約。收束全詩，讓人回味無窮，感悟詩人寂寞似乎又重了……

　　全詩用色彩鮮明而飛動流走的語言，創造出情景交融的優美詩境，富於詩情畫意。詩人巧妙地借助景物色調的變化，反映出詩人情緒的微妙變化。筆下景物不僅具化工肖物之妙，又能以清新自然的語言傳田園之趣味、山水之精神，在山川風物中融入詩人的感情，即景會心，渾然天成。

九華山〔1〕

　　昔年幽賞快疏慵，每喜佳山在邑封。江上重來六七載，雲間略見兩三峰。凌空〔2〕瘦骨寒如削，照水清光〔3〕翠且重。卻憶謫仙〔4〕才格俊，解吟秀出

九芙蓉〔5〕。

【注釋】

〔1〕此詩開成三年（839）作，杜牧在宣州期間至池州登遊九華山。此詩收於《全唐詩補編・全唐詩續補遺》卷七。王輝斌《杜牧的登高詩及其藝術精神》云：「以杜牧始任池州任刺史的會昌四年（844）計，後推『江上重來六七載』所言之七個年頭，為唐文宗開成三年（839）。……此詩非為偽詩。」（《唐都學刊》2009年9月第25卷5期）九華山：在今安徽青陽。詳見《宣州送裴坦判官往舒州，時牧欲赴官歸京》詩注〔4〕。吳在慶先生謂此詩又見於嘉靖《池州府志》卷八，僅錄後四句。又云杜牧僅在會昌四年九月至六年九月在池州任刺史，此外別無到池州之跡，亦無遊九華山之作。而據此詩前四句，顯為詩人重遊九華山之作，所謂「昔年」乃距重遊時六七年，而這一情況，顯然與杜牧生平不合。因疑此詩非杜牧作。不失為一家之言，存此備考。

〔2〕凌空：迫近天空。

〔3〕清光：清亮的光輝。唐詩中隨所指而異；多指陽光、月光，也指金石之光、雪光等。此詩指水面倒映之景。

〔4〕卻憶：回憶；追憶。謫仙：指李白。唐孟棨《本詩事・高逸》載，李白初至京師，賀知章讀其《蜀道難》詩，詩未竟而稱歎者四，號之為謫仙。唐韓愈《石鼓歌》：「少陵無人謫仙死，才薄將奈石鼓何。」

〔5〕九芙蓉：唐李白《望九華贈青陽韋仲堪》：「昔在九江上，遙望九華峰。天河掛綠水，秀出九芙蓉。」

【簡評】

九華山，古稱九子山、陵陽山，共有九十九峰，其中以天台、天柱、十王、蓮花、羅漢、獨秀、芙蓉九峰最為雄偉，每一主峰又有九峰環持。李白因著這九峰形狀如同九朵蓮花，於是改名「九華山」。李白詩句「天河掛綠水，秀出九芙蓉」（《望九華贈青陽韋仲堪》）一句尤其絕妙，被後世看作是九華山絕唱。

唐代以前，九華山因為位置偏遠，少有人知。因著李白的改名以及才華洋溢的詩文，九華山才被後世的文人墨客所矚目。中唐詩人劉禹錫的傑作《九華山歌》寫得氣勢雄渾、驚心動魄。九華山那奇秀的風姿，終被世人得知。在歷經唐、宋、元等朝代興衰更迭後，九華山終於在明、清兩代達到鼎盛。

杜牧任池州刺史期間，常於池州城的「九華門」「九華樓」遠眺九華山色，

或登山遊覽，九華的陵陽、南陽灣、黃石溪、五溪等都留有他的足跡。他的《郡樓望九華》，將九華的秀麗風光與李白詩句的清新風格融為一體。此外還寫有《九華山》《登池州九峰樓寄張祜》等詩篇。

貴池亭〔1〕

　　倚雲軒檻〔2〕夏疑秋，下視西江一帶〔3〕流。鳥簇晴沙〔4〕殘照墮，風回極浦片帆〔5〕收。驚濤隱隱遙天際，遠樹微微古岸〔6〕頭。只此登攀心便足，何須個個到瀛洲〔7〕。

【注釋】

〔1〕此詩收於《全唐詩補編·全唐詩續拾》卷二十九。貴池亭：一名望江亭。在安徽池口黃龍山。池口，舊有亭臺，可以登眺大江洶湧的壯麗圖景。參見《題池州貴池亭》詩。

〔2〕倚雲：靠近雲彩，形容極高。軒檻（xuān jiàn）：指欄板。《漢書·史丹傳》：「或置鼙鼓殿下，天子自臨軒檻上，隤銅丸以擿鼓，聲中嚴鼓之節。」漢王粲《登樓賦》：「憑軒檻以遙望兮，向北風而開襟。」李善注：「軒檻，殿上欄軒上板也。」唐孟浩然《和宋大史北樓新亭》：「麗譙非改作，軒檻是新圖。遠水自嶓冢，長雲吞具區。」

〔3〕西江：詳見《西江懷古》詩注〔1〕。一帶：一條帶子。詩歌中多用以比喻山脈、水流等。唐李白《菩薩蠻》：「平林漠漠煙如織，寒山一帶傷心碧。」

〔4〕簇：聚集，結集。晴沙：陽光照耀下的沙灘。唐杜甫《曲江陪鄭南史飲》：「雀啄江頭黃花柳，鵁鶄鸂鶒滿晴沙。」唐錢起《同嚴逸人東溪泛舟》：「寒花古岸旁，喚鶴晴沙上。」

〔5〕片帆：孤帆。唐張繼《重經巴丘》：「今日片帆城下去，秋風回首淚闌干。」參見《新定途中》詩注〔3〕。

〔6〕古岸：古老的堤岸。唐張祜《晚夏歸別業》：「古岸扁舟晚，荒園一徑微。」

〔7〕瀛洲：傳說中的東海仙山之一。喻指仙境。《史記·秦始皇本紀》：「齊人徐市等上書，言海中有三神山，名曰蓬萊、方丈、瀛洲，仙人居之。」唐李白《夢遊天姥吟留別》：「海客談瀛洲，煙濤微芒信難求。」

【簡評】

　　詩人登池口黃龍山貴池亭，眺望大江洶湧的壯麗圖景，納眾流蜿蜒而來，碧水清流，宛若瀟湘，令人心曠神怡。

　　將亭下的江流，空中的鳥群、殘陽，風中的船帆，天邊的驚濤，遙遠的
古岸與岸邊的樹木，融匯為一幅令人不無「夏疑秋」之感的水墨畫，尾聯似
乎透漏出一種自足感、自慰感。其實，詩人並不滿足於、甘心於作刺史於僻
左，希望在更廣闊的天地、更高的職位上濟世安民，平滅禍亂，重圓金甌，
解除民患，重現大唐盛世，「只此登攀心便足，何須個個到瀛洲」實為無奈中
的激憤之語。

暮春因遊明月峽故留題〔1〕

　　從前聞說真仙景，今日追遊始有因。滿眼山川流水在，古來靈跡〔2〕必通
神。

【注釋】

〔1〕此詩大中五年（851）三月杜牧在湖州刺史任上所作。收錄於《全唐詩補編·
　　全唐詩續拾》卷二十九。按宋代王得臣《麈史》卷中《書畫》記云：「武功蘇
　　泌進之，子美子也，任湖北運判，按行至鄂，予時守郡，蘇出其曾王父國老所
　　收杜牧之村舍門扉之墨蹟，隱然突起，良可怪也。其所書曰：『暮春因遊明月
　　峽，故留題。前雪虬史杜牧。從前聞說真仙景，今日追遊始有因。滿眼山川流
　　水在，古來靈跡必通神。』國老云：『杜罷牧吳興，遊長興之明月峽，留字於
　　村居門扉，至今二百年。予壬子歲宰烏程聞此說，託陳驤往彼得之。字體遒
　　媚，隱出木間，真希世之墨寶也。』」又繆鉞《杜牧年譜》大中五年云：「據
　　《讀史方輿紀要》卷九十一，浙江湖州府長興縣顧渚山，『傍又有二山相對，
　　號明月峽，絕壁峭立，大澗中流，產茶絕佳』。故杜牧遊明月峽，蓋在本年春
　　來顧渚山督採茶時。」

〔2〕古來：自古以來。唐李白《將進酒》：「古來聖賢皆寂寞，唯有飲者留其名。」
　　靈跡：神靈的遺跡；聖賢的事蹟。唐李白《古風》之四三：「靈跡成蔓草，徒悲
　　千載魂。」

【簡評】

　　湖州屬縣長興西北四十多里有顧渚山，產茶極佳，名紫筍茶。德宗貞元
以後，每年要將顧渚出產的茶進貢於皇帝。採茶時，湖州刺史要親自監督。
杜牧來到顧渚山，曾到山旁的明月峽遊玩，在村舍門扉上題的一首詩。宋朝
蘇舜欽（子美）的祖父作烏程縣令時，聽說杜牧有此題字，託人取來，奉為
傳家之寶，一直到他的曾孫蘇泌，仍然保存，曾拿出給王得臣看，字體遒媚，

隱出木間，是希世的墨寶。

　　顧渚貢茶院遺址及摩崖位於浙江省長興縣西北的水口鄉顧渚山，顧渚山又名顧山、茶山，以在唐代中期貢品紫筍茶而聞名於世。這裡三面峻嶺，東眺太湖，林茂竹秀，紫茶遍野，金泉潺湲，蒼翠欲滴，雲霧繚繞，景色宜人。而貢茶院附近的摩崖石刻至今尚存的共有三組九處，大部分都和唐代貢茶有關。其中湖州刺史杜牧題名石刻用楷體書寫，但大部分字跡漫漶，難以辨識，約八行，共 59 字。章法較為工整，行列疏散俊逸。字體紮實穩健、渾樸、沉厚、酣暢，給人一種古雅蒼茫之氣象。

　　詩人暢遊明月峽，深感茶緣有加，法喜禪悅。見山是山，見水是水，心底靈跡，無跡可尋。惟心入禪定，人若如茶樹般在園中安於本心，守住本分，念慮皆忘，寂用無心，慧心明徹，平生聞說的「真仙境」便由心底升起，不被心外之「神」糾纏，佛陀便可助你抵達「滿眼山川流水在」的彼岸。「始有因」，乃得個中妙趣，也是詩人內心的「真仙境」（心內真佛）。此次前來長興茶山一遊，茶清、心清、人清、神清，也就有了「古來靈跡必通神」的感觸。

玉　泉〔1〕

　　山股遙飛泉〔2〕，泓澄〔3〕傍岩石。亂垂寒玉條〔4〕，碎灑珍珠滴〔5〕。澄波涵萬象〔6〕，明鏡〔7〕瀉天色。有時乘月〔8〕來，賞跡還自適。

【注釋】

〔1〕此詩收於《全唐詩補編・全唐詩續拾》卷二十九。吳在慶《杜牧集繫年校注》云：慶陽府乃北宋宣和七年（1125）改慶州置，治所在安化縣（今甘肅慶陽縣）。轄境相當今甘肅西峰、慶陽、合水以北，環縣以東，陝西志丹以西，定邊以南地區。杜牧行蹤未見到此，詩疑非杜牧所作。此詩有稱為唐代高適《滴水崖》。

〔2〕飛泉：噴泉。《後漢書・耿恭傳》：「聞昔貳師將軍拔佩刀刺山，飛泉湧出。」《南史・何胤傳》：「胤以若邪勢處迫隘，不容學徒，乃遷秦望山，山有飛泉，乃起學舍。」

〔3〕泓澄：指清澈的水。宋王禹偁《與方演寺丞覓盆池》：「涵星冰月無池沼，請致泓澄數斛盆。」

〔4〕亂：好像；相似。寒玉：玉石。玉質清涼，故稱。唐白居易《苦熱中寄舒員外》：「藤床鋪晚雪，角枕截寒玉。」

〔5〕「碎灑」句：謂泉水飛濺如珍寶珠玉般散落。碎：散也，細破也。灑（xiǎn）：

水深曰灕。《爾雅・釋丘》：「望厓灕而高，岸；夷上灑下，（不）漘。」珍珠：
珍寶珠玉。《戰國策・秦策五》：「君之府藏珍珠寶石。」唐李咸用《富貴曲》：
「珍珠索得龍宮貧，膏腴刮下蒼生背。」滴：涓滴，水點。

〔6〕澄波：清波。南朝宋鮑照《河清頌》：「澄波萬壑，潔瀾千里。」涵：包容。
萬象：世間一切事物或景象。南朝宋謝靈運《從遊京口北固應詔》：「皇心美
陽澤，萬象咸光昭。」

〔7〕明鏡：比況之辭。喻水之清澈。唐李白《秋浦歌》：「不知明鏡裏，何處得秋
霜。」喻指秋浦的玉鏡潭。

〔8〕有時：有時候。表示時間或不定。《周禮・考工記・序》：「天有時以生，有時以
殺；草木有時以生，有時以死。」唐張喬《滕王閣》：「疊浪有時有，閒雲無日
無。」乘月：趁著月光（出遊）。唐張若虛《春江花月夜》：「不知乘月幾人歸，
落月搖情滿江樹。」

【簡評】

這是一首描寫瀑布的詩。山崖中間水流從石縫裏汨汨湧流，崖面滲水滴水
成珠，靈動鮮活，與崖下石板相撞相激，水花飛揚，跳珠濺玉，潔白如練。陽
光映照水面，光華璀璨，飛紅濺綠，景致非凡。同時，更使人聯想到美不勝收
的景象：夏季晚霞夕照明，谷澗藏寺幽；冬天來臨則山頭煙雲繚繞，霧靄彌漫，
崖上冰凌懸掛，崖下冰錐尖突，冰雕玉琢，重疊堆積，璨如花開。清代朱超著
有《滴水崖記》，可參閱。

遊盤谷 〔1〕

嶄岩太行高，其下有幽谷。環繞兩峰間，盤向廓山腹。甘泉注肥疇，茂草
映修木〔2〕。勢阻絕喧嘩，岩深易潛伏。昔人有李愿〔3〕，築地一居獨。白鳥依
蘆塘，菰花映茅屋。心怡適所安，憂大反忘欲。掉頭〔4〕不肯應，謂我此樂足。
友人韓昌黎，文章驚世俗〔5〕。長言貴生毛，落落〔6〕燦珠玉。好事買名石，鐫
文寄崖隩〔7〕。已經三十年〔8〕，磨滅僅可讀。我來不復見，命吏廣追逐。訪知
石氏遇，猶畏長官督〔9〕。不愛石上字，秋風一砧覆。易之以千金，復使置岩
麓。從此生光輝〔10〕，萬古從瞻矚。

【注釋】

〔1〕此詩作於開成元年（836），時杜牧為監察御史，分司東都。此詩收於《全唐詩
補編・全唐詩續拾》卷二十九。盤谷：唐時屬洛州濟源縣，北依太行，西望王

屋，因四周皆山，故名盤谷。在今河南濟源。唐代隱士李愿隱居於此；貞元十
七年，當他歸隱時，韓愈為之作《送李愿歸盤谷序》。李愿是唐代十分有名的
「高士」，韓「序」是風靡一時的名作。詩人以瞻仰之心，遊盤谷作此詩。吳在
慶《杜牧集繫年校注》認為：此詩謂韓昌黎（即韓愈）為友人，而杜牧乃韓愈
後輩，平生亦不見相往來，稱韓愈為「友人」，不似杜牧口氣，疑詩非杜牧所作。

〔2〕「甘泉」二句：韓愈《送李愿歸盤谷序》：「盤谷之間，泉甘而土肥，草木叢茂，
　　　居民鮮少。」

〔3〕李愿：唐時隱士，生平事蹟不詳。因隱居盤谷，故稱盤穀子。

〔4〕掉頭：轉頭。

〔5〕友人：當為李愿之友，指韓愈。韓愈《送李愿歸盤谷序》：「友人李愿居之。」
　　　世俗：世間；流俗。

〔6〕落落：眾多貌。落：摞；疊。

〔7〕「好事」二句：指有人將韓愈《送李愿歸盤谷序》刻石立碑。此碑立於「貞元辛
　　　巳歲建丑月」，即貞元十七年。

〔8〕三十年：韓愈碑貞元十七年立，距詩人作詩時的開成元年計三十四年，詩取成
　　　數曰「三十年」。此時韓愈已逝，李愿也去世了，故上文稱「昔人有李愿」。

〔9〕「訪知」二句：謂作者的身份和心態。詩人當時官銜低微，事多而雜，不想受約
　　　束。

〔10〕光輝：光芒。唐譚用之《別洛下一二知己》：「金鼎光輝照雪袍，洛陽春夢憶波
　　　濤。」

【簡評】

　　這是一篇遊記詩。詩從描寫盤谷山川勝景發端，憶及「高士」李愿，進而
見到文豪韓愈《送李愿歸盤谷序》碑刻，抒發仰慕之情。

　　韓愈作序之時，求官未遂，心情鬱悶，滿腹牢騷。文中客觀表明，不願同
流合污者，只有退隱一途。因此流露出了不遇之歎。詩人反觀自身，「我作八
品吏，洛中如繫囚。」（《洛中送冀處士東遊》）事雜位低，故而發出不平之鳴。
從而在情感上與先賢產生共鳴。

八六子〔1〕

　　洞房〔2〕深，畫屏燈照，山色凝翠沉沉〔3〕。聽夜雨冷滴芭蕉，驚斷紅窗好
夢〔4〕，龍煙〔5〕細飄繡衾。辭恩久歸長信〔6〕，鳳帳蕭疏〔7〕，椒殿閒扃〔8〕。

輦路苔侵〔9〕，繡簾垂，遲遲漏傳丹禁〔10〕。蕣華〔11〕偷悴，翠鬟羞整〔12〕，愁坐望處，金輿〔13〕漸遠，何時彩仗〔14〕重臨？正消魂〔15〕，梧桐又移翠陰。

【注釋】

〔1〕此詞依《彊村叢書·尊前集》。有學者認為當出自宋初人偽託。八六子：詞牌名。起九十八字至九十三字，共六體。杜牧此詞雙調九十字，上片四平韻，下片三平韻。見《全唐詩》卷八九一。宋詞中此調以秦觀《八六子·倚危亭》一首最著名。秦詞為雙調八十八字，上片三平韻，下片五平韻。因其詞中有「正銷凝，黃鸝又啼數聲」之語，故此詞牌又名「感黃鸝」。

〔2〕洞房：深邃的內室。唐崔顥《邯鄲宮人怨》：「百堵塗椒接青鎖，九華閣道連洞房。」

〔3〕「畫屏」二句：形容室內屏風上所畫山色。凝翠：深綠色。詩歌中它與「凝碧」「凝綠」同義，但「凝翠」多指山色而言。沉沉：深重陰沉的樣子。

〔4〕驚斷句：謂雨打芭蕉，驚醒宮中女子的好夢。

〔5〕龍煙：龍腦香燃燒時散發的煙氣。龍腦，又稱瑞腦、冰片，係從龍腦香樹幹中提取膏汁製成。

〔6〕「辭恩」句：失去了皇帝的恩寵，她已久住長信宮中。長信：古代宮殿名，是為漢代長樂宮建築群中最重要的建築物，位於西漢都城長安城內東南隅。漢代太后一般住在長樂宮中的長信宮，現已廢。

〔7〕蕭疏：寂寞，淒涼。唐錢珝《江行無題一百首》：「今日秋風至，蕭疏獨河南。」

〔8〕「椒殿」句：謂原來的椒殿閒置無用，門兒關鎖冷冷清清。椒殿：后妃居住的宮殿，以椒和泥塗壁，取溫香多子之義。參見《杜秋娘詩》注〔20〕。扃：關閉。

〔9〕輦路苔侵：帝王車駕經行的道路，因久不臨幸，故生青苔。

〔10〕「遲遲」句：謂更漏聲緩慢地傳入宮禁，形容夜長難耐。漏：古代以銅壺滴漏計時，多稱玉漏。參見《早春閣下寓直蕭九舍人亦直內署因寄書懷四韻》詩注〔5〕。丹禁：古代宮禁塗以紅色，故稱。

〔11〕蕣華：即木槿花。也作舜華、蕣顏、蕣花。《詩·鄭風·有女同車》：「有女同車，顏如舜華。將翱將翔，佩玉瓊琚。彼美孟姜，洵美且都。」以舜華比喻美女的容顏。後常藉以詠美女。因木槿夏秋開花、朝開夕落，古人多形容青春易逝，比喻生命短促。唐盧汝弼《薄命妾》：「長為蕣花光曉日，誰知團扇送秋風。」

〔12〕翠鬟羞整：謂羞於梳妝。翠鬟，指黑髮。鬟，環形髮式。

〔13〕金輿：帝王乘坐的車輛。唐黃滔《明皇回駕經馬嵬賦》：「初其漢殿如子，燕城

若讎，驅鐵馬以飛至，觸金輿而出遊。」

〔14〕彩仗：彩飾的儀仗。指古代帝王、官員外出時儀衛人員所持的旗幟、傘、扇、武器等。此指帝王的儀仗。唐宋之問《龍門應制》：「彩仗紅旌繞香閣，下輦登高望河洛。」

〔15〕消魂：又作銷魂。形容極度的悲傷，愁苦。南朝宋江淹《別賦》：「黯然銷魂者，唯別而已矣。」

【簡評】

杜牧首創了慢詞。詞，萌芽於隋唐之際，形成於唐代，盛行於宋代。唐代詩人中有填詞者，如劉禹錫、白居易、溫庭筠等，但他們所填的都是小令，而杜牧《八六子》一首是依舒緩曲調填寫的慢詞，長達九十字，這在杜牧之前是很少有的。為現存文人詞中最早的長調。這首詞描寫了失寵后妃的凄涼情景，沉抑頓挫、情思幽婉，對開創宋詞的境界有一定的啟導作用。以詞藝論之，雖不免粗糙，且少深遠渾融的意境；不過，最後以景語結束，亦頗有迴腸盪氣之致。

詞的上片著力刻畫環境的孤寂、冷清，下片情與景交錯而行，寫出棄妃心中的希望、惆悵、寂寞與無奈，整首詞鋪敘委婉，時而抒情，時而布景，井然有致。

「洞房深」三句，寫居室所在庭院深深，室內陳設華麗、氣氛淒清。「燈照」點明此為夜間景況；在燈光映照之下，屏風上所畫山水色調顯得凝重沉著。「深」「凝」「沉沉」四字，渲染了夜中女主人公居室氛圍典雅凝重的特徵。

「聽夜雨」三句，寫出客觀環境的幽靜清涼。「冷滴」一語，寫出女主人公的神經極其敏感，若為無牽無掛之人，縱使雨打芭蕉，也不至於轉眼便被驚醒；「紅窗」之「紅」字，色彩明亮，同前所寫「深」「凝」「沉」等字形成對照，象徵凝重的壓抑的氛圍中主人公孤獨的心理只有在「紅窗好夢」中才有片時解脫；被相思之苦所纏繞的女主人公剛剛幸得入眠，可作好合之夢，不料竟被雨打芭蕉驚斷，此種心境可想而知。而夢醒之後，但見那龍形香爐中冒出的煙霧瀰漫室內、沾滿錦被，無限哀思有如嫋嫋薰煙不斷上升消散，愈見其凄清之意。「龍煙」是指攀龍香爐內所燃香料之煙，飄渺而至，籠罩繡衾，若有若無，虛虛實實。這高貴典雅的環境襯托出女主人公的身份，也襯托出其心境。

「辭恩久」三句，點明女主人公身份是已失寵之宮妃。「長信宮」多為失寵后妃居處代稱，屢見於唐人詩中。「久歸」點明失寵日久，因而「鳳帳」形

同虛設、宮門常關閉不開。「椒殿閉扇」是說她至長信宮後，原來居處已被鎖起閒置。

「輦路苔侵。」過片一句，青苔長滿了皇帝車駕的必行之路，說明皇帝久已不行幸，與上片之「辭恩久歸長信」相呼應，以形象的畫面揭示宮妃的冷落處境。

「繡簾垂，遲遲漏傳丹禁。」無疑是渲染之筆，與上片之「聽夜雨冷滴芭蕉」遙相呼應；因孤獨難眠，便覺得那宮中傳來滴漏之計時聲間隔很長，實際上是反映孤獨的主人公難挨長夜之永。

「蕣華偷悴」五句，進一步揭示了女主人公這一心態。女主人公雖容貌姣美，但如木槿花一樣，轉瞬即逝，悄然而落。青春年華一旦流逝，便色衰愛弛，更無受寵之日了，所以也就無心梳理打扮，只是愁悶呆坐，眼睜睜看著「金輿漸遠」；「何時彩仗重臨？」似乎於無望中還留有餘地，卻更顯低沉哀怨。

「正消魂，梧桐又移翠陰」一句結語，雖未點明這種企望又要落空，但時光不待，桐陰轉移，女主人公仍陷在心馳神往的一廂情願悲苦之中。

全詞所寫雖不過是描繪宮妃失寵望幸的情態，但其借助環境渲染烘托表述人物心態的手法卻很有獨特之處。其形象細膩的描繪筆觸顯示了作者狀物摹情的藝術功力，通篇讀來婉轉纏綿，曲折幽深。

渡吳江〔1〕

埞館〔2〕人稀夜更長，姑蘇〔3〕城遠樹蒼蒼〔4〕。江湖潮落高樓迴，河漢〔5〕秋歸廣殿涼。月轉碧梧移鵲影，露低紅草濕螢光。文園〔6〕詩侶應多思，莫醉笙歌掩華堂。

【注釋】

〔1〕此詩收於《全唐詩》卷八百八十四，標注作者為杜牧。其他各書均未著錄，故置於書末。

〔2〕埞館：猶館驛。宋賀鑄《好女兒》：「埞館娟娟新月，從今夜與誰同？」

〔3〕姑蘇：山名。在江蘇吳縣西南。或作姑胥，又作姑餘。山上有姑蘇臺，相傳為吳王闔閭或夫差所築。又稱胥臺。《史記‧河渠書》太史公「上姑蘇望五湖」，即此。後來也稱吳縣治所曰姑蘇。

〔4〕蒼蒼：青蔥茂盛的樣子。三國魏曹植《贈白馬王彪》：「太谷何寥廓，山樹鬱蒼蒼。」

〔5〕河漢：指銀河。《古詩十九首·迢迢牽牛星》：「河漢清且淺，相去復幾許。」

〔6〕文園：指漢辭賦家司馬相如，曾任孝文園令。參見《為人題贈二首》詩注〔14〕。

【簡評】

這是描寫讚美蘇州山水的優美詩句。

詩人以深秋夜晚寂靜的淒涼，描寫了身處驛館的孤獨。面對奔流不息的江水，露水濕衣；仰望空中的明月，似乎天上的銀河來到了地上；加之美麗的蘇州城映現在樹木蒼茫的遠方；這變幻莫測的景致，又使詩人深深陶醉其中。最後詩人思維跳躍，聯想到才名廣播的司馬相如，不要沉醉於笙歌酒宴華堂樓舍。寂靜與孤獨，現實與美景，富貴與繁華，層層交織，詩人心情豁然開朗。

主要參考書目

1. 史記（漢司馬遷撰，中華書局，1975 年 3 月）。

2. 漢書（漢班固撰，中華書局，1975 年 4 月）。

3. 三國志（晉陳壽撰，中華書局，1975 年 4 月）。

4. 晉書（唐房玄齡等撰，中華書局，1974 年 11 月）。

5. 舊唐書（後晉劉昫等撰，中華書局，1975 年 5 月）。

6. 新唐書（宋歐陽修、宋祁撰，中華書局，1975 年 2 月）。

7. 全唐詩（中華書局，1979 年 8 月）。

8. 全唐詩外編（王重民、孫望、童養年輯錄，中華書局，1982 年 7 月）。

9. 全唐詩補編（陳尚君輯校，中華書局，1992 年 10 月）。

10. 全唐詩大辭典（張忠綱主編，語文出版社，2000 年 9 月）。

11. 唐詩百科大辭典（王洪、田軍主編，光明日報出版社，1990 年 10 月）。

12. 唐國史補‧因話錄（唐李肇等撰，上海古籍出版社，1979 年 1 月）。

13. 唐摭言（五代王定保撰，上海古籍出版，社 1978 年 5 月）。

14. 唐語林（宋王讜撰，上海古籍出版社，1978 年 6 月）。

15. 開元天寶遺事十種（五代王仁裕等撰，上海古籍出版社，1985 年 1 月）。

16. 文選（南朝梁蕭統編、唐李善注，上海古籍出版社，1986 年 8 月）。

17. 世說新語箋疏（余嘉錫撰，中華書局，1983 年 8 月）。

18. 唐人行第錄（岑仲勉著，上海古籍出版社，1978 年 3 月）。

19. 唐音質疑錄（吳企明著，上海古籍出版社，1985 年 12 月）。

20. 杜牧傳（繆鉞著，人民文學出版社，1977 年 12 月）。

21. 杜牧年譜（繆鉞著，人民文學出版社，1980 年 9 月）。

22. 樊川詩集注（清馮集梧注，中華書局上海編輯所 1，962 年 9 月）。

23. 樊川文集（陳允吉校，上海古籍出版社，1978 年 9 月）。

24. 杜牧集繫年校注（吳在慶撰，中華書局，2008 年 10 月）。

25. 杜牧資料彙編（中華書局，2006 年 4 月）。

26. 杜牧詩文鑒賞辭典（上海辭書出版社，2016 年 12 月）。

27. 杜牧詩選（胡可先選注，中華書局，2005 年 8 月）。

28. 杜牧集（羅時進編選，鳳凰出版社，2016 年 11 月）。

29. 杜牧選集（朱碧蓮選注，上海古籍出版社，2018 年 7 月）。

30. 杜牧詩選（張立敏注析，中州古籍出版社，2016 年 1 月）。

31. 杜牧詩集（李永祥、宮明瑩主編，濟南出版社，2014 年 4 月）。

32. 杜牧詩集（劉楓主編，陽光出版社，2016 年 11 月）。

33. 杜牧詩文選譯（吳鷗譯注，鳳凰出版社，2011 年 5 月）。

34. 杜牧詩歌賞析（馬瑋主編，商務印書館國際有限公司，2017 年 6 月）。

35. 杜牧詩傳（吳在慶著，團結出版社，2020 年 3 月）。

36. 憂魂悠悠——杜牧傳（權海帆著，陝西人民出版社，2016 年 6 月）。

此外，參考網絡及報刊部分文章，篇幅所限未能一一具名，謹致謝忱。